本书得到以下资助

(1) 国家自然科学基金项目"垄断势力对并购绩效影响：竞争强度与研发密度作用"（70972141）；

(2) 国家自然科学基金项目"企业研发边界选择及其对创新绩效的影响——基于本土企业与在华跨国公司的实证研究"（70672019）；

(3) 江苏高校优势学科建设工程资助项目；

(4) 第三批博士后特别资助"控制权偏离、垄断与并购绩效"（201003563）。

|多维人文学术研究丛书|

吸收能力 独占机制与创新

于成永 | 著

图书在版编目（CIP）数据

吸收能力、独占机制与创新/于成永著.—北京：中国书籍出版社，2020.1

ISBN 978-7-5068-7694-0

Ⅰ.①吸… Ⅱ.①于… Ⅲ.①企业创新—研究 Ⅳ.①F273.1

中国版本图书馆 CIP 数据核字（2019）第 291298 号

吸收能力、独占机制与创新

于成永 著

责任编辑	张 幽 刘 娜
责任印制	孙马飞 马 芝
封面设计	中联华文
出版发行	中国书籍出版社
地　　址	北京市丰台区三路居路 97 号（邮编：100073）
电　　话	（010）52257143（总编室）　（010）52257140（发行部）
电子邮箱	eo@chinabp.com.cn
经　　销	全国新华书店
印　　刷	三河市华东印刷有限公司
开　　本	710 毫米×1000 毫米　1/16
字　　数	272 千字
印　　张	17
版　　次	2020 年 1 月第 1 版　2020 年 1 月第 1 次印刷
书　　号	ISBN 978-7-5068-7694-0
定　　价	95.00 元

版权所有　翻印必究

前　言

与"产业振兴""战略性新兴产业"等热词相关,本书研究吸收能力、独占机制与创新:技术并购边界的作用,旨在寻找微观层面上产业升级中企业研发面临的开放悖论破解之道,并为实践上山寨产业转型与企业如何走出创新困境提供答案。

在本书看来,劳尔森等(2005)的"开放悖论"至少具有两种类型:一是知识创造以牺牲知识独占为代价,二是组织创新中多样性与一致性矛盾。显然,前者是外部学习能力(吸收能力)与控制知识外溢能力(独占机制)的权衡,后者则是并购边界上更倾向于选择市场购买还是技术并购的取舍。在理论上,本书研究了这种权衡和取舍。

本书中技术并购边界是指企业在内部研发的同时,为解决企业在获取外部技术时,是采用技术并购,合作(准科层,网络)还是市场购买问题。我们利用一体化水平测量不同的技术并购边界。一体化水平用来说明外部研发中的资源与相关创新活动内化(一体化)为企业内部自我研发活动与资源的程度。外部学习能力,即吸收能力(科恩等,1990)是"企业辨识外部知识的新价值,然后获取、消化并将此知识运用于商业目的的能力"。独占机制一般包括法律和战略机制两类(蒂斯,1986)。前者有专利,商标以及版权等;后者有投资于互补资产、诀窍以及领先对手时间或者产品设计的复杂性等。

本书遵循实证研究范式,分为以下几章:除导论外,第一章文献综述,第二章知识管理、关系管理与技术并购边界,第三章概念模型与假设,第四章研究设计,第五章实证分析,第六章结论与讨论。

本书分别用总样本,和根据技术发展动态、市场需求动态、企业规模、行业属性等分组样本检验并获取了以下方面经验证据:吸收能力影响创新绩效:技术并购边界的中介作用;独占机制影响创新绩效:技术并购边界的中介作用;吸收能力、技术并购边界与企业绩效关系;吸收能力、独占机制互为调节作用等。

与现有文献相比较，本书至少有以下观点对组织学习理论、创新理论与企业并购理论进行了发展：（1）不同于潜在吸收能力的直接作用，现实吸收能力间接影响创新绩效；跨组织性、情境性仅是现实吸收能力的特征。（2）独占机制与吸收能力互为调节作用，这为"努力学习与努力保护"的悖论提供了理论和经验注解。（3）技术并购边界的选择实质在于组织间关系类型、性质以及治理方式的选择。（4）破解开放悖论在于吸收能力与独占机制互补性，以及外部研发模式一体化提升。本书证据表明，弱战略独占机制下，为了达到预定绩效，需要更强的现实吸收能力，反之则相反；因而，现实吸收能力比潜在吸收能力重要。这一证据也表明，在存在内部研发的同时，外部研发模式一体化提升有利于绩效改进。当然，潜在吸收能力与现实吸收能力培育缺一不可。

本书对实践的指导意义至少有三点：（1）在山寨产业转型中，企业应着重培养现实吸收能力。山寨企业潜在吸收能力强而现实吸收能力弱。时下国内产业升级中，可以对"山寨企业"实行分类监管，鼓励有实力的"山寨企业"加入"正规军团"。（2）在创新困境突破中，政府应创造有利于企业自主研发的环境。本书证据表明，"盲目自新"式独立研发要不得，应提倡开放式自主研发。单靠一己之力，"盲目自新"式独立研发，从理论上看，无法有效杠杆外部源知识，影响创新效率；从实践上看，割裂企业与创新网络的联接，这种封闭式创新远跟不上开放式创新时企业创新和绩效水平（切萨布鲁夫，2003，2007）。另一方面，"创新找死"指出了企业从事技术创新的风险性。因此，企业如果没有相应的吸收能力和独占能力，企业可能不得已选择单靠一己之力创新，甚至不从事创新。显然，政府有必要积极营造有利于企业从事创新的外部环境。（3）在经营者集中监管上，应结合传统申报标准与独占机制通盘考虑垄断势力。与传统上采用销售额等指标不同，本研究对反垄断监管的启示是应将增强独占强度有关的专利、商业秘密、销售渠道等纳入经营者集中申报，并在审核中予以谨慎考虑。

本书有以下特点：一是在理论上跨越产业升级、组织学习、并购以及创新等领域；二是在数据上兼备问卷调查与案例；三是在背景上紧扣山寨产业转型、企业创新困境、开放悖论；四是方法上综合运用了经典回归、结构方程以及中介检验程序。

本书创新之处：一是构建了吸收能力、独占机制与创新：技术并购边界的作用理论模型，提出若干理论观点；二是提出了技术并购边界定义与测量指标；三是获取了创新绩效差异来源于吸收能力、独占机制以及并购边界的证据，检验了相应假设。

我们将本书的读者定位在三个方面：一是从事产业升级、创新与并购决策的相关学术研究与教育的人员；二是从事产业升级、创新与并购决策的相关实务专家和企业管理人员；三是政府政策制定部门、监管部门与政策评估部门人员。

鉴于产业振兴、战略性新兴产业以及国家鼓励兼并重组政策的实施，社会对企业创新与并购活动的关注持续升温。相信本书能够加深企业、行业与政府三方对产业升级下企业吸收能力、独占机制与创新关系，以及技术并购边界在其中的作用的认识，并满足理论与实务界相应需求。

目 录
CONTENTS

绪 论 ··· 1
  第一节　研究背景 ··· 1
    一、开放式创新与开放悖论 ·· 4
    二、山寨现象与内企创新困境 ·· 8
  第二节　研究问题 ··· 13
    一、吸收能力、独占机制对创新绩效影响 ······································ 13
    二、技术并购边界的作用 ·· 16
  第三节　研究方法 ··· 18
  第四节　本书结构安排与技术路线图 ··· 19
  第五节　本书创新 ··· 21

第一章　文献综述 ··· 23
  第一节　相关理论回顾 ··· 23
    一、开放式创新理论 ·· 23
    二、知识创造理论 ··· 25
    三、企业间网络理论 ·· 27
    四、创新扩散理论 ··· 27
  第二节　企业创新绩效相关文献回顾 ··· 28
    一、企业创新绩效内涵 ·· 28
    二、企业创新绩效测量指标 ··· 29
    三、企业创新绩效影响因素 ··· 31

第三节 技术并购边界相关文献回顾 ········· 35
  一、技术并购边界内涵 ········· 36
  二、技术并购边界的分类 ········· 36
  三、技术并购边界对企业创新绩效影响 ········· 38
  四、技术并购边界选择的影响因素 ········· 44

第四节 吸收能力相关文献回顾 ········· 52
  一、吸收能力的定义 ········· 52
  二、吸收能力构成 ········· 54
  三、吸收能力对企业创新绩效影响 ········· 60
  四、吸收能力对技术并购边界选择影响 ········· 62

第五节 独占机制研究文献回顾 ········· 65
  一、独占机制内涵 ········· 65
  二、独占机制对企业创新绩效影响 ········· 66
  三、独占机制对技术并购边界选择影响 ········· 69

第六节 现有研究不足与本书研究重点 ········· 72
  一、现有研究不足 ········· 72
  二、本书研究重点 ········· 74

第二章 知识管理、关系治理与技术并购边界 ········· 76
第一节 开放式创新悖论及其类型 ········· 76
  一、悖论由来 ········· 76
  二、悖论类型 ········· 77

第二节 以研发为基础的核心技术动态更新模型 ········· 80
  一、技术核心能力刚性、陷阱与超越 ········· 80
  二、核心技术优势来源 ········· 82

第三节 技术并购边界性质 ········· 87
  一、技术并购边界交易性质 ········· 87
  二、技术并购边界学习性质 ········· 93

第四节 技术并购边界选择中的知识管理 ········· 96
  一、知识管理分类 ········· 96
  二、存量管理与独占机制 ········· 99
  三、流量管理与学习能力 ········· 104

第五节　技术并购边界选择中企业间关系及其治理 …… 109
一、企业间关系类型与特征 …… 110
二、企业间关系与知识边界 …… 113
三、企业间关系治理 …… 116
四、治理机制类型与创新效率 …… 120
第六节　小结 …… 126

第三章　概念模型与研究假设 …… 128
第一节　概念模型 …… 128
第二节　吸收能力、独占机制对企业创新绩效影响 …… 129
一、潜在、现实的吸收能力与企业创新绩效 …… 129
二、法律机制、战略机制与企业创新绩效 …… 131
第三节　技术并购边界选择的中介作用 …… 133
一、技术并购边界选择对企业创新绩效影响 …… 133
二、吸收能力、独占机制对技术并购边界选择影响 …… 142

第四章　研究设计 …… 152
第一节　变量定义与度量 …… 152
一、被解释变量 …… 152
二、中介变量 …… 152
三、解释变量 …… 154
四、调节变量 …… 158
五、控制变量 …… 159
第二节　数据收集 …… 159
一、研究量表设计 …… 159
二、样本与数据收集程序 …… 160
三、数据收集的可靠性和有效性 …… 162
第三节　主要分析方法 …… 163
一、描述性统计分析 …… 164
二、信度和效度检验 …… 164
三、相关分析 …… 164
四、多元回归分析 …… 164
五、结构方程模型 …… 165

第五章　实证分析 ································ 166
第一节　研究变量信度和效度检验 ·················· 166
一、信度检验 ································ 166
二、效度检验 ································ 171
第二节　基于变量之间关系局部分析与假设检验 ······ 176
一、基于相关分析的变量两两关系初步判断 ········ 176
二、吸收能力、独占机制、并购边界对创新影响的检验 ·· 177
三、技术并购边界中介作用检验 ················ 183
第三节　基于变量之间整体关系的假设检验 ·········· 185
一、吸收能力、技术并购边界与创新绩效 ········ 186
二、独占机制、技术并购边界与创新绩效 ········ 194

第六章　结论与讨论 ································ 203
第一节　基本结论 ································ 203
一、理论观点 ································ 204
二、经验证据 ································ 205
第二节　进一步讨论 ······························ 207
一、吸收能力与独占机制关系 ·················· 207
二、独占机制有效性的条件 ···················· 208
三、创新与企业绩效关系 ······················ 225
第三节　理论与实践价值 ·························· 229
一、理论启示 ································ 229
二、实践意义 ································ 232
第四节　局限性与未来研究方向 ···················· 233
一、局限性 ·································· 233
二、未来研究方向 ···························· 234

参考文献 ·· 236

附　录 ·· 250

后　记 ·· 255

绪 论

第一节 研究背景

与"产业振兴""战略性新兴产业"等热词相关,本书研究吸收能力、独占机制与创新:技术并购边界的作用,旨在探讨微观层面上产业升级中企业进行研发活动面临的开放悖论破解之道,以及实践上山寨产业转型与企业如何走出创新困境问题。微观产业升级关注企业技术水平如何从低向高演化,即一个企业走向更加具有获利能力的资本和技术密集型经济领域的过程[1]。目前关于产业升级路径有两种代表性观点:一是沿着工艺流程升级、产品升级、功能升级和链条升级的路径进行[2];二是沿着组装—原始设备制造(OEM)—原始设计制造(ODM)—原始品牌制造(OBM)的路径进行[3]。本质上看,两个观点在指出产业附加值由低向高演化的同时,都强调了产业升级中企业技术水平及其能力的提升。

研究表明,企业进行以提升技术水平和创新能力为内容的产业升级过程可能会遭遇一系列"陷阱":嵌入式升级存在一直处于价值链低端的"价值链陷阱",封闭在区域创新网络内部导致的技术路径被锁定的"网络陷阱",以及内生式升级存在的"能力陷阱"[4];因而,企业走内生式为基础,链网互动的产业

---

[1] Gereffi G., "International Trade and Industrial Upgrading in the Apparel Commodity Chain", *Journal of International Economics*, 48, 1999.

[2] Humhrey J., Schmitz H., *Governance and Upgrading: Linking Industrial Cluster and Global Value Chain Research*, Brighton: Institute of Development Studies, 2000.

[3] 同[1]。

[4] Ahuja, G., Katila, R., "Technological Acquisitions and the Innovation performance of acquiring firms: A longitudinal study", *Strategic Management Journal*, 22, 2001.

升级道路或许是明智之举。江静、刘志彪①认为，全球价值链收益分配的决定因素有价值链各个环节的进入壁垒差异和价值链治理模式上的权利不对等。发达国家基于比较优势而定位于研发和营销环节以及在价值链上的主导企业获取较大的收益，这样发展中国家企业常常处于不利地位。在有关对外直接投资（Foreign Direct Investment，简称FDI）的技术溢出研究中，学者指出，技术外溢的过程和程度是由外溢技术的拥有者和外溢技术的接受者两个方面共同决定的②。东道国国内企业能够在多大程度上吸收对外直接投资的技术外溢反过来必然影响到技术外溢效果，即东道国企业的吸纳能力对技术外溢效应起着决定性作用。此外，外资企业在产生技术外溢的同时，还可能产生挤出效应和替代效应；国内对外资技术的依赖和外资研发机构对国内研发机构的排挤，可能使国内研发能力降低。

因此，国内产业升级中企业研发活动需要注意三个方面。一是价值链治理模式选择，本书中指技术并购边界；我们定义技术并购边界是指企业在内部研发的同时，为解决企业在获取外部技术时，是采用技术并购，合作（准科层，网络）还是市场购买问题。二是外部学习能力，即吸收能力大小；如第一章综述，虽然有关吸收能力的定义有多个角度，但是其最初由科恩等于1990年③提出，他们认为吸收能力是"企业辨识外部知识的新价值，然后获取、消化并将此知识运用于商业目的的能力"。三是独占机制，即对创新利润的独占强度；独占机制（Appropriability mechanisms）一般包括法律和战略机制两类④。前者有专利，商标以及版权等；后者有投资于互补资产（例如市场开发，销售努力，顾客服务）、诀窍以及领先对手时间或者产品设计的复杂性等。独占机制保护强度与技术、知识等信息溢出程度呈反向关系。

有关价值链治理模式类型的提法大同小异。汉弗里与施密兹（Humphrey和

---

① 江静、刘志彪：《全球化进程中的收益不均与中国产业升级》，《经济理论与经济管理》2007年第7期。
② Narula, R., Marin, A., "FDI Spillovers, Absorptive Capacities and Human Capital Development: Evidence from Argentina," *MERIT Research Memorandum series*, 16, 2003.
③ Cohen, W., Nelson, R., Walsh, J., "Protecting their Intellectual Assets: Appropriability Conditions and why US Manufacturing Firms Patent or not.", Discussion Paper 7552, *NBER*, 2000.
④ Teece, D.J., G. Pisano, A.S., "Dynamic capabilities and strategic management", *Strategic Management Journal*, 18, 1997, p.509–533.

Schmitz)提出四类治理模式,分别是市场、网络、准科层和科层嵌入①。从外部技术获取角度看,四类治理模式与柯德·劳尔森(Keld Laursen)关于外部技术获取活动都是基于控制能力角度进行分类②,它们对应关系大致是:科层对应技术并购,准科层对应少数股权(Minority equity)、合资(Joint ventures),网络对应联盟(Alliances)、联合研发(Joint R&D)等,而拉因·格兰·柯努森(Line Gry Knudsen)分类中合作研发包含了准科层类、网络类技术获取活动(图0-1)③。因此,从研发环节上看,外部技术获取活动与四类治理模式提法只是具体与一般关系;正是在此基础上,本书定义技术并购边界是企业在内部研发的同时,为解决企业在获取外部技术时,是采用技术并购,合作(准科层、网络)还是市场购买问题。研究④表明,并购边界受制于环境特性、交易特性以及企业特性。本书在研究吸收能力、独占机制对创新绩效影响,以及在这影响中技术并购边界的作用,把其他因素作为控制变量,这种处理主要基于以下考虑:

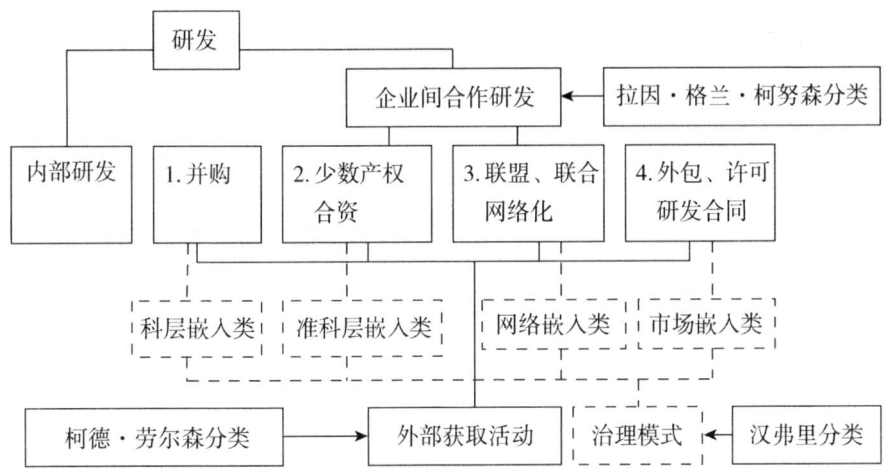

图0-1 价值链治理模式与技术并购边界关系

---

① Humphrey J, Schmitz H., "How does Insertion in Global Value Chains Affect Upgrading in Industrial Clusters?" *Regional Studies*, vol. 36, No. 9, 2002.
② Keld Laursen, "Open for Innovation: the Role of Openness in Explaining Innovation Performance among U. K. Manufacturing firms," *Strategic Management Journal*, 27, 2006.
③ 于成永,施建军:《产业振兴下外部学习、技术并购边界与创新》,《国际贸易问题》2011年第6期,第128-141页。
④ 张秋生:《并购学》,中国经济出版社2010年第一版.

一、开放式创新与开放悖论

在技术创新领域,开放式创新已经成为国际趋势与主流。开放式创新(Open Innovation)由美国学者切萨布鲁夫(Chesbrough)于2003年[1]提出,该模式认为当企业着眼于发展新技术时可以基于特定的企业模式,利用企业内部和外部两条市场通道将企业内、外部所有新创意集成起来创造价值,同时建立起相应的内部分享机制,即强调外部知识资源对于企业创新过程的重要性。

(一)开放式创新思维、条件与研究视角

1. 开放式创新思维

思科(Cisco)公司是企业网络产品的全球领先供应商,作为世界富有创新性的公司之一,其自身很少进行研发活动,而是获取外部技术[2]。自从索洛[3](Solow)发现创新与技术进步作为经济增长的主要驱动力以来,学者与管理者都把培育过硬的内部研发能力与创新联系在一起。最近数十年,全球竞争加剧导致了企业创新过程中彼此进行劳动分享和合作。"凡事自己做"(do-it-yourself)思想在技术和研发管理中已经过时。

从20世纪80年代以来研发项目合作的倾向已经增长,在20世纪90年代期间到达一个峰值。因为企业越来越多地以合同研发和外部开发代替内部研发活动,学术界[4]开始重视利用外部源进行创新时企业边界的开放性。从管理学意义上寻求这个热点问题的答案已经开始。是不是开放式创新如切萨布鲁夫所陈述的那样是"创造发明与技术利润来源的新规则"?

2. 开放式创新条件

尽管观察到开放式创新趋势,但是开放式创新并不是每一企业都适合。事实上,需要决定在那些驱动高绩效的因素中,什么因素有利于开放式创新而什么因素有利于非开放式创新。一个行业特征与下列发展趋势适应程度越高,选择开放式创新模式似乎越恰当。

---

[1] Chesbrough, H. W, "The Era Of Open Innovation", *MIT Sloan Management Review*, vol. 44, No. 3, 2003, p. 35–41.

[2] Oliver Gassmann., "Opening Up The Innovation Process: Towards An Agenda", *R&D Management*, vol. 36, No. 3, 2006, p. 223–228.

[3] Robert Solow, "Technical Change and the Aggregate Production Function", *Review of Economics and Statistics* (The MIT Press), vol. 39, No. 3, 1957, 312–320.

[4] Rigby, D. And C. Zook, "Open-Market Innovation", *Harvard Business Review*, 10, 2002, p. 80–89.

(1) 行业全球化。因资本高流动性、较低的后勤成本、更有效的信息交流技术以及不同国家市场同质性提高等因素驱动造成的行业全球化。全球化不仅通过减少成本压力降低了国际新竞争者进入障碍，而且为企业提供了能够加快创新和获取竞争优势相适应的机会。全球化行业偏向于开放式创新模式是因为它们较传统的非开放式创新模式具有更为迅捷地取得规模经济和各种更具竞争力的标准和设计优势①。

(2) 行业技术强度。在许多行业，技术强度已经增加到甚至最大的企业也不能仅靠自身力量应付技术开发或支付技术开发成本。原因在于，单靠自身力量，企业缺乏应付所有即将出现的技术的能力和开发它们的财力。高技术行业的企业有更高的研发合作比例；在技术变化日新月异的环境下更倾向采纳外部来源来支持产品开发和工艺创新。

(3) 行业技术融合。技术变种从而进入新领域的趋势在增加。因此，行业边界在改变甚至逐步消失。不同专业（学科）之间越需要进行跨边界研究，仅依靠单个企业现有能力完成创新的可能性在减少。当今一个突出的例子是，在众多专利彼此不分条件下，移动通讯业和计算机与电脑制造融合越发明显。

(4) 行业的新业务模式。随着许多行业和一些技术的边界迅速转换，新业务机会也在上升。例如，多媒体行业能够把不同行业内活跃的企业，如硬件，软件，无线电通信，信息与娱乐等行业内的企业整合在一起，从而形成了具有互补的伙伴关系新联盟。联盟主要驱动力在于风险分担，互补能力分享和实现协同效应；参与联盟的企业获得了适应其业务发展需要的创新和技术。

3. 开放式创新研究主要视角

梳理开放式创新研究的相关文献，不难发现，其研究主要视角至少有以下方面。

(1) 创新全球化。就平均水平而言，欧洲企业国外研发花费大致占其总研发开支30%；瑞士企业花费甚至达到50%②。科恩等于1990年研究认为，研发国际化主要驱动力是市场和资源的可获得性。接近卓越的地域中心能够让企业增加其吸收能力（absorptive capacity）③。

---

① Andersen, A., *The Knowledge Management Assessment Tool (KMAT)*, London: *Arthur Andersen Kmat Study*, 1996.
② Gassmann, O. And Von Zedtwitz, M., "Organizing Virtual R&D Teams: Towards A Contingency Approach", *R&D Management*, vol. 33, No. 3, 2003, p. 243 – 262.
③ Cohen, W., Nelson, R., Walsh, J., "Protecting their Intellectual Assets: Appropriability Conditions and why US Manufacturing Firms Patent or not", Discussion Paper 7552, *NBER*, 2000.

(2) 研发外包。技术服务提供者，例如工程企业和高新技术机构在创新过程中地位日益重要。合作研发成为一种有用模式。通过合作研发，战略灵活性得到提升，接近新知识的目标得以实现①②。当研发外包已经导致了许多企业成本节约的时候，越来越多的管理者发现研发合作对高创新率的贡献价值。通过与外部伙伴合作，企业在许多方面，如基本价值观和信念受到了质疑，从而能够进行突破式思考。"非这里发明"（not-invented-here）这种阻碍创新的病症在外部合作者加入时也能够得以减轻。

(3) 供应商早期一体化。众所周知，企业能够通过与供应商建立关系而获益③。在很多行业，供应商早期介入创新过程提高了创新绩效④⑤。供应商通过它们的特有能力提高了企业创新项目的成功。供应商介入被实务界和理论界认为是富有前途的竞争优势之源⑥⑦。

(4) 使用者创新。自希佩尔（Von Hippel）在 1986 年对领先使用者（Lead users）奠基性研究成果发表以来，使用者作为创新源的重要性已经得到了广泛认可⑧⑨。通过满足最终使用者愿望的产品开发，一体化程度随着对那些使用者

---

① Pisano, Gary P., "The R&D Boundaries Of The Firm: An Empirical Analysis", *Administrative Science Quarterly*, 35, 1990, p. 153 – 176.
② Fritsch, M., Lukas, R., "Who Cooperates On R&D?" *Research Policy*, 30, 2000, p. 297 – 312.
③ Dyer, J. H. And Singh, H., "The Relational View: Cooperative Strategy and Sources of Interorganizational Competitive Advantage", *Academy Of Management Review*, 23, 4, 1998, p. 660 – 679.
④ Hagedoorn, J. and Cloodt, M., "Measuring innovative performance: Is there an advantage in using multiple indicators?" *Research Policy*, 32, 2003, p. 1365 – 1379。
⑤ Hagedoom, J. &, Schakenraad, J., "The effect of strategic technology alliances on company performance", *Strategic Mangement Journal*, 15, 1994, p. 291 – 309.
⑥ Teece J, Gary P., "Dynamic capabilities and strategic management", *Academy of Management Review*, vol. 23, No. 4, 1998, p. 660 – 679.
⑦ Kaufman, A., Wood, C. H. And Theyel, G., "*Collaboration And Technology Linkages: A Strategic Supplier Typology*", Strategic Management Journal, vol. 21, No. 6, 2000, p. 649 – 663. Sobrero, M. And Roberts, E. B., "*Strategic Management Of Supplier – Manufacturer Relations In New Product Development*", Research Policy, vol. 31, No. 1, 2002, p. 159 – 182.
⑧ Olson, E. And Bakke, G., "Implementing The Lead User Method In A High Technology Firm: A Longitudinal Study Of Intentions Versus Actions", *Journal Of Product Innovation Management*, vol. 18, No. 2, 2001, p. 388 – 395.
⑨ Bonner, J. And Walker, O., "Selecting Influential Business – To – Business Customers In New Product Development: Relational Embeddedness And Knowledge Heterogeneity Considerations", *Journal Of Product Innovation Management*, 21, 2004, p. 155 – 169.

专门配送而提高①。学者们已经从地位、机会与风险等角度对生产者和消费者一体化的早期阶段进行了相应研究②。

(5) 技术外部商业化。企业内部创造的知识产权能够在企业外部进行系统的使用。专利已经成为战略资产，因而拥有专利的重要性超过了拥有厂房。企业拥有的专利和商标的杠杆效应在于企业外部使用时，专利或商标的持有人收益得到乘数级地放大③。

(二) 开放悖论

从上述开放式创新的实践与理论研究中可以看出，开放式创新强调了企业研发边界的开放性，因而内部研发与外部知识获取选择是开放式创新面对的基本问题。研发活动的企业边界 (The research and development [R&D] Boundaries of the Firm)④ 简称研发边界，其在开放式创新下开放度并不一样。

开放式创新契合第五代创新管理⑤，其研发活动安排在网络中进行，关注在一个较为广泛的系统中合作——这个系统包括竞争者、供应商、分销商等。无论是研发合作、研发外包等研发活动的不同治理模式选择，还是供应商或使用者等一体化选择，事实上是研发模式选择问题。

企业研发模式是企业研发活动的组织策略。在极端情况下，企业能够整合所有必要的互补性资产或者利用完全合同来开展研发活动，这分别叫作内部研发与技术购买。威廉姆森 (Williamson, O. E) 在1991年研究认为，在完全整合和完全合同这两种极端情况之间存在许多"混合"模式，如合作性安排。因此，

---

① Dahan, E. And Hauser, J. R., "The Virtual Customer", *Journal Of Product Innovation Management*, vol. 19, No. 5, 2002, p. 332 – 353. Gassmann, O. And Von Zedtwitz, M., "Organizing Virtual R&D Teams: Towards A Contingency Approach", *R&D Management*, vol. 33, No. 3, 2003, p. 243 – 262.

② Brockhoff, K., "ustomers' Perspectives Of Involvement In New Product Development", *International Journal Of Technology Management*, vol. 26, No. 5/6, 2003, p. 464 – 481.

③ Becker, B. And Gassmann, O., "Gaining Leverage Effects From Knowledge Modes With Corporate Incubators", *R&D Management*, vol. 36, No. 1, 2006, p. 1 – 16.

④ Laursen, K. & Salter, A., "Open innovation: The role of openness in explaining innovation performance among UKmanufacturing firms", *Denmark: DRUID summer Conference*, 2004, June.

⑤ 第一代 (1950 – mid – 1960s) 需求黑洞，研发不与企业其他部门和企业战略互动；第二代 (mid – 1960s – early 1970s) 市场份额竞争，研发作为业务，市场定位；第三代 (mid – 1970s – mid – 1980s) 合理化努力，研发作为组合投资，不再是个人偏好导向，而与公司业务、战略相联系；第四代 (early 1980s – mid – 1990s) 时基竞争，研发作为一体化活动，研发在跨职能团队中进行。第五代 (mid – 1990 onward) 一体化系统，研发作为网络，关注于较广范围系统内合作。

从理论上讲，企业研发模式类型是内部研发（完全整合）、市场购买（完全合同）以及合作研发（混合模式）三者的组合形式①。从创新过程看，封闭创新（Closed Innovation）的研发活动限制在企业内部，而开放式创新的研发活动在企业内部与外部竞争者、供应商、分销商等构成的网络中进行。因此，开放式创新强调了合作研发、技术与知识市场购买模式在研发过程中的运用。

在创新源和创新资源整合中，吸收能力和独占机制对企业获取创新绩效至关重要。这是因为，开放式创新强调利用企业内部和外部两条市场通道将企业内部和外部所有新创意集成起来创造价值②。相对于封闭创新，开放式创新强调在创新过程中吸收企业外部创意，从而充分利用外部知识资源；同时，让那些更适合通过外部渠道开辟市场获取利润的创意流出企业以实现其商业化，而限制企业知识，特别是核心知识的非自愿溢出。显然，开放式创新强调创意流入与流出，并创造知识和价值，本质上在于强调吸收能力和独占机制的作用；开放必然遭遇知识外溢的挑战，这种既强调外部知识吸收，又强调内部知识独占的创新模式面临着劳尔森等（Laursen, et al）在2005年指出的"开放悖论"（the Paradox of Openness）③。在本书看来，这种悖论至少具有两种类型：一是知识创造以牺牲知识独占为代价，二是组织创新中多样性与一致性矛盾。

显然，前者是外部学习能力与控制知识外溢能力（独占机制）的权衡，后者则是并购边界上是更倾向于选择市场购买还是技术并购的取舍。在理论上，本书研究了这种权衡和取舍。

二、山寨现象与内企创新困境

（一）山寨现象及其本质

在微观产业升级讨论中，山寨现象与企业创新话题形影相随。有学者探究出"山寨"一词源于广东话，有"小型、小规模"以及"地下工厂"的意思，其主要特点为仿造性、快速化、平民化。山寨现象在高科技行业横行，对中国制造业形成了相应冲击。一个显著的例子是在手机和平板电脑上，它表现为一种由民间信息技术（IT）力量发起的产业现象，而后渗透到整个行业，并最终

---

① 于成永、施建军：《研发模式选择及其对创新绩效的影响——一个研究综述》，《经济管理》2006年第19期。
② Chesbrough, H. W., "Why companies should have open business models", *Mit Sloan Management Review*, vol. 48, No. 2, 2007, p. 22 – 28.
③ Keld Laursen, "Open for innovation: the role of openness in explaining innovation performance among u. k. manufacturing firms", *Strategic Management Journal*, 27, 2006, p. 131 – 150.

形成了"山寨产业链"。

然而，山寨手机、山寨电脑好景不长，如今已经穷途末路了①。这告诉我们，一个产业或者企业保持持续竞争能力，核心技术是重中之重。著名财经评论人叶檀认为，自2001年加入世贸组织（WTO）后的十年里，中国形成了许多完整的产业链条，其中很多是"山寨王国"。例如，在深圳华强北，山寨版的手机除了外观稍显粗糙外，功能几乎一模一样。她认为，"山寨"别国的产品终究只是获得下游的一点微薄利润，只有拥有了自己的核心技术，即拥有"独门暗器"的企业，才能在未来艰苦的环境中生存下来。

那么，企业如何才能拥有核心技术呢？

（二）内企创新困境

切萨布鲁夫研究认为，开放式创新能够提高创新绩效②。在一般文献中，"Performance"在英文资料中都理解为output，翻译成"绩效"，创新绩效不仅给企业带来经济效益，更重要的是会导致企业技术积累的增加，提高企业竞争能力，为企业带来效益。在国内外对企业技术创新的研究中，企业技术创新绩效这一概念很少提及，个别学者提出技术创新绩效也多是没有进行明确定义。对企业技术创新绩效的研究，也多是从影响因素以及如何改进的角度进行。本书借鉴彼得等（Peter, et al）③的看法，认为创新绩效是企业技术创新活动的产出，包括知识产出和财务产出等方面。知识产出是指技术创新活动导致企业技术积累的增加，财务绩效指企业从事技术创新活动带来经济效益的影响。

在对外开放、全球化资源整合的背景下，"引进—落后—再引进—再落后"的怪圈、"能力弱—依赖—更没能力—更依赖"的怪圈曾经一度困扰着我国企业，典型的例子是我国汽车行业。

中国汽车早期诞生是中苏合作的产物。改革开放以后引进合资，几经周折，又陷入"引进—落后—再引进—再落后"的怪圈。终于，我们开始生产国际先进的轿车了，完成了由专一合作到多方合作的转变，但还是掉入了"能力弱—依赖—更没能力—更依赖"第二个怪圈。汽车工业中外合资已经20年，90%的轿车市场已经让给外方，而绝大部分合资企业没有开发过像样的新车型、新发

---

① 例如南方都市报2011年12月7日指出"山寨平板电脑行走边缘，价格恶战吞噬利润"，见http://mi.itxinwen.com/terminal/2011/1207/378330.html。

② Chesbrough, H. W, "The Era Of Open Innovation", *MIT Sloan Management Review*, vol. 44, No. 3, 2003, p. 35 - 41.

③ Peter J. Lane, et al, "the reification of absorptive capacity: a critical review and rejuvenation of the construct", *Academy of Management Review*, vol. 31, No. 4, 2006, p. 833 - 863.

动机，未能生产出一个拥有自主知识产权的品牌。通过合资能使汽车工业成为中国的支柱产业吗？

汽车产业之所以被称为工业的火车头，就是因为它可以带动装备制造、钢铁、有色、电子等相关产业的发展。而上海大众，连货架、扫地用的清洁机都从德国进口，其他设备的进口不言自明。北京市与韩国现代合资生产索纳塔后，中方原有的装备全部弃置，需要的基本设备全部从韩国进口，只有四个轮胎和一个电瓶由中国制造。而我国合资企业进口设备是免税的，所以合资的汽车工业对国内装备制造业基本没有带动作用。至于合资企业提高汽车零部件的国产化率，有关专家认为不要期望过高：一是过程漫长；二是难以形成规模经济①。

没有知识产权，中国就与高利润无缘。例如，2003 年，德国大众在中国合资生产的产量，只占全球的 14%，但是其 80% 利润来自中国。德国大众的许多零部件长期都在欧洲价格的基础上加价卖给中国国内合资厂商，加价 30% 是常事。通用汽车公司每辆车在美国国内赚 145 美元，在中国却赚 2400 美元。本田公司在广州生产的雅阁牌轿车，售价高出日本国内价格约六成左右。

正是因为知识产权能够给外方带来高利润，所以在合资汽车厂中，不但中方，整个合资厂都没有开发、设计权，改一个螺丝钉都必须得到外方母公司的批准，合资轿车厂连一个零部件都无法改造。有人把中国的合资工厂比作跨国公司的手和脚，没有知识产权的中方很像丫鬟管钥匙，当家不做主。在跨国公司糊弄中国人的局面下，中国本土企业的技术创新活动普遍受到控制和打压。

多年来，我国经济发展总的是实行三段式：引进外方技术—消化吸收—自主开发。有关专家认为：我们总在做第一段，一次又一次引进；而第三段总是遥不可及。中国多年来对外开放，并没有在创新这个核心问题上取得令人满意的结果。在汽车等重点产业领域，我们几乎实现了全世界最大程度的开放，但却连已有的创新能力都丧失殆尽。

除了汽车行业，彩电、数位影音播放机（DVD），甚至整个装备制造业，中国企业陷入了引进—落后—再引进—再落后的泥潭。从芯片生产可见端倪。20 世纪 50 年代中国自行研制出第一台大型电子计算机时，比美国只差十几年。但改革开放后，国内不重视芯片的自主开发，而是不断买进生产线，这条落后了，又买新的，接着落后。尽管先后引进了 3 英寸、6 英寸、8 英寸、12 英寸的硅单晶的生产线，但在研发和生产的若干关键环节却出现了短期内无法弥补的空缺。

---

① "通用汽车公司每辆车在美国国内赚 145 美元，在中国却赚 2400 美元"，见 http: // ido. 3mt. com. cn/pc/200512/20051204281767. shtm。

开放式创新下,中国企业为什么会遭遇双重"困境"?归纳起来,这种创新绩效不佳的直接的原因可能有四个方面。一个是中国企业忽视研发。据报道,陈至立曾经在中国自主创新品牌高层论坛上指出:全国只有近25%的大中型企业有研发机构,仅三成企业有研发活动,而高新技术的研发经费还不到发达国家的1/10。二是引进消化政策的失败。引进消化创新,消化创新被抹掉了,变成纯粹的以市场换技术合资;中国很多企业消化吸收再创新能力弱,消化吸收费用平均不到引进项目费用的7%。而韩国、日本等国却要花比引进项目费用多3到10倍的钱来消化吸收,形成了引进—吸收—试制—自主创新的良性循环。三是外方把持技术大权。中国寻求外企的合作变成了越依附对他们越有利的环境。四是外方利用知识产权上优势,甚至产权滥用获取超额回报。

按照我国科技统计口径和奥斯陆手册,技术创新活动划分为研发活动与创新下游活动,前者是知识创造活动,而后者是知识运用活动。因此,不进行研发活动,根本谈不上知识创新和研发产出为基础的技术进步和技术能力提升。

那么,破解内企创新困境应对之策便是,企业应进行内部研发活动,并培养对外学习的吸收能力和善用以知识产权保护为主要内容的独占机制。

(三) 企业自主创新

自主创新下内部研发已经成为国内技术创新领域主题,这背后有众多原因,但肯定包括对上述双重"困境"的反思,甚至可以说是解决上述困境的应对之策。自主创新含国家与企业两个层面,本书主要关注后者。

企业是国民经济微观主体,是自主创新主体。显然,国民经济发展模式的转换,有赖于企业自主创新。企业自主创新是指企业通过自身的努力和探索产生技术突破,攻破技术难关,并在此基础上依靠自身能力推动创新的后续环节,完成技术的商品化,获得商业利润,达到预期目标的创新活动①。企业自主创新具有技术突破的内生性、技术与市场方面的率先性、知识和能力支持的内在性等特征。其本质特点是,自主创新所需的核心技术来源于企业内部的技术突破,是企业依靠自身力量,通过独立的研究开发活动而获得。

从理论角度看,自主创新,主要指科学技术领域的创造性活动,即通过拥有自主知识产权的独特的核心技术以及在此基础上实现新产品的价值的过程。自主创新的成果,一般体现为新的科学发现以及拥有自主知识产权的技术、产品、品牌等。

自主创新包括原始创新、集成创新以及引进消化吸收再创新。原始创新:

---

① 傅家骥:《技术创新学》,清华大学出版社1998年11月版。

是指前所未有的重大科学发现、技术发明、原理性主导技术等创新成果。原始性创新意味着在研究开发方面，特别是在基础研究和高技术研究领域取得独有的发现或发明。集成创新：是指通过对各种现有技术的有效集成，形成有市场竞争力的产品或者新兴产业。引进消化吸收再创新：是指在引进国内外先进技术的基础上，学习、分析、借鉴，进行再创新，形成具有自主知识产权的新技术。

自主创新有几个要件：一是自主是前提，即要有自主决策能力和自主决策权力；二是创新是要害。就技术创新活动看，根据我国科技统计口径，研发活动是生产知识的活动，而非研发活动，如中试、小批量生产等创新下游活动以及技术、知识的市场购买这些非研发活动不具有创新成分；三是产权是关键，只有自主的知识产权才能够实现真正的竞争力；四是创新能力是核心，要在进行创新活动中逐步培育自己的创新能力。

从这个意义上看，企业自主创新必须能够对研发活动有自主决策能力与权力，必须进行内部研发活动，必须以获取自主知识产权和形成自我创新能力为目标。反思开放式创新下我国企业遭遇的双重"困境"，这种自主创新为前提的内部研发活动可能是企业在开放式创新下获取持续竞争优势的来源。

（四）在技术并购边界上取舍

选择什么样的技术并购边界是目前一些行业内企业探索内部研发道路的核心问题。以汽车行业为例，技术并购边界可以简单诠释为：以内部研制和开发为主导，适当借助并购、合作或市场购买，进行包括车身、动力、底盘、电器、工艺等各个方面研制和开发项目，形成独立的自我品牌、拥有完善知识产权的研发组织策略。从国内进行研发工作的非合资性质的汽车公司看，可以大概归纳为以下几类模式①。（1）哈飞模式，与国际汽车公司的合作，引进、消化、吸收先进技术，掌握了汽车开发的流程、节点控制、成本控制，形成了具有独立开发能力的汽车研发团队，加快自主开发的速度。（2）华晨模式，通过买断设计，获得自主品牌，然后进行部分关键部件的采购而进行汽车生产。（3）比亚迪模式，全面自主设计开发，部分关键部件采购。（4）吉利模式，完全自主研发，全面生产制造汽车。（5）奇瑞模式，自行设计、部分采购生产。

显然，同一汽车行业企业技术并购边界并不相同，那么，我们有理由相信，不同行业的企业，技术并购边界可能也并不相同。因此，突破创新困境不仅在

---

① 转引自"从研发模式看中国民族汽车工业发展"，http://www.chinardm.com/info/html/200609071357.html。

于企业要进行内部研发问题，而且在于企业如何组织研发活动以提升创新绩效水平从而提升企业技术能力，培育核心竞争力的问题。

第二节 研究问题

基于开放式创新思维和利用全球研发资源整合契机，企业研发活动安排已经不再限于企业边界之内；企业进行内部研发的同时，进行合作研发或/和市场购买似乎更为常见。正如汽车行业探索的，这种技术并购边界在实践中也有着多种形式。然而，正如文献回顾揭示，不同模式选择的前因以及对研发产出这样的后果影响缺少理论支持和经验检验。而进一步看，如果吸收能力、独占机制影响技术并购边界选择且影响创新绩效，那么，技术并购边界就在吸收能力、独占机制对创新绩效影响中充当了中介作用；这显然能够修正现有吸收能力、独占机制和创新绩效关系上的理论观点。而在实践上更凸显技术并购边界选择的重要性。

基于此，本书以国内从事内部研发活动的制造业企业（在案例研究中，我们还使用了通讯制造业数据）为研究对象，理论与经验研究以知识产出为基础的技术进步、技术能力是否及如何受到吸收能力、独占机制以及技术并购边界影响，技术并购边界是否及如何受到吸收能力、独占机制影响两个方面的问题。

一、吸收能力、独占机制对创新绩效影响

（一）吸收能力对创新绩效影响

吸收能力作为外部学习能力自科恩等（cohen, et al）于1990年在《管理科学季刊》上的一篇题为"吸收能力：一个关于学习与创新的新观点"的文章中提出以来，学者们已经用这一概念分析了许多重要而复杂的企业现象，在相关领域的理论与应用研究已千余篇。研究的快速发展部分由于概念分析角度的不同，部分由于其研究与组织学习、战略联盟、知识管理、企业资源基础论的研究领域重叠所致。彼得等（Peter J. Lane, et cl）[①] 对吸收能力研究主题进行了归纳（图0-2）。

[①] Peter J. Lane, et al, "the reification of absorptive capacity: a critical review and rejuvenation of the construct", *Academy of Management Review*, vol. 31, No. 4, 2006, p. 833–863.

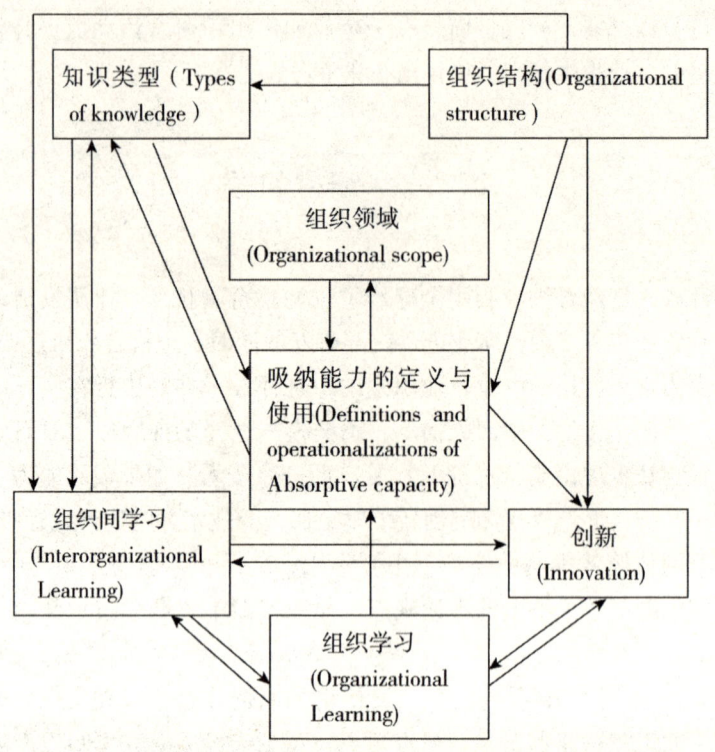

图 0-2　吸收能力研究主题图示（1990—2005）①

吸收能力对创新产出的影响主要关注于吸收能力与创新类研究。本书遵循现有研究对吸收能力构成的分类。佐拉等（Zahra, et al）② 根据吸收能力中对竞争优势作用不同，将吸收能力分为潜在能力与实现能力。潜在能力又可分为获得能力和消化能力；实现能力又可分为转换能力和应用能力。获得能力即企业有能力去评价及取得外部新知识；消化能力即通过企业员工的日常经营管理去分析、解释及了解由外而来的信息。转换能力即企业有能力去整合现存知识和新取得知识；应用能力即将新知识纳入、应用到企业的经营管理、企业创新之中。本书认为，理论上，吸收能力到创新知识产出和能力发展的机制并没有认识清楚，加之这两类吸收能力包含的四个能力在企业之间存在不平衡性，国内企业缺乏吸收能力可能更为准确地说是某一个（些）能力的欠缺；因此有必

---

① Peter J. L, Balajir, R. K, "The Reification of Absorptive Capacity: A Critical Review and Rejuvenation of the Construct", *Academy of Management Review*, 4, 2006, p. 833 – 863.
② Zahra, S. A., & George, G., "Absorptive capacity: A review, reconceptualization, and extension", *Academy of Management Review*, 27, 2002, p. 185 – 203.

要研究在吸收能力影响企业创新知识产出和技术能力发展中，上述能力扮演的角色。

（二）独占机制对创新绩效的影响

蒂斯在其"从技术创新中获利：对一体化、合作、许可和公共政策的启示"论文中对企业已经获取的创新如何独占进行了研究。

对创新者而言，模仿者和其他跟随着、供应商和用户从创新中获取的利润份额越多，意味着其从创新中获利越低。蒂斯首先指出了独占性是指除企业和市场结构之外，决定创新者获取创新利润的能力的环境因素。最重要的维度是技术特性和法律保护机制的有效性，见表0-1。

表0-1 独占性：关键维度

法律手段	技术特性
专利	产品
版权	工艺
商业秘密	缄默 编码

长期以来，专利在实践中并没有理论上那么有效。即便有过，专利也很少带来完全的独占性，因为维持专利有效或者证明侵权的法律要求非常高。在有些产业，特别是在创新蕴藏在工艺内时，商业秘密是替代专利的不错选择。但是，一般产品在使用中，它内含的技术秘密似乎很难得到保护；但是，在一些行业或领域中，例如化学公司和工业生产工艺（例如化妆品和配方），能够在产品进入市场之后，保全其商业秘密。

知识缄默或可编码的程度，也影响到模仿的难易。编码知识更容易转移和接受，更容易暴露在商业间谍之类的人面前。缄默知识被定义为难以表达的知识，转移很难，除非那些拥有这些诀窍的人向他人展示。调查研究表明，获得独占性的方法在产业之间差异很大，甚至同一产业也有很大差异。

因此，根据技术特性和保护知识产权的法律系统的有效性，企业运营所处的产权环境可以划分为不同类型。如果从整体上简单分类，可以把这个环境分为两大类，一类是独占性强（技术得到保护相对容易），另一类是独占性弱（技术几乎不能得到保护）。

一般情况下，取得成功商业化的创新都要求技术诀窍与其他能力或者资产联合运用，后者包括营销、有竞争力的制造和售后服务支持等。这些服务常常从专用互补资产中获取。例如，新药的商业化就需要通过一些专门信息渠道发布信息。在有些情况下，当创新表现为系统形式时，互补资产可能是系统另外的组成部分。即使创新是独立的，也要某些互补资产或者能力，来实现商业化（图0-3）。

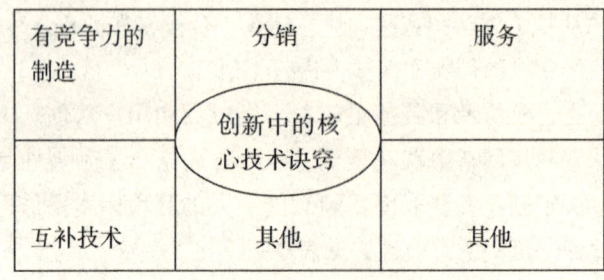

图0-3 创新商业化需要的互补资产

本书把独占机制分为法律、战略机制［含技术特性（缄默性、互补性）］，探讨它们对研发活动中知识生成与能力发展是否作用，如何作用问题。

二、技术并购边界的作用

创新过程是企业内部各部门，以及企业与企业之间，企业与市场之间彼此密切联系和相互作用的知识创造与运用过程。创新应该被理解为从精神层面到物质层面；从已有的知识存量产生到新的设想，到研究开发、工厂设计、生产制造、财政金融和市场销售等一系列活动的知识过程。

本书关注创新过程的一部分，即研发活动中企业内部，以及企业与企业之间，企业与市场之间彼此密切联系和相互作用的知识创造过程。

自熊彼特（J. A. Schumpeter）于1912年首次提出了创新概念以来，学者们谈到技术创新，更多的关注企业内部研发。然而，从20世纪80年代开始，国际技术领域出现了一种技术资源外向（Outsourcing）的趋势，以美国、日本、欧盟为代表，越来越多的企业加强了彼此之间的合作，通过资源共享和优势互补，共同开发新技术参与国际竞争，这就是本书所说的合作研发的创新模式。近年来，随着国际竞争的日益激烈，企业研发成本的迅速增长，企业对稀缺性技术、专利的需求不断上升，同时，与技术创新商业化相联系的风险逐步增大，企业之间合作研发已经成为技术创新的重要组织形式。

创新成功依赖于创新过程中新知识开发与整合。今天，甚至规模和技术自我供给率最大的企业也需要在其边界之外获取技术知识。为了接近互补知识源，企业创新战略需要结合不同的创新活动。企业在进行内部研发活动的同时，常常同时从事技术市场知识销售与购买,和/或与其他企业、研发机构进行合作研发活动。一项由西班牙国家统计局组织的期间为1998—2000年的企业技术创新调查表明,相当数量的企业不是单独选择某一类型的研发组织模式从事研发活动(表0-2)。

表0-2 西班牙企业技术创新中研发模式与分布情况①

研发模式类型	企业数量
(1) 无研发	793
(2) 内部研发	698
(3) 合作研发	33
(4) 市场购买	86
(5) 合作研发、市场购买	232
(6) 内部、合作研发	170
(7) 内部研发、市场购买	44
(8) 内部研发、合作研发、市场购买	243
合计	2600

迄今为止,绝大部分文献关注于表0-2中(1)~(4)类型的研发模式选择研究。这类研究有两个方面:一是基于交易成本和/或资源基础理论研究研发模式选择;二是实证研究其对创新绩效的影响。基于开放式创新思维与实践,理论界对(5)~(8)类研发模式选择或者对创新绩效影响的研究在升温,已经出现了一些文献②③。

然而,理论和实证研究研发模式选择在吸收能力、独占机制对创新绩效影响中的中介作用的文献尚未见报道;特别是研发模式选择对创新绩效影响缺乏足够的理论依据支撑④。正如本书研究背景所揭示的那样,研发模式的中介作用,特别是技术并购边界的作用,也就是表0-2中(2)、(6)~(8)的研发

---

① Abel Lucena, "The production of complementarities among R&D activities and external collaboration: a knowledge-based view", *Academy Winter* 2005 *PhD Conference*, Aalborg University, p. 28.

② Abel Lucena, "The production of complementarities among R&D activities and external collaboration: a knowledge-based view", *Academy Winter* 2005 *PhD Conference*, Aalborg University.

③ Cassiman B. And Veugelers R, "In search of complementarity in the innovation strategy: internal r&d and external knowledge acquisition", *Management Science*, 52, 2006, p. 68-82.

④ 同③。

模式类型在我国技术创新领域具有更为重要的理论与现实意义。

更进一步，考虑到合作研发模式多样性，从而使得技术并购边界呈现多样性的特征；比如，以中国汽车行业为例，有采用市场购买的华晨模式，完全自主研发的吉利模式，自行设计加部分市场购买的比亚迪和奇瑞模式，联合开发加市场购买的哈飞模式等。如后文研究指出，技术并购边界差异在于其构成中合作研发、市场购买模式的一体化水平不同。本书是从组织一体化视角对技术并购边界进行区分的；在结合相关理论，基于创新过程论和知识创造理论视角搭建概念框架，推演并提出假设，以推演企业技术并购边界选择的中介作用的存在基础上，借助于国内样本企业进行了实证检验。

因此，本书研究能够对现有理论研究不足进行弥补，从而发展相关理论；在实践上，一方面能够回答我国企业在微观产业升级中，如何突破创新困境，即走出"引进—落后—再引进—再落后"与"能力弱—依赖—更没能力—更依赖"怪圈，进入"引进—消化吸收—创新—形成技术核心能力"的良性循环轨道问题，从而为企业与政府对研发与创新决策上提供相应参考；另一方面，基于产业振兴视角看，本书有助于政府相关部门对制造业振兴的相关政策实施与评价提供相应参考。

第三节 研究方法

本书按照实证研究基本规范对吸收能力、独占机制对创新绩效影响以及技术并购边界的中介影响作用进行了研究。

（1）通过文献检索、阅读和分析，了解国内外和本论文研究相关的研究现状，以此为基础，注重理论的定性分析，借助知识创造理论、组织间网络理论、创新管理理论、交易成本理论、动态能力理论、资源基础理论和知识管理理论等，形成我们的具体研究思路、概念模型与研究假设。

（2）通过问卷调查的方法收集有关企业技术并购边界选择等方面的数据，利用因子分析等统计方法，对企业创新绩效等变量进行了信度与效度检验。样本主要覆盖苏浙沪制造业企业，以及跨国公司并购案例中具有代表性民企（如诺西并购摩托罗拉无线设备部门中华为），因此，样本极具代表性。

（3）运用路径分析技术和结构方程等计量统计分析方法，通过"社会科学统计包"或者"统计产品与服务解决方案"（原为 Statistical Package for the Social Sciences, 2000 年正式将英文全称更改为 Statistical Product and Service Solutions，简称 SPSS)、结构方程分析（Analysis of Moment Structures，简称 AMOS）统计软件对研究假设进行计量统计分析，以验证假设是否成立。

(4) 对创新绩效生成机制中若干问题进行进一步讨论。在样本数据基础上进一步探讨了技术发展动态和市场发展动态调节问题，特别是吸收能力、独占机制的互为调节作用的检验。

第四节　本书结构安排与技术路线图

绪论。首先介绍研究背景，在此基础上，提出了主要研究问题：一是吸收能力、独占机制以及技术并购边界对创新绩效的影响；二是技术并购边界中介作用。随后指出了上述问题的研究方法。最后，简述了论文结构安排、技术路线和可能的创新。

第一章是文献综述。主要综述国内外相关研究现状。分别对企业创新绩效、吸收能力、独占机制以及技术并购边界文献按照基本内涵、分类以及影响因素等内容进行了梳理。在此基础上，总结了现有研究不足，并指出本书研究的重点。

第二章是理论建构。首先指出了开放式创新两个悖论，即知识创造以牺牲知识独占为代价、创新组织的一体化与反一体化问题；并指出了这两个悖论一直困扰着以自主研发为基础的核心技术动态变化中组织学习、组织间学习。其次，阐述了以研发为基础的技术能力动态更新过程其实是知识绩效生成机制问题，其包括外部知识获取、内部知识投入、组织学习、组织间学习及其管理问题。最后，本书论证了知识绩效来源，外部知识特性、外部知识获取与技术并购边界的交易性质、学习性质，技术并购边界选择中知识管理以及关系管理等问题；在此基础上，构建了知识管理、技术并购边界与创新脉络图。

第三章是概念模型与研究假设。在第二章研究基础上，提出了本书研究概念模型，分别针对技术并购边界选择、吸收能力、独占机制对企业创新绩效影响，以及技术并购边界选择在吸收能力、独占机制对创新绩效影响中的中介作用提出假设。

第四章是研究设计。主要介绍本书的研究设计和方法论，确定了问卷设计、数据收集过程，并指出了各类变量（被解释变量、解释变量、调节变量和控制变量）的度量，在此基础上指出了主要分析方法。

第五章是实证分析。首先对样本代表性和问卷项目进行了分析；在此基础上，对技术并购边界一体化量表进行探测性因素分析；对企业创新绩效、潜在与现实吸收能力、法律与战略独占机制、技术特性独占机制以及相关调节变量等多题项测量变量（多维变量）进行了信度和效度检验。在上述工作基础上，本书为了检验控制变量、调节变量对假设关系影响，和初步检验假设关系，先利用路径分析技术，进行了多元回归分析。在回归分析基础上，利用结构方程技术，整体上检验假设关系。

第六章为结论与讨论。阐述本书的研究结论，并结合案例和相关样本数据进一步讨论了吸收能力与独占机制之间关系、独占机制在并购边界确定中作用以及创新与企业绩效关系相关问题。最后，本书指出研究局限与未来研究方向。

本书技术路线图如图0-4：

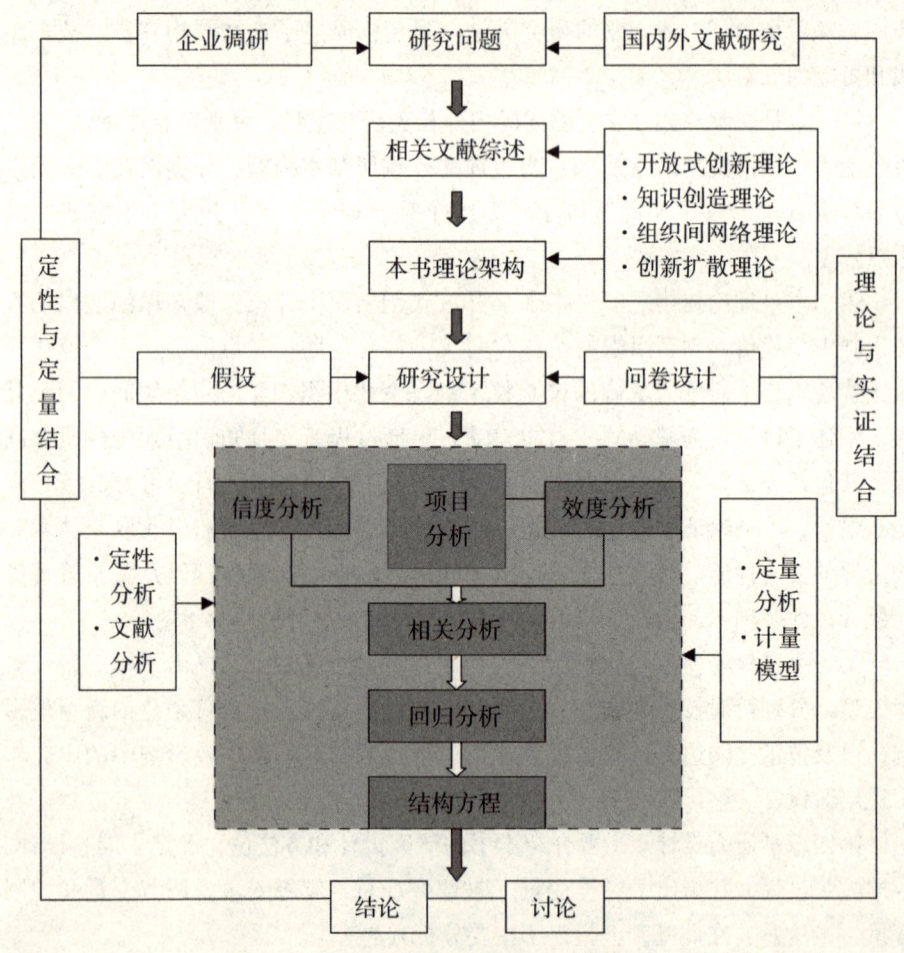

图0-4 本研究的技术路线图

第五节 本书创新

本书创新主要体现在以下三点。

1. 构建了吸收能力、独占机制与创新：技术并购边界的作用理论模型

（1）企业核心技术更新过程是知识管理与关系管理过程。企业技术核心能力陷阱、刚性的超越在于动态能力视角下的企业学习。从研发创造知识看，这一过程是围绕企业内部研发的组织学习、合作研发的组织间学习，以及合作研发与市场购买中外部技术知识获取的知识管理活动过程；也是创新参与者或者利益相关者的组织间关系管理过程。知识存量管理中的知识保护、知识共享，知识流量管理中的知识获取、知识学习（创造），以及组织学习、组织间学习中关系管理是以核心技术知识为基础的核心能力更新过程的主要管理活动。

（2）企业核心技术更新过程中存在三个权衡：一是组织间共同利益和组织自身的私人利益；二是知识获取、学习与知识保护、共享；三是组织一体化与反一体化。

正是这三个权衡使得开放式创新活动面临两个悖论：一是知识创造以牺牲知识独占为代价；二是组织模式一致性与多样性的矛盾。

前者从能力视角考量，是吸收能力与创新独占能力关系以及它们与创新活动的经济后果或者说创新绩效、财务绩效甚至是企业绩效的关系；后者从组织视角看是一体化与反一体化的关系以及它们与创新产出的关系。

（3）吸收、独占与创新：技术并购边界作用是能力权衡与情境取舍。创新效率与效益既需要有利于创新的能力积累，也需要有利于创新活动进行的情境。能力积累包括"努力学习"中的吸收能力，"努力保护"中的独占机制；而情境则包括强调了规则的一体化与强调要素作用的反一体化取舍。

2. 提出了技术并购边界定义与测量指标

我们定义技术并购边界是指企业在内部研发的同时，为解决企业在获取外部技术时，是采用技术并购，合作（准科层，网络）还是市场购买问题。在内部研发、合作研发与市场购买三分法下，技术并购边界大致有内部研发，内部研发+市场购买，内部研发+合作研发，以及内部研发+合作研发+市场购买等四种类型；考虑到合作研发或市场购买还可以进一步细分，所以技术并购边界有多种类型。

我们利用一体化水平测量不同的技术并购边界。一体化水平在这里用来说

明外部研发中的资源与相关创新活动内化（一体化）为企业内部自我研发活动与资源的程度。测量指标包括：（1）外部模式的灵活性，也就是外部模式的特征能够被改变的程度；（2）企业建立外部模式所需的成本与时间多少；（3）企业对外部研发活动的控制，包括对人、研发活动、组织以及信息流等方面的控制程度；（4）外部模式的存续期长短；（5）外部模式对企业人力资源、组织结构与资产的影响程度等。

3. 获取了创新绩效差异来源于吸收能力、独占机制以及并购边界的证据

（1）检验了研发模式选择的互补性及其改进。本书理论论证了在企业存在内部研发情况下，技术并购边界的一体化与创新产出正向关系，并在相关学者研究基础上，以一体化水平测量技术并购边界差异，并予以实证检验。这一方面对研发模式选择互补性提供了中国背景下经验证据，更为重要的是，能够指出这种互补性来源以及改进方向。

（2）证实了技术并购边界在吸收能力、独占机制对创新绩效影响中起中介作用。在理论论证了技术并购边界在吸收能力、独占机制对创新绩效影响中担当中介角色基础上，运用回归方程与结构方程技术进行了检验；从而提供了这一作用的经验证据。

（3）探讨了多变量调节下吸收能力、独占机制、技术并购边界与创新绩效关系的稳定性。本书进行了多变量情况下吸收能力、独占机制、技术并购边界与创新绩效关系的稳定性检验，结果发现，理论模型在不同情况下是存在差异的。这一方面可以说明，开放式创新的环境是有选择性的；另一方面，也为现有学者有关研究的经验证据差异甚至相悖现象提供了经验解释。

（4）检验了吸收能力、独占机制交互作用。"努力学习与努力保护"的矛盾暗示吸收能力、独占机制对创新产出影响中的交互作用的存在。本研究在实证了检验了这一效应，从而填补了这方面经验证据空白。

（5）检验了吸收能力、独占机制、技术并购边界对企业绩效影响，以及独占机制在跨国并购边界决定上影响。

第一章

文献综述

第一节 相关理论回顾

本书基于产业升级中开放式创新理论视角，以知识创造过程为主线研究吸收能力、独占机制、技术并购边界对创新绩效的影响；以研发活动的企业边界为主线研究吸收能力、独占机制对技术并购边界选择的影响。从理论联系上看，本书研究依据众多的理论来支撑，如图1-1所示；然而，最为主要的理论来源于四个方面：开放式创新理论、组织间网络理论、知识创造理论以及创新扩散理论。在此将这些理论思想阐述如下。

一、开放式创新理论

哈佛商学院技术管理中心亨利·切萨布鲁夫教授经过多年的观察发现，一些以创新知名的企业却未能从自身创新中获益（或者获益甚少），原因在于这些企业多沿用传统的封闭创新模式——过分注重对创新全过程以及创新成果的控制，导致大量创新成果因自身的产品方向和技术能力限制而没有得到效益最大化的应用。为此，切萨布鲁夫在其专著《开放式创新：从技术中获利的新策略》一书中首次提出了开放式创新概念，认为企业在创新过程中应该改变传统的封闭式创新模式，将外部的和内部的技术有机地结合成一个系统，这个系统一方面使得企业能够通过技术许可，从外部获得企业需要的技术成果；另一方面激活在封闭的创新环境下可能被抛弃或者束之高阁的某些企业技术，从而使得企业获益[①]。只有在开放式创新模式下，企业才有可能将创新成果物尽其用，获

---

① Chesbrough, H. W, "The era of open innovation", *Mit Sloan Management Review*, vol. 44, No. 3, 2003, p. 35 – 41.

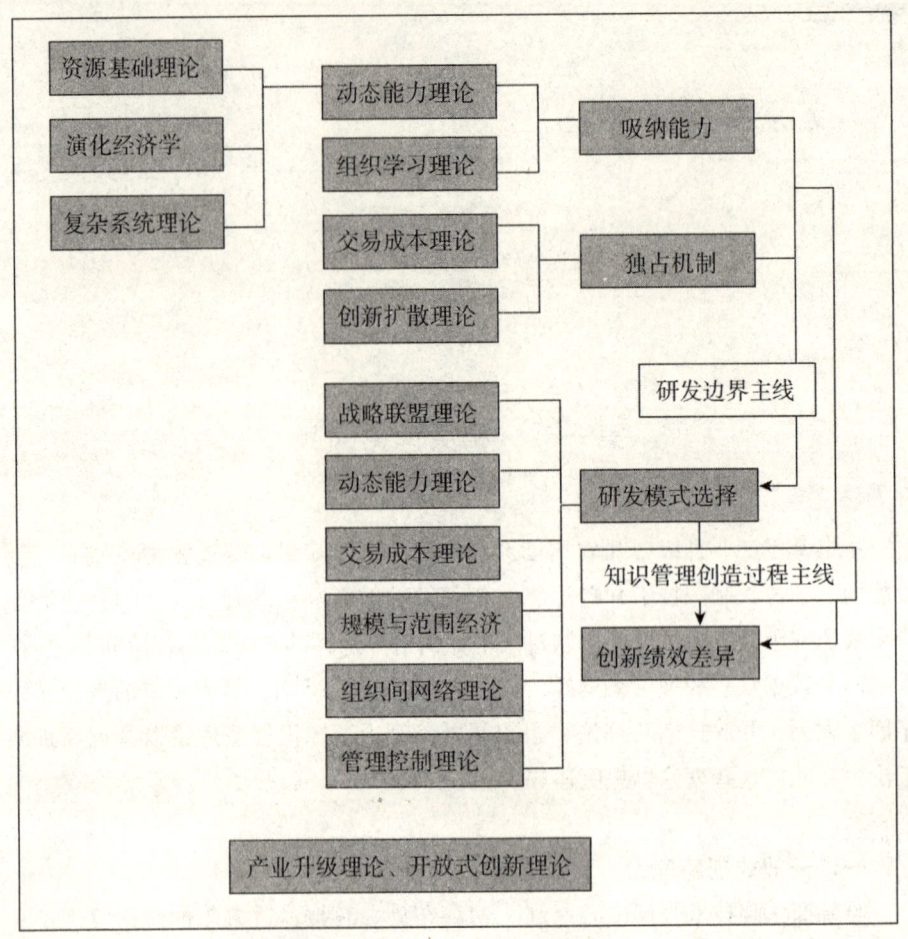

图1-1 本书研究的相关理论基础

取最大化的创新效益。

综合利用来自多方面的创新源是开放式创新的重要特征。现代企业创新是一个多要素相互作用的复杂的过程,由于创新的复杂性和不确定性、市场竞争日益激励、产品更新周期的日益缩短,任何一个企业不可能仅仅依靠自身内部获得所有的全部知识与信息,企业也难以将创新活动的完整价值链纳入企业内部。为了创新,企业不得不与其他组织产生联系,来获得发展资源,这些组织可能是其他公司,如供应商、客户、竞争对手等;也可能是投资银行、政府部门、大学和科研机构。通过企业的创新活动,企业与这些组织形成了一个个网络,影响着创新。创新是创新要素互动整合、协同的动态过程。因此,企业技术创新受到很多因素的影响,包括企业内部和外部因素,所以说仅仅依赖单个企业根本不可能进行创新。

因此，包括知识、技能、资源在内的创新要素，在空间上和组织上的分立和整合是开放式创新的关键所在。开放式创新的本质就是创新要素的融合和集成。企业充分利用开放式创新模式，能够构建强大的企业创新网络，从而整合创新资源，获得溢出效应，突破技术障碍，减少创新风险。

根据普利高津等人耗散理论，企业是一个耗散结构系统，不断地与外界交流资源，能量和信息。企业创新也是一个耗散过程，只有企业获取外部的创新要素大于企业内部耗散的创新要素时，企业才能不断创新、不断成长和发展。由于企业通过创新网络获取创新要素，只有当企业创新网络是一个具有开放性的网络通路时，才能保证企业获取足够的创新要素。因此，开放式创新模式的核心就是企业与外部建立开放式创新网络，将更多创新主体涵盖到自身创新体系中来，获得远距离的知识和互补性资源，并不断向外部开辟新的市场。同时，开放性特征还表现为企业对网络联系的自主控制力，即自主决定网络联系的建立与中断、加强与减弱。

因此，通过组织创新实现内外部创新资源的有效组合是开放式创新的一个重点。技术创新的效率与其组织形式显著相关。如何将企业内外部的创新资源，包括技术设备、人力资源、信息等充分利用起来是企业实现快速成长的关键。因此，需要通过组织要素的创新充分联合和发动价值网络中的创新主体，推动技术创新效率的提高。

二、知识创造理论

野中郁次郎提出，在企业里，显在知识与暗默知识进行互相转换，形成螺旋式上升，新的知识，就会逐渐被创造出来。在这一过程中，能够实现知识互动，并形成螺旋上升的制度和环境，野中称其为"场"，企业是否拥有知识创造的"场"，直接决定了它在创造知识上的能力。

在企业创新活动过程中隐性知识和显性知识二者之间互相作用、互相转化，知识转化的过程实际上就是知识创造的过程。知识转化有四种基本模式：潜移默化，或者社会化（Socialization）、外部明示或者外部化（Externalization）、汇总组合或者组合化（Combination）和内部升华或者内部化（Internalization），即著名的知识螺旋（SECI）模型。

一是"潜移默化"（社会化），指的是隐性知识向隐性知识的转化。它是一个通过共享经历建立隐性知识的过程，而获取隐性知识的关键是通过观察、模仿和实践，而不是语言。二是"外部明示"（外化），指隐性知识向显性知识的转化。它是一个将隐性知识用显性化的概念和语言清晰表达的过程，其转化手法有隐喻、类比、概念和模型等。这是知识创造过程中至关重要的环节。三是"汇总组合"（组合化），指的是显性知识和显性知识的组合。它是一个通过各种媒体产生的语言或数字符号，将各种显性概念组合化和系统化的过程。四是"内部升华"（内化），即显性知识到隐性知识的转化。它是一个将显性知识形象化和具体化的过程，通过"汇总组合"产生新的显性知识被组织内部员工吸收、消化，并升华成他们自己的隐性知识。

知识螺旋模型存在一个基本的前提，即不管是人的学习成长，还是知识的创新，都是处在社会交往的群体与情境中实现和完成的。完成一次螺旋上升的每一个阶段都有一个"场（Ba）"存在。相应于知识转化四个过程阶段的"场（Ba）"，分别为"创始场（Originating Ba）、对话场（Interacting/Dialoguing Ba）、系统化场（Cyber/Systemizing Ba）、练习场（Exercising Ba）"

（一）原始场所（Originating Ba）

在原始场所，个人之间基于同情，或彼此相爱相惜，因而得以排除自我与他人之间的障碍，彼此交互表露其感觉、情绪、经验与心态。原始场所是知识创造过程中之起点，属于社会化阶段。个人之间亲身的面对面的接触经验对隐性知识的移转与转化十分重要。因此，应强调开放式企业的组织结构设计，使员工能充分接触顾客，以便个人之间的直接交谈及沟通。

（二）互动场所（Interacting Ba）

将拥有特殊知识与能力的一些人组成"一个计划小组"、特案小组，或跨越业务单位之小组。让这些小组的成员在互动场所彼此交换想法，同时也对他们自己本身的想法加以反省及分析。互动场所代表外化阶段，大家以开放态度，彼此充分对话，将隐性知识转变为显性知识，以便创造新知识及价值。

（三）系统场所（Cyber Ba）

系统场所代表组合阶段，利用虚拟世界而非实际的空间与时间，来进行互动。在企业内部将新的显性知识与现有的资讯与知识组合，以便再产生更新的显性知识，并使之系统化。利用文件与资料库等资讯来强化这项知识的转化程序。

（四）练习场所（Exercising Ba）

练习场所代表内化阶段，能促使显性知识转化为隐性知识。在具有丰富经验的教师与同事的指导下，以观摩或实际演练等方式不断的练习，而不只是坐着听教师讲授分析性教材，能应用实际生活上或模拟的显性知识，并持续将这些知识内化。

上述四种场所各自的不同特征将有助于新知识创造。在每个场所内所产生的知识终将成为企业组织的知识基础而归大家共同来分享。这些场所具有动态性，能将隐性知识转化成显性知识，然后再进而将显性知识转化成隐性知识，从而循环而持续地创造新知识。

三、企业间网络理论

所谓企业间网络，是指一些相关的企业之间由于长期的相互联系和相互作用而形成的一种相对比较稳定的合作结构形态，这样企业群就可以通过集体决策、联合行动来生产产品或服务，以便更迅速地适应不断变化的技术和市场环境，并提高自身竞争力。

有学者建议用市场、企业间协作和企业科层制的三分法制度分析框架来取代市场与科层制企业的两分法制度分析框架。学者称市场为"看不见的手"（斯密），企业为"看得见的手"（钱德勒），而企业间协作成为"握手"①。

与市场和企业不同，企业之间协作包含相互信任、具有长期远景的合作以及得到遵守的行为规范，因此，企业之间协作可以保证合作伙伴的可靠性和知识、能力以及交换资产的质量不断提高。与市场相比，企业之间协作可以更好地处理伙伴之间的关系，以确保较少的知识信息遗漏；所以，企业之间协作比市场更为稳固，而比单个企业更为柔性。另外，企业之间可以通过相互作用而进行学习和创新，从而降低创新成本；而长期的合作关系则使得企业之间确立了信任关系，使交易过程中的成本，如谈判成本、监督成本降低，机会主义行为减少，降低交易成本，扩展信息搜寻的渠道和分担创新的风险性。

四、创新扩散理论

在熊彼特看来，技术创新的大面积或大规模的"模仿"活动构成创新扩散。英国经济学家弗里曼把技术创新扩散与技术创新及发明进行了严格区分。他认为发明"是为了改进设计、产品、工艺或制度而提出的思想、图纸和模型。在经济学意义上，只有首次被引进商业贸易活动的那些新产品、新工艺、新制度或新设计才称得上创新"，而技术创新扩散是在发明与技术创新后才发生的，并与技术创新在市场上推广传播的过程有关。清华大学傅家骥将技术创新扩散的

---

① 张紧跟：《组织间网络理论：公共行政学的新视野》，《武汉大学学报（社会科学版）》2003年第7期，第480－486页。

概念描述为:"技术创新扩散是技术创新通过一定的渠道在潜在使用者、竞争者之间传播、采用的过程"。

创新扩散理论是产业升级与产业集群中知识溢出效应研究的理论基础,也是本书独占机制研究的理论基础。知识溢出效应是集群中知识扩散的主要途径,马歇尔在新产业区研究中,将产业集群的收益与新思想、新生产技术在产业集群内的传递与扩散联系起来,并提出产业区内存在创新氛围(Innovative atmosphere)。正是这种产业集群内知识的外溢效应,使企业能够最大程度地获取技术创新所需的各种知识,从而使得企业的技术创新活动"站在巨人的肩膀上"进行,企业群体加快了创新的速率,这反过来使得整个集群的创新水平得到进一步的提高,从而形成一个极强的正向反馈过程。

第二节 企业创新绩效相关文献回顾

有关企业创新绩效的文献大致包括四个方面内容:创新绩效内涵、指标体系、评价方法以及影响因素。评价方法与本书关联不大,因而本书仅就创新绩效内涵、测量指标以及影响因素文献做一回顾。

一、企业创新绩效内涵

国内外对技术创新绩效的理解主要集中在投入产出效率和产出结果(包括影响)上,在学术圈内对创新绩效还没有形成统一规范的说法。技术创新产出是技术创新绩效的重要组成部分,而且可以从多个方面进行衡量。从技术创新产出的角度衡量绩效应该可以理解为产出及其影响这两个方面的综合。但是,技术创新过程具有多个阶段,技术创新是经过每一阶段的成功后实现的。因此,技术创新绩效也应该包括技术创新过程的效率。

借鉴绩效评价的结果绩效与过程绩效相结合的观点,可以认为,技术创新绩效是指企业技术创新过程效率、产出的成果及其对企业商业成功的贡献,包括技术创新产出绩效和技术创新过程绩效[1]。其中"产出绩效"表现为企业技术创新成果给企业带来的各种不同类型的效益和影响,"过程绩效"表现为企业技术创新过程执行的质量,它是通过企业技术创新管理的变量来反映。因此,

---

[1] 高建、汪建飞、魏平:《企业技术创新绩效指标:现状、问题和新概念模型》,《科研管理》2004(增刊)。

企业较高的技术创新绩效应该是在产出和过程两个方面都有良好表现。

二、企业创新绩效测量指标

从理论上看，德鲁克（Drucker）认为创新绩效不只是一种过程，也是一种所有创新要素的组合，要素中主要包含了环境需求不一致型、生产程序的需求、产业与市场的改变、人口统计组成的改变或者说以消费者对产品或服务认识的改变。可见，创新的来源不外乎外在环境、产业结构、内部生产程序的改变，消费者对产品认识的改变以及新概念的产生。基于这一认识，采用多指标测量企业创新绩效似乎更为合适。

（一）多指标测量文献

20世纪80年代的早期文献如贝尔根（Bergen）[1] 在研究西德以及英国仪器企业时从技术成功程度、经济指标达标率以及产品由设计至产业化的速度等方面来评估创新能力。曼斯菲尔德（Mansfield）在1982年研究认为技术是否成功可以从三个方面来测量：1. 技术开发成功与否；2. 商业实用化成功与否；3. 经济效益成功与否。库伯（Cooper）[2] 则采用：1. 销售额中新产品所占的百分比；2. 新产品开发成功/失败比率；3. 新产品对公司的重要性；4. 新产品的获利率；5. 目标达成度；6. 与竞争者比较的主观评价等。

相比较，戈贝利等（Gobeli, et al）在1988年研究中在探讨新产品绩效时，提出了衡量新产品项目成功的四个方面。1. 新产品项目的成功率，即项目符合事先预定的进度与期限程度。2. 新产品项目成本控制的情形，即项目真正发生的成本，保持在原先预定范围之内的程度。3. 新产品项目的技术绩效满意程度，即项目所产生的技术信息能符合先前设定的规格程度。4. 公司对新产品项目整体绩效的满意程度，即管理者对于项目结果的满意程度。显然，这个测量视角侧重于项目层次而不是企业层次。

1990年代后的文献，如科尔德罗（Cordero）[3] 认为创新绩效的衡量必须考虑投入的节约与产出量两个方向，可以区分成技术、营销与整体绩效三部分，这些绩效由不同部门负责，比如：技术绩效由研发部门负责；市场绩效由营销

---

[1] Berg, B. L., *Qualitative research methods for the social sciences* (2nd ed). Boston: Allyn and Bacon, 1995.

[2] Cooper, R. G., "The strategy – performance link in product innovation", *R & D Management*, 84, 1984, p. 247 – 259.

[3] Cordero, Rene, "The Measurement of Innovation Performance in the Firm: an Overview", *Research Policy*, vol. 19, No. 2, 1990, p. 185 – 193.

或生产部门负责；整体绩效由公司高层管理者或企业战略规划单位负责。并且重视技术或市场衡量，比如：研发的费用以及与往年的比较；研发的费用与总销售金额的比率；新产品销售量比例以及与同业水平的比较。

班思罗等（Bans Loo, et al）在《创新与绩效关系：一个敏感测试》（《On the Relationship between Innovation and Performance：A Sensitivity Analysis》）一文中指出与创新有关的绩效是：人均产出（sales per employee），人均附加值（value added per employee），边际收入（sales margin）等，这些指标侧重于人均水平。

库伯和林恩（Lynn）[①]等学者的测试体系包括以下几个指标：新产品销售额、新产品利润率、开发新产品数、专利申请数、掌握行业核心技术的程度、新产品开发周期评价、研发投入占销售收入的百分比。这里，开发新产品数、专利申请数、掌握行业核心技术的程度可以用来衡量创新绩效水平；而新产品销售额、新产品利润率则更为常用。整体上看，多指标测量创新绩效似乎成为主流学者共识。此后，学者们使用的测量指标在测量效度上并没有明显突破。

（二）单指标测量文献

坚持用单指标测量的文献考虑到多指标在统计上区分度存在问题。哈哥多和克洛特（Hagedoorn 和 Cloodt）[②]以四个高技术产业中的近1200个国际企业作为样本，研究了创新绩效测量问题。他们采用的测量指标包括研发投入、申请的专利数、引用的专利数和新产品发布数等四项。研究表明，这些指标之间存在统计上的重叠（the statistical overlap），因此他们建议仅用这些指标中的任意一项即可较好度量高技术企业的技术创新绩效。

许多研究采用新产品数测量创新绩效[③]。德维拉来（Devinney）[④]发现，就企业层面上专利数而言，其能解释新产品数的方差仅不到3%。专利数和新产品数之间的正相关关系仅在产业层面而非单个企业层面的研究中得以证实，且企

[①] Lynn, G. S., Abel, K., Valentine, W. S. & Wright, R. C., "Key Factors in Increasing Speed to market and Improving New Product Success Rates", *Industrial Marketing Management*, vol. 28, No. 4, 2000, p. 319–326.

[②] Hagedoorn, J. and Cloodt, M., "Measuring innovative performance: Is there an advantage in using multiple indicators?" *Research Policy*, 32, 2003, p. 1365–1379.

[③] Cooke, P. and Clifton, N., "Social capital, and small and medium enterprise performance in the United Kingdom, Entrepreneurship in the modern space – economy: Evolutionary and policy perspectives", *Tinbergen Institute, Keizersgracht* 482, *Amsterdam*, 2002.

[④] Devinney, T. M. Letters, "How well do patents measure new product activity?" *Economic*, 41, 1993, p. 447–450.

业的专利数与新产品数之间的相关关系较弱。

尽管一些学者,如多西和阿克布葛(Dosi &Archibugi)认为,专利数作为测量创新绩效的指标而言,尚存在一些缺陷,但是从整体上看,它仍作为度量企业创新绩效(新技术、新工艺和新产品等方面)最合适的指标之一,为众多的相关文献所采用。阿伦德尔等(Arundel, et al)在1998年进一步指出,专利数指标适用于测量高技术企业的创新绩效。布劳威尔等(Brouwer, et al)[①]发现专利数与新产品产值占销售总额的比重之间存在一定程度的相关性,后者也是度量创新绩效常用的指标之一。

从20世纪80年代开始,经合组织(OECD)和欧盟积极推进新的创新绩效指标的建立。1993年,创新调查委员会(集团创新调查,CIS)应用新的指标对几乎所有的西欧国家进行了创新调查,其中所提出的两个创新绩效指标是:1. 创新产品销售收入占总销售收入的比例;2. 产品生命周期各个阶段里的企业销售收入。然而,经合组织、欧盟组织进行的技术创新实际调查表明,生命周期销售收入的数据难以收集,这主要是因为企业对产品生命周期无法准确划分。与生命周期销售收入相比,创新产品销售比例数据的收集则较为顺利,能够较好地反映企业创新绩效的实际情况。

另外一个常用的创新绩效指标是创新产品总数。不同行业之间存在着较大差别,有文献指出,石油行业的创新产品很少,而运输服务行业的创新产品较多。并且,产品创新总数主要反映被引入市场的新产品数量,并不考虑这些产品在引入之后能否取得实效。作为经合组织用来收集企业技术创新数据的手册,奥斯陆(OSLO)手册认为,单纯地用创新产品总数来衡量企业的创新绩效是无意义的,而比较合理做法是采用创新产品数占企业产品数量的比例来刻画企业的创新绩效和创新力度。

我们注意到,国际主流研究中,一般采用创新产品销售收入占总销售收入的比例(简称为"创新产品销售比例")和创新产品数占企业产品总数的比例(简称为"创新率")作为测度创新型企业技术创新绩效的两个重要指标。

三、企业创新绩效影响因素

我们从国外与国内两个角度来梳理这方面文献。国内近年来研究已经充分注意了国外相应文献研究热点和国内实践之需。

[①] Brouwer, E. and Kleinknecht, A., "Innovative output. and a firm's propensity to patents: An exploration of CIS micro data", *Research Policy*, 28, 1999, p. 615 – 624

（一）国外研究

以巴拉钱德拉等（Balachandra, et al）①的研究为产品创新成败因素研究转折的标志。巴拉钱德拉等从市场、技术、环境和组织（企业）四个方面回顾了20世纪90年代中期以前的关于研发项目和产品创新成败因素的研究文献，相同时期及以后出现的相关研究文献基本上都是对在特定背景下的产品创新成败因素进行识别。与以前不同的是，试图识别影响产品创新成败的一般性因素的研究开始减少，研究开始朝向考虑特定背景因素下的具体化、专门化、多样化方向发展，主要表现为三种趋势。

（1）跨国比较研究。代表性文献有，卡拉藤等（Calantone, et al）②对中美两国不同企业产品创新项目影响因素中的可控变量进行比较研究，以及米什拉等（Mishra, et al）对中国、韩国和加拿大不同企业产品创新的成败因素做的比较研究等。米什拉在1996年研究认为，尽管新产品成功和新产品开发之间具有全球性共同的相似性，但是，国家间由于经济发展水平和发展模式的不同是不会有完全一致模式，同时，不同产业间产品创新的影响因素也可能有差异。因而，未来的研究应在产业、经济发展阶段、经济形式和公司规模方面进行区别，应探索引起这种差异的系统原因，这样，研究结果会更加深入。

（2）考虑背景变量的产品创新成败标准测度研究。如格里芬等（Griffin, et al）在1996年的研究。格里芬等认为，基于消费者满意的、基于公司财务成功的以及基于技术或创新过程成功等以前对产品创新的"三基"独立成败标准判断看，全面的产品创新成功是不存在的；评价一个创新项目是否成功要根据创新项目战略而定。格里芬等依据创新项目对公司和对市场的创新程度，将项目战略划分为不同的类型，针对不同类型的项目战略，有不同的评价标准。

（3）就某些特定因素对产品创新成败的影响进行研究③。波尔卡等（Polk, et al）在1996年从高技术产品创新的特定背景出发，从技术风险的角度，对高

---

① Balachandra, R. & Friar, J. H., "Factors for success in R&D projects and new product innovation: A context framework", *IEEE Transaction on Engineering Management*, 44, 1997, p. 276–287.

② Calantone, R. J., Cavusgil, S. T., Zhao, Y. S., "Learning orientation, firm innovation capability and firm performance", *Industrial Marketing Management*, vol. 31, No. 6, 2002, p. 515–524.

③ Benedetto, C. A. D., "Identifying the key success factors in new product launch", *Product Innovation management*, 16, 1999, p. 530–544.

技术产品创新项目的成败影响因素进行了识别。作者将库伯①研究中所用的变量群加入特定技术风险变量后进行分析，结果显示，能力、风险、产品独特性、卓越性、高技术项目的特征、充足的资源以及市场竞争等方面的因素对高技术产品创新的成败有显著影响。罗奇福德（Rochford）在1997年对完全创新性产品和改进型产品进行对比，分析了产品创新过程所包含的阶段活动对产品创新成功的影响。拜内戴拖（Benedetto）②从战略活动、战术活动和贯穿于新产品开发过程的信息收集活动等三方面对产品引入市场阶段的成败关键因素进行了识别。塔特卡达（Tatikinda）在2000年对技术新颖性和项目复杂性与产品创新成败的关系进行了分析。

影响开放式创新的因素相应研究是创新成功影响因素在开放式创新领域的延伸，也是对特定的创新活动成功影响因素的研究。尤其对高技术企业来说，开放式创新是一类具有高风险、高投入的创新活动。所以对其成功影响因素的研究是对特定背景下创新成功影响因素的识别，也符合了这一领域的研究发展趋势。

在开放式创新领域中，专门对创新绩效影响因素的研究比较少。理论上，从外部获取创新源的渠道越多，企业的创新能力就越强，因此，其创新绩效就越高。然而，有些企业则出现相反的情况，即在创新过程中搜索过多而导致创新绩效降低③。凯蒂拉等（Katila, et al）④发现，企业对外搜索创新行为之后的吸收程度对于创新绩效也有非常重要的影响。

劳尔森等⑤从外部搜索的广度和深度研究企业开放度对创新绩效的影响，认为开放度和创新绩效之间是曲线相关倒"U"型的关系，但是对于开放度的测量过于简单。劳尔森等⑥进一步分析了专有性战略、吸收能力、行业技术机

---

① Cooper, R. G., "Project New Prod. The components of risk in new product development", *R&D Management*, vol. 11, No. 2, 1981, p. 47-54
② Benedetto, C. A. D., "Identifying the key success factors in new product launch", *Product Innovation management*, 16, 1999, p. 530-544.
③ Laursen, K. & Salter, A, "Open innovation: The role of openness in explaining innovation performance among UKmanufacturing firms", Denmark: DRUID summer Conference, 2004, June.
④ Kenta Nakamura, Hiroyuki Odagiri, "R&D boundaries of the firm: an estimation of the double-hurdle model on commissioned R&D, joint R&D, and licensing in Japan", *Economics of Innovation & New Technology*, vol. 14, No. 7, 2005, p. 583-615.
⑤ 同③
⑥ Keld Laursen, "Open for innovation: the role of openness in explaining innovation performance among u. k. manufacturing firms", *Strategic Management Journal*, 27, 2006, p. 131-150.

会和公司特质针对技术型小企业开放度的影响。蒋和洪（Chiang &Hung）在2010年认为企业外部搜寻的深度可以促进其渐进性创新绩效，而搜寻的广度可以提升根本性创新绩效。

（二）国内研究

国内对产品创新成功影响因素的研究不少，并且因为起步较晚，已经有很多西方的研究文献可以参考，所以大多数的研究都已经区分了研究对象。

（1）一般影响因素考量。陈少兵等1995年考察了50个工业项目，将影响因素分为8个方面44个因素，利用统计分析法、专家打分法、矩阵分析法，得出最重要的8个影响因素。马杨等在1999年则将产品创新成功影响因素划分为企业内因素和企业外因素共计7大类26个指标。官建成[1]在研究影响我国工业企业产品创新绩效的关键影响因素的时候，对创新绩效从专利数、创新数量、新产品销售强度三个方面进行测度，其中新产品销售强度又划分为国内新和国外新两类进行细分，并从技术、管理、资金、环境4个方面12个变量分别对各个绩效指标进行回归，从而得出对这些绩效都产生影响的一些关键因素。吴添祖等[2]将企业技术创新划分为创新投入和创新产出两个阶段，分别研究对创新投入和产出产生影响的因素。周永庆在2005年通过对国内40余家复杂产品系统供应商企业进行调查和问卷收集的定量分析，得出影响我国复杂产品系统创新的战略、组织、技术、资源和能力以及环境5个方面共计12个因素。马富萍等[3]研究了环境规制对创新绩效影响，提出了激励性、自愿性环境规制影响创新绩效，并进行了实证研究。

此后，国内还有其他一些学者也曾进行过产品创新成功影响因素的实证分析，但所提出影响因素，大多从国外学者的研究成果中提炼出来，通过问卷调查和案例分析以期发现对我国企业产品创新影响最大的因素。

（2）基于开放式创新背景的研究。于惊涛[4]对外源性创新投入在企业技术创新中的作用进行了实证研究，认为不同技术类型的企业对各种外源性创新投

---

[1] 官建成、史晓敏：《创新能力和创新绩效关系研究》，《中国机械工程》2000年第6期，第1000－1004页。

[2] 吴添祖：《民营科技型企业的创新特征与创新绩效研究》，《中国软科学》2002年第8期，第86－90页。

[3] 马富萍、茶娜：《环境规制对技术创新绩效的影响》，《研究研究与发展管理》2012年2期，第60－77页。

[4] 于惊涛：《外部新技术获取模式、情境与绩效相关性研究》，大连理工大学学位论文，2006年。

入有不同的需求，并提出了外部技术获取的绩效评价指标的四个维度：盈利能力发展、创新能力发展、技术能力发展和长期技术关系。陈衍泰等在2006年对我国企业集成外部创新源进行自主创新的行为模式进行研究，并分析行为模式对其创新绩效的影响。他们将企业"开放状态下自主创新"行为发展成"广度"搜索范围与"深度"吸收程度两个维度，并将企业创新的绩效与这两个维度建立联系，以探索企业之间不同的集成外部创新源战略影响创新绩效的差异程度。陈钰芬和陈劲[1]从开放的深度和广度两方面评价不同产业企业的创新开放度对技术创新绩效的影响。

在本书看来，现有研究不足可能有三点。一是研究背景考虑不足。正如巴拉钱德拉等在1997年研究指出，很多研究结论不一致，甚至相互矛盾原因在于研究背景的不同，会导致相同因素对产品创新的意义的不同，不考虑这些背景因素，研究会导致错误的结论，试图发现一组普遍性的产品创新成败影响因素的观念是天真的。为此，对创新绩效影响因素的识别研究，要充分考虑背景因素，要在特定的背景下对相关因素进行研究。二是在创新绩效内涵界定不统一下造成的量表或者说测量指标的不一致。可以认为，对概念进行多维度的不同解读是研究所必须的；然而，对结果的解读需要建立在这样的同一概念理解上进行。因此，有必要对创新绩效进行测量层次上定义，在此基础上的研究才能有意义，并且能够进行研究间比较。三是对知识产出考量不够。

第三节 技术并购边界相关文献回顾

考虑到技术并购边界内含于研发模式之中，而关于研发模式的研究，国外文献包括企业技术来源方式、研发边界（R&D Boundaries of the Firm）、创新战略、合作研发、技术获取等类型文献；国内文献包括有关合作创新、技术联盟、合作研发等类型文献。本书在对技术并购边界进行内涵界定基础上，对技术并购边界的类型、技术并购边界对创新绩效的影响以及技术并购边界选择的影响因素进行回顾。

---

[1] 陈钰芬、陈劲：《FDI技术外溢、吸收能力和人力资本关系的文献综述》，《科研管理》2008年第1期。

一、技术并购边界内涵

企业研发活动是其技术创新过程的一个阶段。一般而言，一个完整的技术创新过程包括基础研究、应用研究、试验与发展、中试、工程制造、商业化等阶段。在开放式创新下，任何一个企业几乎不可能单靠自身力量完成整个创新过程——即使力量允许，也不经济。因此，从外部获取知识源，利用外部知识杠杆作用，使得企业技术创新过程资源配置方式变得多样化。

层次组织、市场交易以及介于其间的中间组织作为不同的交易方式已经得到理论界认同。中间组织在学者之间有不同提法，如索罗里（Thorelli）在其"关系网络：市场与组织的中间形式"一文中称为关系网络，或者称为合作联盟等。这种提法不一致在企业研发活动的组织方式研究中也得到了相应体现，这从研发模式类型中会看到。

一般认为，企业研发模式是企业研发活动的组织策略。在极端情况下，企业能够整合所有必要的互补性资产或者利用完全合同来开展研发活动，这分别叫作内部研发与技术购买。在完全整合和完全合同这两种极端情况之间存在许多"混合"模式，如合作性安排。因此，本书认为，从理论上讲，企业研发模式类型是内部研发（完全整合）、技术购买（完全合同）以及合作研发（混合模式）三者的组合形式。

技术并购边界内含于研发模式，它是企业自主研发活动的组织策略，即企业在内部研发活动的同时，可以选择在企业之间进行合作研发和/或技术的市场购买活动。显然，合作研发和市场购买是企业边界外的研发活动，按照欧斯陆手册说法，是企业的外部研发活动。因此，企业技术并购边界也可以阐述为，企业在内部研发的同时，对外部研发活动的组织策略。

二、技术并购边界的分类

实证研究中通常把企业研发模式看作取得技术方式。综观现有文献，对企业取得技术方式的分类并不统一。李，穆辛等（Lee, Mushin, et al）[①] 将取得技术的方式分为四种（参见表1-1）。圣仕玛和费尔班克（Steensma & Fairbank）在2001年从企业边界角度进行划分，认为取得技术方式包括内部研发、购并公司、技术购买、合作研发、研发联盟等形式。北川健太中村修二等

---

① Lee, Mushin, Om, Kiyong, "A conceptual framework of technological innovation management", *Technovation*, vol. 2, No. 1, 1994, p. 7–16.

(Kenta Nakamura, et al) 认为取得技术方式有内部研发、合作研发、委托研发、技术购买四种①。阿贝尔·卢塞拉（Abel·Lucena）② 认为取得技术方式有内部研发、合作研发以及技术购买三种。一些研究③则认为取得技术方式可以分成内部研发和外部研发（指除企业内部研发以外的取得技术方式）。可以发现，阿贝尔·卢塞拉三分法包含于研发模式理论内涵之中，其中合作研发包括圣仕玛等分类中的合作研发、研发联盟，技术购买包括北川健太中村修二等分类中的委托研发以及李，穆辛等分类中的技术购买方式（表1-1）。克劳迪奥·A等和詹姆斯·H等（Claudio, A., et al、James H., et al）二分法中的外部研发则包括了阿贝尔·卢塞拉三分法中的合作研发、技术购买；因此，这两个分类口径内在存在一致性。

研发模式测度变量的属性。连续变量主要是研发支出或其比重，如维尔纳本特（Werner Bonte）在2003年采用的外部研发比重，其计算公式是：

外部研发比重 = 外部研发支出/研发总支出 × 100%

其中，外部研发支出包括技术购买以及合作研发中支付给合作方的费用；北川健太中村修二等用研发支出测度了内部研发、技术购买等形式。

表1-1 技术取得方式

取得方式/来源分类	描述
自制	内部自行研发，招募研发人员
购买	购买技术，购买研发服务，购并公司
自制和购买并行	共同研发，合资
为自制而购买	购买技术且内部自行研发

资料来源：Lee, M. &Om, K., 1994, A Conceptual Framework of Technological Innovation Management, Technovation, 14 (1): 7 - 16。

---

① Kenta Nakamura and Hiroyuki Odagiri, "R&D boundaries of the firm: an estimation of the double - hurdle model on commissioned R&D, joint R&D, and licensing in Japan", *Economics of Innovation & New Technology*, vol. 14, No. 7, 2005, p. 583 - 615.

② Abel Lucena, "The production of complementarities among R&D activities and external collaboration: a knowledge - based view", *Academy Winter 2005 PhD Conference*, Aalborg University.

③ James H. Love, Stephen Roper, "Internal Versus External R&D: A study of R&D choice with sample selection", *Int. J. of the Economics of Business*, vol. 2, No. 9, 2002, p. 239 - 255.

离散变量测度的文献大致分成单一视角与综合视角。前者研究某一研发模式①如合作研发或技术购买；后者研究不同研发模式之间的关系，如内部研发与外部研发②③，内部研发与合作研发或内部研发与技术购买之间的关系④，内部研发和外部研发的组合形式或内部研发、合作研发以及技术购买的组合形式⑤⑥。阿贝尔·卢塞拉将研发模式分成｛内部研发｝，｛合作研发｝，｛技术购买｝，｛内部研发，合作研发｝，｛内部研发，技术购买｝，｛合作研发，技术购买｝，｛内部研发，合作研发，技术购买｝，以及｛无内部研发，无合作研发，无技术购买｝等八种类型。显然，这八种研发模式类型中，包含了｛内部研发｝，｛内部研发，合作研发｝，｛内部研发，技术购买｝，｛内部研发，合作研发，技术购买｝等技术并购边界类型（于成永等，2006）。

三、技术并购边界对企业创新绩效影响

根据文献中对创新绩效测量视角，本书按照财务绩效、产品绩效以及市场绩效⑦三个方面对这部分文献进行梳理。

（一）研发模式与新产品开发绩效

（1）针对单个研发模式的研究。德斯等（Deeds, et al）⑧认为，企业间的技术联盟对于企业的新产品开发的影响是非线性的。起初，技术联盟对企业的新产品开发速率有积极的影响，但是随后，技术联盟可能会降低企业的新产品开发绩效。也就是说，技术联盟与新产品开发绩效间是一种倒"U"字形的关

---

① Belderbos, R, Carree, M, Diederen, B, Lokshin, B, Veugelers, R, "Heterogeneity in R&D cooperation strategies", *International Journal of Industrial Organization*, vol. 22, No. 8/9, 2004, p. 1237 – 1260.

② 同②。

③ Audretsch, D. B. and Menkveld, A. J. and Thurik, A. R, "The decision between internal and external R&D", *Journal of Institutional and Theoretical Economics*, 152, 1996, p. 519 – 530.

④ Veugelers, R, "Internal R&D expenditures and external technology sourcing", *Research Policy*, vol. 26, No. 3, 1997, p. 303 – 316.

⑤ 同①。

⑥ Cassiman B. and Veugelers R, "In search of complementarity in the innovation strategy: Internal R&D and external knowledge acquisition", *workpaper*, 2004.

⑦ Jones, G. K, Lanctot, A. &Teegen, H. J, "Determinants and performance impacts of external technology acquisition", *Journal of Business Venturing*, 16, 2000, p. 255 – 283.

⑧ Deeds, D. L. & Hill, C. W. L., "Strategic alliances and the rate of new product development: an empirical study of entrepreneurial biotechnology firms", *Journal of Business Venturing*, 11, 1996, p. 41 – 55.

系。斯图尔特（Stuart）在2000年通过对半导体企业的销售增长和创新率的研究后，也认为技术联盟对企业的绩效是有着积极影响的。那些参加了大规模的创新性技术联盟的企业要比那些没有参与其中的企业表现更为出色。同时他们还发现，新创立不久的小企业比那些成立时间较长的大企业可以从技术联盟中获得更多的收益。李金等（Ji Li, et al）在2000年研究了国内最大100家电子制造业企业得出了类似的结论。他们也认为企业在技术上的投资对企业的绩效有着积极的影响。

但琼斯等（Jones, et al）在2000年以美国的188家企业为样本研究后，却提出了完全相反的观点。他们通过研究认为企业采用外部技术获取方式对企业的产品绩效有着消极的影响。进一步，他们还发现，企业在内部有效资源很多的情况下，不倾向于从外部获取技术，但如果他们选择从外部获取技术的话，那么内部有效资源越多，则技术的外部获取对产品绩效的消极影响就越大，亦即内部资源可以起到放大消极效应的作用。

阿费加等（Ahuja, et al）[1]则从企业的知识积累的角度分析了并购对研发绩效的影响。他们认为，非技术型并购和企业的研发绩效之间没有显著的相关性，而技术型并购对并购企业研发绩效的影响与被并购企业的技术知识积累有关系。被并购企业的技术知识积累越多，则越有利于提高并购企业的研发绩效。

王·P. K.（Wong, P. K.）[2]在研究了新加坡的制造业企业后也发现，不同的产品技术获取机制（他所指的技术获取方式与本书研发模式分类方法是有着很大的不同的。他将技术获取方式分为了六类：从产品的说明书和顾客的反馈中学习；内部研发；雇佣有经验的工程师和科学家；改进其他企业的创新；技术转移；购买设备）对不同维度的创新绩效的影响是有所不同的。

维尔纳本特在2003年利用生产函数对德国26个制造业1979—1993年的总产出、内部投入、劳动力、实物与研发资本数据进行了检验，结果发现生产率与外部研发占研发总量的份额之间具有强正相关性；但对于高技术企业来说，外部研发份额和生产率之间呈现非直线关系，从而说明外部研发份额的增加会降低研发生产率。因此，内外部研发选择决策对企业和行业来说具有非常重要的意义。

---

[1] Ahuja, G. & Katila, R., "Technological acquisitions and the innovation performance of acquiring firms: A longitudinal study", *Strategic Management Journal*, 22, 2001, p. 197 – 220.

[2] Wong, P. K., "Technology acquisition pattern of manufacturing firms in Singgapore", *Singapore Management Review*, 2001, p. 43 – 64.

李喜宝（Xibao Li）在2010年实证研究表明，除非同时进行内部研发，单独引进国外技术并不促进中国国有高新技术企业创新，而购买国内技术对企业创新有直接影响。企业更易吸收知识基础接近的知识，但知识势差不能过小。

李泗光等[1]研究发现，不同技术引进方式对企业技术创新绩效的影响存在显著差异，专利专有技术引进、技术咨询和技术服务与技术创新存在显著的强相关性，而采用合资合作生产方式的技术引进、硬件技术引进与技术创新存在弱的负相关性。

（2）多种研发模式之间关系的研究。以发达国家为研究对象的文献尽管存在一些不一致结论[2]，但是有许多文献发现了研发模式间互补证据[3]。

阿贝尔·卢塞拉采用西班牙国家统计局《企业技术创新调查》（2003）的数据，考察了研发的知识生产率。作者运用方格理论（lattice theory）和超分子结构理论描述了内部研发、外部研发和合作研发之间存在互补关系时的模型特征。作者发现，技术机会能导致研发模式间的互补性。不过，我们注意到作者在实证中仍然采用创新销售等财务绩效而不是新产品或专利数等创新绩效指标来测度创新结果。布鲁诺·卡斯曼等（Cassiman B., et al）[4] 运用1993年欧洲集团创新调查1335家比利时企业的数据进行了实证研究，结果表明研发模式之间存在互补性。作者采用生产率法揭示了从事单种研发活动（内部研发或外部研发）的企业开发新产品或改进产品少于内部与外部研发并举的企业这样一个事实。作者通过直接检验内外部研发并举的企业的边际回报，证实了两者间的互补关系；而采用采纳法（adoption approach）的检验结果显示，不同研发模式之间存在正相关性，并验证了吸收能力是导致内外部研发互补性的一个因素；在战略保护仅直接影响内部研发选择假定的基础上，有数据显示战略保护对外部研发产生正面影响，因此采用采纳法的实证研究也提供了研发模式间存在互补性的证据。

---

[1] 李光泗、沈坤荣：《技术引进方式、吸收能力与创新绩效研究》，《中国科技论坛》2011年11期，第15－20页。

[2] Rocha, Frederico, "Inter‐Firm Technological Cooperation: Effects of Absorptive Capacity, Firm Size and Specialization", *Economics of Innovation and New Technology*, 8, 1999, p. 253－271.

[3] Rigby, D. and C. Zook, "Open‐Market Innovation", *Harvard Business Review*, 10, 2002, p. 80－89.

[4] Cassiman B. and Veugelers R, "In search of complementarity in the innovation strategy: Internal R&D and external knowledge acquisition", *workpaper*, 2004.

以发展中国家为研究对象的文献结论相对比较混杂①。苏尼加等（Zuniga, et al）② 考察了研发模式选择与行业绩效的关系，结果发现企业内部研发与技术购买之间存在代替关系。

另有一些学者发现了研发模式间存在互补关系。德拉利卡等（Deolalikar, et al）③、李·J（Lee·J.）④、巴森特等（Basant, R., et al）⑤ 研究发现了研发模式间存在互补性，但技术购买与企业内部研发之间只有很弱的互补关系。阿罗拉（Arora）⑥ 在考察印度企业时发现技术购买与内部研发相结合能够提高产出水平。约翰逊（Johnson）⑦ 在研究巴西企业时发现，具有技术购买经验的企业更有可能通过内部研发来取得创新绩效⑧。

更多的文献提供的证据比较混杂。于成永等在2006指出，布拉加（Braga）等根据巴西企业的数据，阿尔瓦雷斯（Alvarez）根据智利企业的数据，以及常（Chang）等根据我国台湾企业的数据实证得出了发展中国家和地区技术购买与内部研发呈互补关系的结论。这些实证研究结论表明，研发模式互补性更多地体现在高技术行业，而在传统行业则似乎代替性占据主导地位。李·J（Lee·J.）对韩国制造业企业的研究得出了混合结论。在控制样本选择偏差之前，作者发现技术购买能够刺激企业进行内部研发；在对样本选择偏差进行了控制以后，两者间并不存在互补关系；而在引入了国际合作研发以后，两者显示出代替关系。巴森特，R. 等发现技术购买比内部研发更能解释生产率变动。然而，

---

① 于成永、施建军：《研发模式选择及其对创新绩效影响：一个文献综述》，《经济管理》2006年第19期。

② Zuniga, M. P, Guzman, A. & Brown, F., "R&D and technology purchasing decisions in the Mexican pharmaceutical industry", *workpaper*, 2004.

③ Deolalikar, A. and Evenson, R. E., "Technology Production and Technology Purchase in Indian Industry: An Econometric Analysis", *The Review of Economic and Statistics*, vol. 4, No. 71, 1989, p. 687–692.

④ Lee, J., "Technology Imports and R&D Efforts of Korean Manufacturing firms", *Journal of Development Economics*, 53, 1996, p. 197–200.

⑤ Basant, R. and Fikker, B., "The Effects of R&D, foreign technology purchase, and domestic and international spillovers on Productivity in Indian firms", *The Review of Economics and Statistics*, vol. 1, No. 47, 1996, p. 1–26.

⑥ Arora, A, "Contracting for tacit knowledge: the provision of technical services in technology licensing contracts", *Journal of Development Economics*, 50, 1996, p. 233–256.

⑦ Johnson, D. K., "Learning by licensing: R&D and Technology Licensing in Brazilian Invention", *Economics of Innov. and New Techn.*, vol. 3, No. 11, 2002, p. 163–177.

⑧ Zuniga, M. P, Guzman, A. & Brown, F., "R&D and technology purchasing decisions in the Mexican pharmaceutical industry", *workpaper*, 2004.

当巴森特，R. 等证实了技术购买效率时，同时也支持了巴森特和佛科特（Fikkert）等人研究的两者间存在替代关系的结论。特别是在高技术行业，发展中国家的当地企业在创新活动中更倾向于用技术购买来代替内部研发①。

（二）技术并购边界与市场绩效

现有实证研究中，对于企业研发模式与市场绩效之间的关系有不少模糊甚至对立的看法。海耶斯等（Hayes, et al）在1955年就认为，尽管外部技术获取在避免高昂的开发费用和节省开发时间等方面确实有着很多的优点，但它会从根本上侵蚀企业的竞争力，从长期来看是不利的。但持不同观点的是，格瑞斯特等（Granstrand, et al）在1992年则认为，技术的外部获取有利于企业技术的多样化，因而对企业的销售收入的增长有着积极的影响。伊特纳等（Ittner, et al）② 也认为企业的外部技术获取可以帮助企业在市场上处于领先的地位。

一些文献认为技术外部获取对市场绩效的影响要一分为二来看。奥雅纳等（Ove, et al）在1992年认为，技术的外部获取会带来企业技术的多样化，会带来企业销售收入的增长和研发费用的增加。但与此同时，公司的技术创新系统是一个集成化的整体，企业的内部研发必须和外部的技术获取一起来管理。因为过度地从外部获取技术是有风险的，因而，企业需要慎重考虑。鲍尔温等（Baldwin, et al）③ 从研究中也发现，先进技术的使用可以通过相对生产力的提高对市场份额的增长产生间接的影响，它还可以对市场份额的增长产生直接的影响。但同时，他们也认为，简单通过外部购买先进的制造技术并不能使企业获得成功，技术的消化吸收不是一件容易的事情，但这对于企业的成功是不可或缺的。为了提升消化吸收能力，需要企业加大自身的研发投入。琼斯等（Jones, et al）④ 则认为，企业的外部技术获取和其市场绩效之间没有显著的相关关系，谈不上好或者坏。

雷内·贝尔德伯斯等（Rene Belderbos, et al）⑤ 证实了企业与不同合作者

---

① 同⑦。
② Ittner, C. D. & Larcker, D. F., "Product development cycle time and organizational performance", *Journal of Marketing Research*, 34, 1997, p. 13–23.
③ Baldwin, J. R. &Sabourin D., "Advanced technology use and firm performance in Canadian manufacturing in the 1990s", *Industrial and Corporate Change*, 11, 2002, p. 761–775.
④ Jones, G. K, Lanctot, A. &Teegen, H. J., "Determinants and performance impacts of external technology acquisition", *Journal of Business Venturing*, 16, 2000, 255–283.
⑤ Belderbos, R, Carree, M, Diederen, B, Lokshin, B, Veugelers, R, "Heterogeneity in R&D cooperation strategies", *International Journal of Industrial Organization*, vol. 22, No. 8/9, 2004, p. 1237–1260.

合作研发对劳动生产率和创新成果销售的影响。作者分析了与竞争对手、供应商、客户、大学和科研机构合作研发对企业绩效的不同影响，并采用劳动生产率和创新生产率这两个指标来测度企业绩效。根据集团创新1998年与1996年度的荷兰企业样本数据，作者研究了合作研发（1996）对生产率增长（1996—1998年）的影响。结果表明，与竞争对手和供应商合作能够改善企业生产率；与大学合作和竞争对手间合作有利于新产品销售。这说明合作研发形式不同，其创新绩效表现也会不同。

（三）技术并购边界与财务绩效

学者们对研发模式选择影响企业财务绩效的观点也是大相径庭。黑基杜穆等（Hagedoom, et al）[①]认为，企业组成技术联盟的一些活动，如兼并或购买其他的企业、组建战略技术联盟等，对企业的财务绩效没有直接的影响。但是他们相信，如果这种影响存在的话，那它绝对不像先前一些研究并购的学者所认为的那样是一种消极的影响。

但在考虑企业面临的外部环境时，佐拉[②]提出了不同的观点。他在研究企业的技术战略和财务绩效之间的关系时，从企业与环境的关系角度出发，认为企业的从外部获取技术对其财务绩效的影响是由企业所处的外部环境所决定的。如果企业所处的是一个稳定、同质化竞争的环境，则外部获取技术的模式对企业的财务绩效的影响将是消极的；反之如果所处的是一个动荡的环境，则外部获取技术对财务绩效的影响将是积极的。

琼斯等[③]则认为技术的外部获取对企业的财务绩效有着直接的消极影响，而且企业的内部资源对这种影响可以起到一种放大的作用——伴随着内部资源的增多，技术的外部获取对企业的财务绩效的负面影响越大。

综合上述文献，研发模式对创新绩效影响结论并不一致，甚至相互矛盾。本书认为，首先，研发活动直接指向的是创新绩效或者说新产品、新工艺所体现出的知识、技术含量；由于市场绩效与财务绩效本身影响因素众多，受到研发活动影响只是一部分，并且理论上应存在创新绩效导致市场绩效、财务绩效变化的逻辑关系。因此，应该首先理论上建构必要的分析体系，在此基础上进

---

① Hagedoom, J. & Schakenraad, J. "The effect of strategic technology alliances on company performance", *Strategic Mangement Journal*, 15, 1994, p. 291 – 309.

② Zahra, S. A, "Technology strategy and financial performance: examining the moderating role of a firm's competitive environment", *Journal of Business Venturing*, 11, 1996, p. 189 – 219.

③ Jones, G. K, Lanctot, A. &Teegen, H. J., "Determinants and performance impacts of external technology acquisition", *Journal of Business Venturing*, 16, 2000, 255 – 283.

行实证，才有可能做到研究的内部与外部有效性的问题。其次，现有研究基本逻辑是内部研发与外部研发或者技术外部获取模式不相容选择研究，而不是本书所关注的技术并购边界选择研究，后者关注于在内部研发基础上，对外部研发模式选择问题。

四、技术并购边界选择的影响因素

影响技术并购边界的因素很多，近期一些文献，如冈村等（Okamuro, et al）在2011年研究和桑切斯·冈萨雷斯（Sánchez González, et al）在2009年研究，主要关注于创始人基本特征、企业以及产业层面上基本特征、知识特征等；较长视角看，这个主题几乎囊括了技术、企业、市场以及制度等方面，因而这些因素事实上构成了变量体系。除了吸收能力、独占机制外，本书在此对现有文献中涉及的主要变量进行了归纳和总结，这些变量在本书后续实证研究中作为控制变量出现。

（一）技术层面上特性

（1）企业开发相应技术所需的研发费用大小。一些学者认为企业开发技术所需的研发费用越高，合作研发模式对企业的吸引力也就越大[1]。但以韩国的通信行业内企业为样本，另一些学者研究后认为，在开发技术所需研发的费用较低情况下，企业会倾向于内部研发；而在研发费用较高情况下，企业会倾向于选择外部购买所需的技术而不是合作研发[2]。

（2）不同类型技术及其生命周期。学者们通常采用生命周期前期、中期和后期，或者主导设计来划分，对技术生命周期影响并购边界进行研究[3]。

奥斯特和凯那卡等（Auster & Cainarca, et al）在1992年研究认为，企业会在技术生命周期的初期选择合作研发方式，在中期则会选择内部研发方式，在末期才会选择外部技术购买方式。但泰勒等（Tyler, et al）在1995年研究中对此提出了不同观点，他们认为随着技术生命周期的不断向后推进，合作研发对企业的吸引力会变得越来越小。福特（Ford）在1998年研究中也认为在技术生

---

[1] Croisier, B., "The governance of external research: empirical test of some transaction – cost related factors", *R&D Mangement*, vol. 28, No. 4, 1998, p. 289 – 298.

[2] Dae – Hyun Cho, et al, "Influential factors in the choice of technology acquisition mode: an empirical analysis of small and medium size firms in the Korean telecommunication industry", *Technovation*, 20, 2000, p. 691 – 704.

[3] 陈永广、韩伯棠：《企业研发合作组织模式选择影响因素及决策机制研究》，《科学学与科学技术管理》，2011年第06期。

命周期的开始阶段,企业倾向于采用内部研发的方式获取技术;而在中期,则更为倾向于合作研发方式;在后期,外部技术购买将是企业的首选方式。

从主导设计角度看,蒂斯在1986年研究中认为,在没有形成主导设计的时候,合作研发是一种更为合适的技术获取方式;而在主导设计形成阶段,技术购买和内部研发两者任何一个都不是一种可靠的和有效的技术获取方式。

琼斯等①针对突破性技术创新研究时,他们把生命周期分为"前主导设计期"和"后主导设计期"。其中,"前主导设计期"以突破性创新作为开始,随之而来的是高度的技术不确定性和紧迫性。主导设计的出现标志着"前主导设计期"结束和"后主导设计期"开始。在后主导设计期,由于主导设计出现,不存在技术的不确定性和紧迫性;研发的重点在于工艺创新。而下一个突破性创新的出现作为"后主导设计期"结束的标志。与以往的研究结果不同的是,琼斯等②研究发现,"前主导设计期"和企业外部获取技术的倾向之间没有显著的相关性,也就是说,突破性技术创新的生命周期对企业从外部获取技术的倾向没有显著的影响。

(3)对技术标准化的市场需求程度。技术标准化的市场需求程度是指企业开发的新产品要取得成功,其所使用的新技术需要成为市场技术标准的程度。

一些学者认为,如果企业需要的技术成为市场标准的需求较低,那么企业将会选择内部研发;当这种成为市场技术标准的需求处于中等水平时,企业会选择技术购买③。与此类似,当技术成为市场标准的需求不是很强烈时,企业会倾向于运用内部研发或是外部购买来解决技术发展与更新之需;而当这种技术成为市场标准的需求很强时,企业会倾向于合作研发④。

(4)获取技术收益的不确定性。于成永在2008年研究中采纳伏尔塔(Folta)研究,将不确定性分成内生不确定性(endogenous uncertainty)与外生不确定性(exogenous uncertainty)。企业能够通过一些行为,如通过学习来降低内生不确定性。就企业之间关系而言,内生不确定性指关系内部,如合作者之间规模与知识基础的不同,信息不对称或者信任水平导致的不确定性。企业无法通

---

① Jones, G. K, Lanctot, A. &Teegen, H. J., "Determinants and performance impacts of external technology acquisition", *Journal of Business Venturing*, 16, 2000, 255–283.

② 同①。

③ Oliver Gassmann., "Opening Up The Innovation Process: Towards An Agenda", *R&D Management*, vol. 36, No. 3, 2006, p. 223–228.

④ Dae–Hyun Cho, et al, "Influential factors in the choice of technology acquisition mode: an empirical analysis of small and medium size firms in the Korean telecommunication industry", *Technovation*, 20, 2000, p. 691–704.

过自身行为来降低外生不确定性；这种不确定性，如行业不确定性，包括技术和市场不确定性，很大程度上受制于如技术生命周期这样的特定行业因素。外生不确定性问题随着时间递延而逐步得到解决。

这里，获取技术收益的不确定性主要是指技术取得商业成功的可能性。不确定性越高，也就意味着技术的风险越大，这会影响到企业对技术获取方式的选择。

劳尔等（Lower, et al）在1998年研究认为，技术的不确定性会降低企业进行内部研发投资的动力，而且会鼓励企业通过技术许可的方式从外部获取技术。但韦格勒尔（Veugelers）在1997年和基耶萨等（Chiesa, et al）在1998年研究时认为，从分担风险的角度来看，在研发风险很高的情况下，合作研发模式是首选。

KT·亚萨卡（KT Yeo）在1995年研究中认为不确定性并不是一个完全外生的因素，它与企业对该技术的熟悉程度和企业自身解决复杂技术问题的内部能力是有着紧密联系的，因而，如果使用合适的战略，不确定性对技术获取方式的影响是可以减小的。从交易成本理论的角度来看，德·耶克等（Dae – Hyun Cho, et al）在2000年研究中认为，当不确定性增加时，内部研发是首选的方式；但从风险分担的角度来看，合作研发或是技术外部获取则是更为有效的方式。

（5）相应技术的流动性或者可编码性。技术的流动性水平高意味着其他企业可以比较方便地获取同样的技术，事实上，技术流动性反映了技术的可编码程度。蒙塔沃等（Montalvo, et al）在1994年研究中指出，技术流动性对企业技术获取决策有着很重要的影响。如果技术流动性强，则企业获取新技术的可能性就很高，从而就会倾向于从外部获取技术。

（二）企业能力特性

（1）企业规模（资产、销售额等）。不同规模的企业由于拥有资源禀赋不同，其在技术获取模式的选择上也会有所不同。韦格勒尔等[1]运用欧洲集团创新调查中比利时企业数据，研究了制造业企业内部研发与外部研发选择同制度、行业和组织特征的关系。作者发现，小企业更有可能单独选择内部研发或外部研发，而大企业则倾向于同时选择内部和外部研发方式。范哈佛贝克等（vanha-

---

[1] Veugelers, R., & Cassiman, B., "Make and buy in innovation strategies: Evidence from Belgian manufacturing firms", *Research Policy*, 28, 1999, p.63 – 80.

verbeke，et al)① 认为两个公司的规模越大，则它们越倾向于采取战略联盟的方式。此外，企业所处的产业的成熟度越高，企业就越倾向于采用并购的方式来从外部获取技术。北川健太与中村修二等②研究了组织、行业技术特征以及独占制度对企业选择内部研发、合作研发以及技术购买等方式的影响。作者利用14000家日本企业的数据，估计了一个修正的double-hurdle模型，其中第一个hurdle决定企业到底应该不应该进行研发活动，第二个hurdle决定是否（和花费多少）进行上述每一种研发活动。研究发现，在假定企业规模、多元化和纵向一体化程度与企业能力正相关时，这些因素支持企业选择外部研发。弗里奇等（Fritsch，et al)③ 根据1800家德国制造业企业数据，分析了企业与顾客、供应商、竞争者以及公共研究机构这些不同合作者的合作倾向。作者发现，维持研发合作的企业规模一般比较大。贝尔德伯斯等（Belderbos，et al）在2004年研究中根据1996年与1998年欧洲集团创新调查中荷兰企业数据，运用系统概率估计（system probit estimation）考察了创新企业选择四类合作伙伴（竞争对手、供应商、客户以及大学和研究机构）的影响因素差异。结果发现，企业规模正向影响企业选择任一合作伙伴的合作研发活动。

冈村等（Okamuro，et al)④ 对日本新建企业的研究发现，企业规模对合作研发的影响并不显著。由于新建企业往往是规模较小的企业，因此可以认为企业规模不会影响小企业的合作研发，但是对相对规模较大的企业的影响会比较显著。

（2）企业在新产品领域的技术地位。企业的相对技术地位越高，则企业就

---

① Vanhaverbeke, W., et al, "External technology sourcing through alliances or acquisitions: An analysis of the Application Specific Integrated Circus Idustry", *Organization Science*, 13, 2002, p. 714 – 733.

② Kenta Nakamura and Hiroyuki Odagiri, "R&D boundaries of the firm: an estimation of the double – hurdle model on commissioned R&D, joint R&D, and licensing in Japan", *Economics of Innovation & New Technology*, vol. 14, No. 7, 2005, p. 583 – 615.

③ Fritsch, M., Lukas, R., "Who Cooperates On R&D?" *Research Policy*, 30, 2000, p. 297 – 312.

④ André van Stel & Ingrid Verheul & Hiroyuki Okamuro, "Understanding the Drivers of an 'Entrepreneurial' Economy: Lessons from Japan and the Netherlands," *Scales Research Reports H201102*, *EIM Business and Policy Research*.

会更多的进行内部研发①。德·耶克等②也认为当企业在所处的领域中处于技术领先地位时，企业会倾向于采取内部研发或是合作研发的技术获取方式；而当企业的技术地位比较低的时候，企业更倾向于外部购买的方式。

波特（Porter）在1985研究中③认为，企业要在行业中保持技术持续领先，一个重要的影响因素是技术的来源问题。如果技术的主要来源是产业外部时，那么，企业维持现有技术地位会比较困难，因为外部的技术来源割裂了企业获取技术的途径和企业的技术能力及其研究与开发的费用率；此外，其他企业也可获取外部的技术。

从波特的论述中，我们可以认为，技术的外部获取对于企业保持技术的领先地位是不利的；反之，要保持技术的领先地位，应该尽可能地采用内部研发的方式。国内学者认为技术获取模式和企业的技术地位之间是一种辩证的关系。内部研发和合资有助于企业提高技术地位，技术地位高的企业也倾向于利用内部研发或合资来保持和提高技术地位。收购和研发外包对企业技术地位的影响中等，许可和购买产品的影响则低。处于低地位的企业在无能力迅速提高技术地位时，可以把有限的资金用于技术许可交易或购买产品；当技术地位低的企业想要提高技术地位时，则可以首先采取研发外包方式，然后再选择内部研发。

（3）企业从事研发活动的能力。人们通常认为，企业的研发能力越强，则越会倾向于进行内部研发。与福特1988年研究、泰勒等1995年研究类似，劳氏等（Lowe, et al）④研究发现，企业相对技术地位越高，已有的技术能力越强，则企业就会更多地进行内部研发。琼斯等2000年研究也从企业资源的多少的角度，提出企业现有的资源的数量和类型会影响到企业从外部获取技术的动力。他们认为企业的技术储备越多，研发设施越好，人员素质越高，则它从外部获取技术的需求就会越少。特别是在一个全新的行业或技术领域里，那些资

---

① Lowe, J., et al, "R&D and technology purchase through license agreements: complementary strategies and complementary assets", *R&D Management*, vol. 28, No. 4, 1998, p. 263 – 278.
② Dae – Hyun Cho, et al, "Influential factors in the choice of technology acquisition mode: an empirical analysis of small and medium size firms in the Korean telecommunication industry", *Technovation*, 20, 2000, p. 691 – 704.
③ Porter, M. E. And Stern, S., "Innovation: Location Matters", *Sloan Management Review*, vol. 42, No. 4, 2001, p. 28 – 43.
④ Lowe, J., et al, "R&D and technology purchase through license agreements: complementary strategies and complementary assets", *R&D Management*, vol. 28, No. 4, 1998, p. 263 – 278.

源充足的企业相比资源不足的企业而言，更加不愿意从外部获取技术。

但德·耶克等在2000年研究中却提出了完全不同的看法，他们认为企业在研发能力比较弱的情况下会倾向于内部研发或是外部购买技术；而当企业的研发实力很强的时候，企业倾向于选择合作研发的方式。

王·P.K.[①]则认为企业的研发投入、技术实力和外部技术获取机制之间在很大程度是互补关系。他发现，那些在内部研发上非常积极的创新性公司在外部技术获取上也同样非常积极。他因此推断，企业要想提高自己的创新性，要在加强内部研发的同时，积极地从供应商、顾客、公共科研机构和大学那里获取技术。这个结论体现了内部研发与外部研发方式的互补性。

(4) 企业在研发上的经验。企业的技术优势具有累积性特征，企业的研发效率取决于它先前在相关领域的研发经验。纳尔逊等（Nelson, et al）[②]指出，企业的研发经验越丰富，就越愿意进行内部研发。因此，企业先前在相关领域里的研发项目的数量，对于企业内化一个研发项目的能力是有着很重要的影响；事实上，研发经验与内部研发这种关系是吸收能力测量的早期主要做法。但沃克等（Walker, et al）[③]认为，企业的研发经验也可以降低新技术的研发费用，还能够降低交易费用；因此，企业也有可能选择其他的技术获取模式。德·耶克等在2000年研究中当企业在相关的技术领域有着很丰富的研发经验时，企业会倾向于内部研发或是合作研发，反之则会倾向于从外部购买技术。王·P.K.在2001年研究中非常强调新产品开发的企业，相比较于那些更为重视已有产品或工艺的改进的企业来说更倾向于从外界获取技术。

(5) 企业以往在技术获取上的经验。企业以往在技术获取方式上的经验会影响到它现在对技术获取模式的选择。皮萨罗（Pisano）[④]认为，以往的技术获取模式选择上的经验对企业未来技术获取模式选择会产生非常重要的影响；即使所要获取的技术可能与之前并不一样，企业也会继续选择相同的模式。德·

[①] Wong, P. K., "Technology acquisition pattern of manufacturing firms in Singgapore", *Singapore Management Review*, 2001, p. 43 – 64.

[②] Cohen, W., Nelson, R., Walsh, J., "Protecting their Intellectual Assets: Appropriability Conditions and why US Manufacturing Firms Patent or not", Discussion Paper 7552, *NBER*, 2000.

[③] Bonner, J. And Walker, O., "Selecting Influential Business – To – Business Customers In New Product Development: Relational Embeddedness And Knowledge Heterogeneity Considerations", *Journal Of Product Innovation Management*, 21, 2004, p. 155 – 169.

[④] Pisano, Gary P., "The R&D Boundaries Of The Firm: An Empirical Analysis", *Administrative Science Quarterly*, 35, 1990, p. 153 – 176.

耶克等在2000年研究中持有类似的观点，但他们认为需要有更为苛刻的条件。他们认为，当企业通过内部研发获取技术方面有很丰富的经验，但在合作研发方面的经验不足时，企业倾向于通过内部研发获取技术；反过来，当企业在内部研发方面经验不足，而合作研发经验丰富的时候，企业倾向于通过合作研发的方式；而当企业在内部研发上严重缺少经验时，企业会选择外部购买的方式。

卡伊塔等（Kiyotaa, et al）[①] 在研究了日本1960年代和1970年代的技术管制制度对企业的技术获取模式选择的影响后认为，以往在通过外部获取的技术累积的数量对于企业的以后的外部技术获取方式选择确实是有着非常积极的影响，但这种影响并不是绝对的。他们通过对比日本企业在管制取消前后的技术获取的数量变化后认为，企业在管制取消后，即使没有相关的经验，也同样可以快速地获取新技术。

（三）企业面对的市场具有的特性

（1）市场规模。贾沃斯基等（Jaworski, et al）[②] 认为企业面对的市场规模越大，市场的需求愈旺，则企业技术取得成功的可能性也就越大。也就是说，如果潜在的市场规模很大，市场需求非常强劲，需求远大于供给，那么市场就会更快地接受企业所提供的技术；相反，如果市场的需求增长比较弱，企业就必须更努力去了解如何提供更有效率的技术。

德·耶克等（2000）则在其研究中指出，在市场规模很大的情况下，企业会倾向于选择合作研发，而在市场规模很小的时候会倾向于选择从外部直接购买技术。

（2）市场成长率。罗伯松等（Roberson, et al）在1998年研究中也认为国内外的市场成长率会让企业考虑其技术取得的时效性与策略性。在市场增长率较低的情况下，企业倾向于以自行研发的方式获取新技术以符合市场需求；而在市场增长率较高的情况下，企业会以最具时效性的方式取得技术所需要的新技术，例如直接通过市场购买方式。

（3）产品市场竞争程度。皮萨罗在1990年研究认为在产品市场竞争非常激烈的情况下，企业会选择内部研发；而在产品市场竞争较弱时，企业会选择合作研发和外部购买。罗塞尔等（Roussel, et al）在1991年研究也指出产品市场

[①] Kiyotaa, K., et al, "Foreign technology acquisition policy and firm performance in Japan, 1957 – 1970: micro – aspects of industrial policy", *International Journal of Industrial Organization*, 23, 2005, p. 563 – 586.

[②] Jaworski, B. J., & Kohli, A. K., "Market orientation: antecedent and consequences", *Journal of Marketing*, vol. 57, No. 7, 1993, p. 53 – 71.

竞争强度是企业决定技术获取方式的一个最重要的影响因素。迪德（Tidd）在1997年通过研究后也得出了和皮萨罗相同的观点，他发现当企业在产品市场竞争强度大的环境中，会倾向于通过内部研发的方式来取得其核心技术，以保持其在市场上的竞争优势。德·耶克等在研究了韩国中小通信设备企业后，也得出了类似的观点。他们认为，当产品市场竞争非常激烈时，企业倾向于进行内部研发；反之，当市场竞争相对缓和时，企业倾向于合作研发。

但也有一些学者提出了相反的意见。单（Shan）在1990年研究中认为，在产品市场竞争非常激烈的情况下，企业会选择合作研发。宋等（Song, et al）在1997年研究[1]也认为产品市场竞争激烈程度越强，企业对于技术的敏感度也越强烈，从而使得其获取技术的方式会有所不同，通常企业会以技术合作的方式来取得技术以降低风险。

而劳氏等在1998年研究中则认为，在产品市场竞争不是很激烈的情况下，企业会选择内部研发；反之，在较为激烈的情况下，企业则会选择合作研发或是外部购买技术。拉姆等（Lambe, et al）在1997年研究中也发现，越来越多的企业选择通过参加技术联盟的方式以应对突破性技术创新带来的冲击；但是，在一个动态的环境中，企业的能力往往受到很多条件的限制。穆德宏科（Medhok）在1997年研究中也认为，在环境动荡的情况下，合作研发将会被企业看作是一种更为有效的获取新技术的方式。

（四）制度特性

政府相关政策支持。政府对于企业的技术获取行为如果给予相应的政策支持，则企业会倾向于采用政府鼓励的技术获取模式。道奇森（Dodgson）[2]认为，如果政府对于企业间的合作研发有很好的支持政策，则企业就会倾向于合作研发；反之，企业则会更愿意进行外部购买。郭斌[3]在对比分析了美国、印度、日本、以色列、爱尔兰、中国软件产业后，认为需要依据软件产业发展的自身特点，来有针对性地实施相关的产业扶持和引导政策，促进国内软件业更快的发展。日本在20世纪60年代也有着相似的政策，其技术获取的政府审核

---

[1] Song, X. M., et al, "Challenges of managing the development of breakthrough products in Japan", *Jouenal of Operations Management*, 17, 1999, p. 669–682.

[2] Dodgson, M., *Technological collaboration in industry: strategy, policy and internationalization in innovation*, London: Routledge, 1993.

[3] 郭斌等：《组织技术能力概念框架研究》，《科学学研究》1996年第2期，第44–51页。

政策，使得大企业在从外部获取先进的技术上有着很大的优势，卡伊塔等①研究发现在技术引进的管制时期，大企业从外部获取的技术要远多于中小企业。

应该说，影响研发模式和技术并购边界选择的因素众多。无论理论结论还是实证证据，对这些因素影响或者如何影响研发模式选择尚未达成一致意见，更没有公认的研究理论框架。正如在创新绩效影响因素文献回顾中指出的那样，试图发现一组普遍性的研发模式选择影响因素的观念是天真的。为此，这类研究，也要充分考虑背景因素，要在特定的背景下对相关因素进行研究。

第四节　吸收能力相关文献回顾

自从科恩在1990年发表在《管理科学季刊》上的一篇题为"吸收能力：一个关于学习与创新的新观点"的文章中提出吸收能力的概念以来，学者们已经用吸收能力分析了许多重要而复杂的企业现象，在相关领域的理论与应用研究已有千余篇。研究的快速发展部分由于概念分析角度的不同，部分由于其研究与组织学习、战略联盟、知识管理、企业资源基础论的研究领域重叠所致。

国内外有关吸收能力的文献回顾角度不同②，基于本书主题需要，此处从吸收能力定义、构成，对企业创新绩效影响以及对研发模式选择影响四个方面进行回顾。

一、吸收能力的定义

科恩等1990年指出，吸收能力是"企业辨识外部知识的新价值，然后获取、消化并将此知识运用于商业目的的能力"。企业的吸收能力越高，对于外界环境的控制能力也愈高，也越有机会吸纳竞争对手和其他企业的外溢知识。吸收能力代表企业对外吸收新知识的能力。在科恩1990年研究之后，莫厄里等（Mowery, et al）③ 将吸收能力定义为"需要处理移转知识的隐性成分和修正重

---

① Kiyotaa, K., et al, "Foreign technology acquisition policy and firm performance in Japan, 1957 – 1970: micro – aspects of industrial policy", *International Journal of Industrial Organization*, 23, 2005, p. 563 – 586.
② 葛沪飞、仝允桓、高旭东：《开放式创新下组织吸收能力概念拓展》，《科学学与科学技术管理》2010年2期，第46 – 52页。
③ Mowery, D. C., Oxley, J. E., Silverman, B. S., "Strategic alliances and interfirm knowledge transfer", *Strategic Management Journal*, 17, 1996, p. 77 – 91.

要知识的技能"。金姆（Kim）① 则提出吸收能力是"学习能力和解决问题的能力"。佐拉等②对吸收能力定义进行了整理（表1-2）③。

表1-2 文献中吸收能力主要定义一览

基本定义	主要研究维度
能辨识价值、消化吸纳并应用的能力（科恩等，1990）	1. 经由过去经验和投资来辨识知识价值的能力 2. 消化能力：（1）以知识特性为基础；（2）以企业或联盟特性为基础；（3）以科技为基础 3. 应用能力：（1）科技机会为基础（外部相关知识）；（2）专门性为基础
配置的能力，影响处理隐性的移转知识成分的需要，和将国外来源的科技模块化以便当地企业应用（莫厄里，1995）	人力资本：（1）个人技能程度；（2）训练有素的研发人员所占比率；（3）训练有素的研发人员数；（4）研发花费
吸收能力是学习能力和问题解决能力；学习能力是辨识知识是是为了模仿，解决问题的能力是为了创新（金姆，1998）	1. 先前知识基础 2. 努力强度

资料来源：佐拉与乔治（2002）、沈必扬（2007）

除了学习过程视角的定义外，一些学者从知识基础视角对吸收能力提出了相应定义，如范维克等（Van Wijk, et al）在2001年研究中的知识深度与宽度，廖等（Liao, et al）的2003年研究中获取外部知识和内部知识，施密特（Schmidt）在2005年研究中获得本产业、其他产业和科研机构的知识；而敏巴尔瓦等（Minbaeva, et al）在2003年、曼克等（Mahnke, et al）在2005年研究中从结构性情境视角把吸收能力作为员工能力、员工动机来看待，或者与效率、

---

① Kim, L., "The dynamic of Samsung's technological learning in semiconductors", *California Management Review*, vol. 39, No. 3, 1997, p. 86 – 100.
② Zahra, S. A., & George, G., "Absorptive capacity: A review, reconceptualization, and extension", *Academy of Management Review*, 27, 2002, p. 185 – 203.
③ 沈必扬：《知识吸纳能力与企业创新绩效》，南京大学博士学位论文2007年。

范围与灵活性相关①。

二、吸收能力构成

佐拉等在2002年研究中将吸收能力分为潜在能力与实现能力。潜在能力又可分为获得能力和消化能力；实现能力又可分为转换能力和应用能力。获得能力即企业有能力去评价及取得外部新知识；消化能力即通过企业员工的日常经营管理去分析、解释及了解由外而来的信息。转换能力即企业有能力去整合现存知识和新取得知识；应用能力即将新知识纳入、应用到企业的经营管理、企业创新之中。在吸收能力如何影响企业结果中，上述四种能力扮演不同却互补的角色。艾森哈特等（Eisenhardt, et al）②指出这些能力在不同企业间具有其共通性和结果趋同性。有关文献中吸收能力的组成维度如表1-3所示。

表1-3 文献中吸收能力的组成分析

维度	关键要件	角色和重要性	代表文献与作者
获得	先前的投资、先前的知识存量、强度、速度、方向	搜索的范围、认知规划、新连接、学习速度、学习质量	博因顿等（Boynton, et al）（1994）；科恩等（1990）；凯勒（Keller）（1996）；金姆（1998）；莫厄里等（1996）；韦格勒尔（1997）；博世等（Bosch, et al）（2001）
消化	理解	解释、理解和学习	道奇森（1993）；费诗曼等（Fichman, et al）（1999）；金姆（1998）；莱恩等（1998）；苏兰斯基（1996）
转换	内化、转化	整合、重编码	费诗曼等（1999）；金姆（1997b）；凯斯特勒（Koestler）（1996）
利用	开发、利用	核心能力、获得资源	科恩等（1990）；道奇森（1993）；金姆（1998）；莱恩等（1998）；范维克等（2001）；苏兰斯基（1996）；范丹波士等（1999）

---

① Van den Bosch, F. A. J., Volberda, H. W., & De Boer, M., "Coevolution of firm absorptive capacity and knowledge environment: Organizational forms and combinative capabilities", *Organization Science*, 10, 1999. p551-568.

② Eisenhardt K, J. Martin., "Dynamic capabilities: what are they?", *Strategic Management Journal*, 21, 1999, p.1105-1121.

(一) 获得能力

获得能力指的是企业有能力去评价及取得外部新知识，佐拉等在2002年研究中针对获得能力提出下列五项影响因素。

(1) 先前的投资。吸收能力起因于长期的知识累积。研发投资是创造吸收能力的必要条件。科恩等1990年研究中指出，要有效使用外部技术（知识），必须要进行研发投资。贾迪普等（Jaideep, et al）[1]认为，取得能力可以帮助企业进行创新活动。研发投入和吸收能力之间有二种关系：①金鼎（Vinding）在2000年研究中指出，吸收能力影响研发方向和强度；②科恩等1990年研究中指出，研发愈多，在取得外部技术上愈有效率。企业应用外部技术能力通常是研发活动的副产品。

(2) 先前的技术（知识）存量。科恩等在1990年研究中认为，吸收能力倾向于在先前相关知识上累积发展和建立有价值技术知识及资源。拥有先前相关技术知识的企业对新科技会有较好的了解，他们可以基于先前的相关技术知识，整合新观念和发展新产品。增加企业应用新知识能力的最重要因素有员工于中学和实验中取得的先前技术知识[2]。吸收能力是路径依赖的，起因于技术知识累积的本质。

(3) 强度。根据金姆在1997年相应研究，强度是企业努力对知识确认和收集的速度，它可决定企业取得能力的品质。企业越努力，取得的能力就越强。

(4) 速度。决定企业能够达到多高的学习速度的能力是有限制的，这主要在于学习循环不能轻易缩短，并且一些有助于提升吸收能力的资源也不易辨识[3]。企业学习在吸收能力发展上扮演重要角色，通过学习机制或是工作相关训练能够提高学习速度。

(5) 方向。根据韦尔奇（Welsch）、廖等在2001年相应研究，企业存在着惯性，倾向固守现存策略和反对改变使得企业墨守成规，而累积知识的方向会影响企业得到外部知识的路径，因此，在整个知识取得的过程中，企业会根据先前的相关领域延伸出未来的新知识方向。

---

[1] Jaideep, C. P., Rajesh, K. C. & Mark, E. E., "The Impact of Acquisitions on Innovation: Poison Pill, Placebo, or Tonic?", *Journal of Marketing*, vol. 69, No. 1, 2005, p. 114.

[2] Michael, L. & Andrew, K., "Prospects for developing absorptive capacity through internal information provision", *Strategic Management Journal*, vol. 25, No. 4, 2004, p. 331.

[3] Clark, K. B. & Fujimoto, T., *Product Development Performance: Strategy, Organization, and Management in the World Auto Industry*, Boston: Harvard Business School Press, MA, 1991.

（二）消化能力

消化能力指的是，"通过企业的经验和程序去分析、解释及理解来自外部的知识"①。对企业而言，取得的外部技术知识是需要时间去理解和消化的。企业通常避免外来者了解或复制技术知识，同样，企业吸收外部技术知识时，也会感受到其专属性的存在——这也是本书关注的一个重要方面。

（三）转换能力

转换能力在吸收能力中扮演着关键性的角色。佐拉等在2002年研究中提到转换能力较偏向内部技术整合，因此也有学者将之称为整合能力。转换能力指的是，"企业有能力去整合现存的知识和新取得的知识"。通过增加或减少技术知识或通过在另一种方法下解释相同技术知识。

科加等（Kogut, et al）在1992年研究中提出技术知识转换是一种整合能力（combinative capability）。格朗伍德等（Graud, et al）在1994年研究认为吸收能力是如何察觉、开发外界技术性知识的能力，这种技术性知识来自外部；相对的，转换能力则是基于企业内部机会，不断重新定义产品组合能力。

野中郁次郎（Nonaka）② 基于日本企业如何进行产品创新的案例，说明企业如何创造技术知识。他认为企业要创造技术知识，要先进行内隐技术知识与外显技术知识的相互转换，以达到发掘、整合及创造技术知识的效果，并提出了四个技术知识转换模式，即转化能力的四种表现形式：社会化，由内隐技术知识到内隐技术知识；外化，由内隐技术知识到外显技术知识；组合化，由外显技术知识到外显技术知识；以及内化，由外显技术知识到内隐技术知识。而技术知识的层次可分为个人、群体、企业及企业间等层次，通过企业技术知识创造螺旋，企业可以由个人层次的技术知识推演至更高层次的技术知识，以期创造新的企业技术知识。

对企业而言，技术知识创造和有效分享是竞争优势的重要来源③。技术知

---

① Szulanski, G., "Exploring internal stickiness: Impediments to the transfer of best practice within the firm", *Strategic Management Journal*, 17, 1996, p. 27 – 43.
② Nonaka, I., "A dynamic theory of organizational knowledge creation", *Organization Science*, 5, 1994, p. 14 – 37.
③ Scott, E. B., "The Impact of Peer Mentoring on Organizational Knowledge Creation and Sharing: an empirical study in a software firm", *Group & Organization Management*, vol. 30, No. 3, 2005, p. 319 – 339.

识创造的参与,可使企业的技能和任务复杂性相互配合,进一步为企业带来利益①。具体的企业技术知识创造过程可由分享内隐技术知识(sharing tacit knowledge)、创造概念(creating concepts)、判定概念(justifying concepts)、建立原型(building an archetype)以及跨层次的技术知识扩展(cross-leveling knowledge)等五阶段模式来加以描述②。

贝塞拉·费尔南德斯等(Becerra-Fernandez, et al)③根据野中郁次郎等在1995年研究理论设计出衡量知识转换能力构面或者说维度测量的问卷。其中,表1-4为转换能力四种形式模式,表1-5为转换能力的测量与问题设计的主要内容。

表1-4 转换能力的转化形式

转换模式	说明
内隐到外显(外化)	内隐知识具体化为外显知识的过程,往往需透过隐喻、模拟、概念化、假设或模式的方式表达出来
外显到内隐(内化)	学习者通过"做中学"将已经语言化、文字化,或已经制作成规则、手册的外显知识,内化成内隐知识
外显到外显(结合化)	将知识加以系统化,以形成知识体系的过程,此涉及结合不同的外显知识体系
内隐到内隐(社会化)	通过分享经验,达到内化与创造内隐知识的过程。学习者透过观察、模仿和练习,来学习大师的技艺,而非透过语言

资料来源:贝塞拉·费尔南德斯等(2001)。

---

① Andrew, N. K. & Theresa, M. E., "Assessing value in organizational knowledge creation: considerations for considerations for knowledge workers", *MIS Quarterly*, vol. 29, No. 2, 2005, p. 279-310.
② Nonaka, I. & Takeuchi, H., *The Knowledge-creating company*, New York: Oxford University Press, 1995.
③ Becerra-Fernandez, I. & Sabherwal, R., "Organizational knowledge management: A contingency perspective", *Journal of Management Information Systems*, vol. 18, No. 1, 2001, p. 40-42.

表1-5 转换能力的衡量及相关文献

转换模式	活动项目	基本内容
社会化	1. 员工岗位轮换	野中郁次郎在1994年研究指出,轮换有助于员工从多元化的观点来了解企业,使得企业知识更容易流动,并且更易于实践
	2. 头脑风暴培训班	野中郁次郎等在1995年研究指出,一个共同化的例子是本田,该公司举办头脑风暴培训班,是一种非正式会议,详细讨论如何解决开发项目中所遭遇的问题
	3. 跨部门的合作项目	野中郁次郎等在1995年研究指出,一种自我管理团队,许多来自不同职能部门的成员在此共同工作,以完成共同的目标
	4. 运用师徒制转移知识	野中郁次郎在1994年研究指出,是一种个人不需言语但可以记住且获取隐性知识的重要方法。学徒与师父一起工作,并且不需言语便可以学习到精妙的技术
内化	1. 观察学习	野中郁次郎等在1998年研究指出,现场实践支持内化的过程。这样的环境中有助于外显知识转换为内隐知识。让资深的技术人员与同事一起专心地训练,透过持续的练习强化固定的工作模式,并且从中获得好的成果
	2. 从做中学	野中郁次郎等在1998年研究指出,新知识的内化便是将外显知识转换为企业的内隐知识。从做中学、实践操作都可以使个人获得群体及整个企业的知识
	3. 工作中训练	野中郁次郎等在1998年研究指出,新知识的内化是将外显知识转换为企业的内隐知识。透过工作中训练或是积极参与以自我精炼学习
	4. 面对面会议	野中郁次郎等在1995年研究指出,产品部门经常将新产品开发人员送到客服中心,与电话咨询服务人员或若干名专家会谈,如此可以亲自体验服务人员与专家的经验

续表

转换模式	活动项目	基本内容
结合化	1. 计算机数据库	野中郁次郎等在 1995 年研究指出，结合化便是将系统化的概念融入知识体系的过程。透过将外显知识分类、增加、结合的方式重新建构现有的信息（例如管理计算机数据库），便可以产生新知识
	2. 信息、最佳实践个案及课程学习的资料库	
	3. 运用网络搜集数据	野中郁次郎等在 1998 年研究指出，利用信息科技使外显知识相互结合可更有效支持合作的情境。运用在线网络以及数据库等可强化这个转换的过程
	4. 运用局域网和因特网	野中郁次郎等在 1995 年研究指出，个人透过电脑化沟通网络的媒介交换及结合知识
外化	1. 掌握及转移专业知识	野中郁次郎等在 1998 年研究指出外化需要的一个重要因素是将顾客或专家的内隐知识转化为可以理解的形式
	2. 聊天室/网络群体讨论	达芬波特与普鲁萨克（Davenport & Prusak）在 1998 年研究指出，当企业想要从员工的身上攫取内隐知识时，他们会运用某些形式的电子化讨论社群
	3. 运用以科技为基础的问题解决系统，如决策支持系统	野中郁次郎等分别在 1994 和 1998 年研究指出，顾客或专家的内隐知识转化为可以理解的形式，可能需要演绎/归纳的过程。知识创造过程的最终步骤便是创立一个实际问题解决导向的模式
	4. 群组软件及其它团队合作工具	野中郁次郎等在 1998 年研究中指出，对话使所有的参与者都可以听到并获益，以强烈支持外化
	5. 模拟的模式	野中郁次郎等在 1995 年研究指出，外化通常通过隐喻或模拟的方式。运用引人注目的隐喻或模拟的方式，可以十分有效地激发创意
	6. 专门技术指引（技术黄页）	野中郁次郎等在 1998 年研究中指出，高度个人性或高度顾客的专家的专业知识，可以转化为容易理解的外显形式

资料来源：贝塞拉·费尔南德斯等（2001）、沈必扬（2007）。

(四) 应用能力

科恩等的1990年研究在定义吸收能力时候突出了技术知识应用能力的重要性。在佐拉等的2002年的研究中也把应用能力作为吸收能力的一个研究维度。所谓的应用能力就是,"企业能够利用现有已经获得的知识和已经转换后的知识提升现有的竞争优势或制造出新的竞争优势"。应用能力反映出企业应用技术知识到经营管理、企业创新的能力[1]。应用能力需要企业搜索那些已创造和内化的技术知识重新投入使用[2]。应用能力的产出可能是新产品的持续创造,工艺过程、管理过程的创新,或者组织形式的再造[3]。

三、吸收能力对企业创新绩效影响

企业发展吸收能力的目的显然并不在于其本身,而是为了得到更重要的企业产出。曼斯菲尔德在1968年研究中以公司内部的职能部门为例说明,创新是源自企业内部各部门的信息的流通与获取,例如营销、生产部门,所以应用外界技术知识的能力成为创新的关键因素。

科恩等1990年研究中认为吸收能力本身具有的特质会影响创新与绩效。吸收能力与创新、创新绩效以及企业期望形式相联系。研究者在各自的分析层面上,给出与吸收能力相联系的企业产出。在企业层面上,目前主要涉及三种企业产出:创新、企业变革以及企业绩效(表1-6)。

表1-6 吸收能力影响企业产出的主要方面

分析层面	企业产出	相关研究
企业内部	最佳实践的转移、知识在组织内部各单元之间的流动	苏兰斯基(Szulanski)(1996)、笈多等(Gupta, et al)(2000);敏巴尔瓦等(2003)、曼克(2005)

---

[1] Van den Bosch, F. A. J., Volberda, H. W., & De Boer, M., "Coevolution of firm absorptive capacity and knowledge environment: Organizational forms and combinative capabilities", *Organization Science*, 10, 1999, p. 551 - 568.

[2] Lane, P. J., Salk, J. E., & Lyles, M. A., "Absorptive capacity, learning, and performance in international joint ventures", *Strategic Management Journal*, 22, 2001, p. 1139 - 1161.

[3] Spender, J-C., "Making Knowledge the Basis of Dynamic Theory for the Firm", *Strategic Management Journal*, 17, 1996, p. 595 - 623.

续表

分析层面	企业产出		相关研究
企业层面	创新	(1) 创新绩效 (2) 开发与利用 (3) 新产品开发	科恩等（1990）；范维克等（2001）；范丹波士等（1999）；蔡（Tsai）（2001）；斯陶柯等（Stock, et al）（2001）；佐拉等（2002）
	企业组织变革	(1) 组织适应性 (2) 共同进化 (3) 战略变革 (4) 期望形式	卢因等（Lewin, et al）（1999）；沃本达等（Volberda, et al）（2001）；科恩等（1990）；范丹波士等（1999）
	企业绩效	(1) 创造新价值 (2) 竞争优势 (3) 财务绩效	卢因等（1999）；德斯（2001）；佐拉等（2002）；Tsai（2001）
企业间层面	从伙伴那里获取知识、知识在企业间转移与组织学习		科赞等（1998）；莱恩等（1998）；莱尔等（1996）；莫厄里等（1996）；阿费加（2000）；陈（2004）

资料来源：吴伯翔，阎海峰，吸纳能力概念框架及其在研究中的应用，2005，3：54－60。

扬西蒂等（Iansiti, et al）在1994年研究中认为，企业从外部学习回来的技术知识，加之企业整合机制，能够把所学的与在公司内部现有的技术知识做出整合。这种整合能力越强，对新产品开发绩效的影响也越大。

野中郁次郎在1995年研究中指出，企业必须持续创造新技术知识，深入且广泛地传递给企业的所有成员，并将这些技术知识迅速转化为新技术及产品，才能生存、成功。

蒂斯在1996年研究中认为技术知识的吸收对公司创新能力的增强非常重要，能否有效地利用外界的技术知识与公司原有的技术知识基础有关，企业先前累积的技术知识基础会影响新技术知识所能发挥的效用。

台湾学者赖士葆等在1997年研究中指出创新能力系隐含具有累积现有技术知识，吸收现有技术知识加以利用，转化为新企业技术知识的一群知识组合之意。并且将创新能力分为四个层面：个人面、团体面、产出面、结构面。这表示，企业的吸收能力加深了企业在更新技术知识过程中，表现于个人、团体、产出与结构等因素之总体创新的能力。

一些学者则强调吸收能力可提升创新活动的效率与整体的创新能力，并且能协助企业有效应对外来的变化①，透过企业整体成员学习与吸收能力的提升将有助于企业对于信息的吸收与同化，并且正面强化绩效表现。

直接研究吸收能力与创新绩效关系的实证文献报道不多。松涛科特（Stock-et al）在 2001 年研究了计算机调制解调器业中吸收能力与新产品开发间的关系，他们发现，只有吸收能力到了一定水平后，吸收能力的增加才会促进新产品的开发；德斯在美国生物工艺企业中发现企业新价值的创造与吸收能力间存在显著的积极联系；范丹波士等（Van den Bosch, et al）在 2001 年研究中也分别从不同的角度论证了吸收能力与创新绩效的正相关性。在研究研发模式选择互补还是替代性文献中②，吸收能力对创新绩效起正向影响是研发模式互补性的重要来源。

里奇腾塞拉（Lichtenthaler）③ 把吸收能力划分为三个维度：探索能力、转化能力和利用能力，并以 175 家工业企业为样本通过问卷调查的方式，对三者的互补性作用对企业创新与绩效的影响进行研究。研究结果证实，技术和市场的动态性对企业的探索、转化及利用能力与绩效的关系起着正向的调节作用。基拉·R·法布里齐奥（Kira R. Fabrizio）在 2009 年研究中检测了吸收能力对企业创新搜索过程的影响，认为企业致力于提高吸收能力，将有利于其确定创新方向，加快创新速度，提高创新质量。

四、吸收能力对技术并购边界选择影响

科恩等 1990 年利用 297 家美国工业企业的 1302 个业务单元研究了研发强度（研发开支占销售比重）与吸收能力之间关系，结果显示影响学习难易度的因素也影响研发强度，从而论证了吸收能力与研发强度（内部研发）的相关性。翥吉马（Atuahene - Gima）④ 对内部技术许可的运用与吸收能力以及内部发展新

---

① Dodgson, M., *Technological collaboration in industry: strategy, policy and internationalization in innovation*, London: Routledge, 1993.

② Abel Lucena, "The production of complementarities among R&D activities and external collaboration: a knowledge – based view", *Academy Winter 2005 PhD Conference*, Aalborg University.

③ Lichtenthaler, U., "Absorpt ive Capacity, Environmental Turbulence, and the Complementarity of Organizational Learning Processes", *Academy of Management Journal*, vol. 52, No. 4, 2009, p. 822 – 846.

④ Atuahene - Gima, K., "Inward technology licensing as an alternative to internal R&D in new product development: a conceptual framework", *Journal of Product Innovation Management*, vol. 9, No. 2, 1992, p. 156 – 167.

产品的能力进行了理论研究，结果发现吸收能力是内部技术许可的基本条件。尼科尔斯·尼克松（Nicholls – Nixon）① 基于制药业跨国公司样本，以专利、新产品开发以及声誉为测量吸收能力指标，研究了吸收能力与研究联盟的学习水平关系，结果证实了拥有更高的吸收能力的企业在研发上投资更多，更有可能从事研发合作和参与联盟。

神原英资（Sakakibara）② 指出，通过合作研发过程中所能学习与吸收新技术的能力越强，企业会倾向以技术合作的方式与研发联盟以取得所需的技术。企业选择合作模式的方式很多，不过本身吸收能力、学习能力的强弱是考虑的重要问题③。

韦格勒尔在1997年研究中④利用290家荷兰企业在1992—1993年间研发花费数据，以基本研发依赖，研究机构以及研发方面的博士人数作为测量指标，研究研发开支与吸收能力之间关系。结果表明，只有在吸收能力存在条件下，合作研究对企业内部研发投资起正向作用。罗·Y.（Luo）⑤ 利用1988—1991年间在中国本土企业与跨国公司之间建立的合资企业数据，以技术人员所占比重测量吸收能力，研究本土企业的吸收能力、市场力量、规模等特征对合作成功的影响；结果表明，本土企业吸收能力对合资成功是至关重要的。

库马尔等（Kumar, et al）⑥ 理论研究联盟的稳定性、演化与合作旨在获取学习目标（与吸收能力相关）之间的冲突；而科赞等（Koza, et al）⑦ 理论研究了联盟目标（探测性与应用性）与联盟形式（参与者吸收能力、控制和身份

---

① Nicholls – Nixon C., "Absorptive capacity and technological sourcing: implications for the responsiveness of established firms", *PhD Unpublished*, Purdue Universit, 1993.

② Sakakibara, M., "Heterogeneity of firm capabilities and cooperative research and development: An empirical examination of motives", *Strategic Management Journal*, vol. 18, Summer Special Issue, 1997, p. 143 – 64.

③ Dutta, S., and A. M. Weiss, "The relationship between a firm's level of technological innovativeness and its pattern of partnership agreements", *Management Science*, vol. 43, No. 3, 1997, p. 343 – 356.

④ Veugelers, R., & Cassiman, B., "Make and buy in innovation strategies: Evidence from Belgian manufacturing firms", *Research Policy*, 28, 1999, p. 63 – 80.

⑤ Luo, Y., "Partner selection and venturing success: the case of joint ventures with firms in the People's Republic of China", *Organization Science*, vol. 8, No. 6, 1997, p. 648 – 662.

⑥ Kumar, R., Nti, K.O., "Differential learning and interaction in alliance dynamics: a process and outcome discrepancy model", *Organization Science*, vol. 9, No. 3, 1998, p. 356 – 367.

⑦ Koza, M. P., Lewin, A. Y., "The coevolution of strategic alliances. Organization Science", vol. 9, No. 3, 1998, p. 255 – 264.

系统等）的关系。

科克伯恩等（Cockburn, et al）[①] 利用十家大型制药企业数据，以每年用在研发上的人均美元花费为吸收能力测量指标，研究了公共研发、私人研发与吸收能力之间关系。结果发现，具有吸收能力的企业能够接近或与公共实验室进行基础研究建立联系，私人企业参与公共实验室工作程度与其吸收能力相关。莱恩等（Lane, et al）[②] 以 1985—1993 年间发展中国家制药企业建立的国际合作研发为数据，以产品特征花费、管理的规范程度、决策集权程度、成本收益的相似性为测量指标，研究了吸收能力与联盟内的企业成功（组织学习技能）关系。结果表明，导致成功的因素包括：（1）学生企业与教师企业在基础知识上的相关性；（2）成本收益活动的相似性；（3）研究领域的相似性；（4）组织结构的相似性。

韦格勒尔等[③]运用欧洲集团创新调查的比利时企业数据，研究了制造业企业内部研发与外部研发同制度、行业和组织特征的关系。作者发现在对规模效应进行了控制以后，那些内部信息对研发更为重要的企业倾向于同时选择内部与外部研发方式；申卡尔等（Shenkar, et al）在 1999 年研究中以 90 家中国企业寻求合作伙伴为例，研究表明，企业寻求知识领域互补而不是技能。

贝克尔等（Becker, et al）[④] 利用 2900 家进行创新的企业为样本，以永久性研发部门、持续研发活动为测度指标，研究了行业内技术机会水平与企业创新活动关系（研发投资与绩效），以及这种关系受到吸收能力影响问题；结果发现，当吸收能力存在时，企业更有可能进行研发活动。

卡斯曼等在 2000 年研究中[⑤]运用集团创新调查中比利时制造业数据，研究了组织和行业因素对企业技术购买的影响。作者认为技术购买有两类形式。一

[①] Cockburn, I., Henderson, R., "Absorptive capacity, coauthoring behavior, and the organization of research in drug discovery", *The Journal of Industrial Economics*, vol. 46, No. 12, 1998, p157 – 181.

[②] Lane, P. J., Lubatkin, M., "Relative absorptive capacity and interorganizational learning", *Strategic Management Journal*, 19, 1998, p. 461 – 477.

[③] Veugelers, R., & Cassiman, B., "Make and buy in innovation strategies: Evidence from Belgian manufacturing firms", *Research Policy*, 28, 1999, p. 63 – 80.

[④] Becker, W., Peters, J., "Technological opportunities, absorptive capacities and innovation", *The Eighth International Joseph A. Schumpeter Society Conference Centre for Research in Innovation and Competition (CRIC)*, University Manchester, Manchester, 2000, 28 June – 1 July 2000.

[⑤] Cassiman B. And Veugelers R., "In search of complementarity in the innovation strategy: internal r&d and external knowledge acquisition", *Management Science*, 52, 2006, p. 68 – 82.

方面，企业可以通过雇用新员工，购买企业或设备等实物形式来获取技术；另一方面，企业可以通过许可证交易、签订技术合同、外包等非实物形式获取新技术。作者通过一系列概率回归（Probit regressions），讨论了影响企业选择不同技术购买方式的因素，特别是企业技术吸收能力和独占制度对技术购买方式的影响。作者发现，外部新技术的吸收能力影响企业选择非实物形式的技术购买，而实物形式的技术购买需要企业具有战略保护能力。这些证据说明，吸收能力对不同技术购买形式的影响是不同的。

卡斯曼等[1]利用比利时制造业企业调查数据，研究发现外部信息流与合作研发之间存在显著关联，那些把现有可得的外部信息源作为创新重要投入的企业更有可能进行合作研发，这说明吸收能力影响合作研发。

布鲁诺·卡斯曼等（2006）[2] 以欧洲集团创新调查中比利时制造业企业1990—1992年数据为样本，研究内部研发与外部知识获取行为互补性；结果表明吸收能力是企业同时选择内部研发与外部知识获取的重要因素。

从上文阐述可见，吸收能力定义的角度是多方面的，测量指标也不一致。然而，吸收能力影响创新绩效的理论与实证结论似乎比较统一：吸收能力正向影响企业创新绩效。不过，相比较，吸收能力对研发模式选择影响似乎并未形成共识：是对企业内部研发、合作研发、外部购买都产生影响还是对其中某些或者个别模式产生影响尚不清楚。

第五节 独占机制研究文献回顾

一、独占机制内涵

独占性（appropriability）指不同所有者获取创新利润份额的能力。威廉（Willman）在1992年研究中区别了内部与外部独占性。外部独占性指一个企业创新被其他企业模仿的程度，也就是我们所讨论的独占性；内部独占性指一个企业能够模仿其他企业创新的程度，这一程度依赖于技能、资源和企业组织能力。如果发明者是主要的获利者的话，那么这种专用情形就是"强独占制度"

---

[1] Cassiman B. And Veugelers R., "In search of complementarity in the innovation strategy: internal r&d and external knowledge acquisition", *Management Science*, 52, 2006, p. 68 – 82.
[2] 同②。

（strong appropriability regime）；弱独占制度（weak appropriability regime）描述发明者从创新中获得比其他方少的利润。

蒂斯在1989年研究中①认为，创新所得潜在地在四个群体之间分享：创新者（原创者、设计者或者发明者，而不是最终使用者）；上一群体的顾客；上一群体的供应商以及模仿者或者追随者。

本质上，按照经济学常理来看，使用他人创造的知识的成本要远低于新知识创造者本身，这就是所谓的"溢出"或者"外部性"；在这层意义上，一方有意溢出给第三方，则对第三方而言，前者就是外部人。正如阿罗（Arrow）在1962年研究中指出，知识从创造它的企业非自愿泄漏或者说溢出能够危及创新租的专用。为了保护研究活动的成果，企业能够对独占机制（appropriation instruments）进行投资。蒂斯在1986年研究中②对创新回报专用的维度进行了区分，包括技术本质，知识产权制度力量，互补资产，复制模仿的难度。

因此，一个创新者能够从创新中获取多大的利润受到以下因素影响：技术本质，设计用来保护创新的机制（mechanisms）有效性以及支持创新的互补资产本质。这些维度不同组合并形成不同的独占制度，独占制度随行业不同而不同，独占机制的效率因而也就不同。独占机制一般分成两类：法律和战略机制（Legal & Strategic instruments）。

法律机制包括专利、商标、版权；战略机制包括投资于互补资产，如市场营销中销售支持、顾客服务，秘诀和领先对手时间或者产品相对复杂程度。在一些产业中战略机制是研发成果专用的有效手段③。

二、独占机制对企业创新绩效影响

独占机制事实上是企业赖以对其知识产权保护的方法。例如，周寄中等研究了知识产权管理（战略、创造、保护和运用）与技术创新绩效（技术、市场和财务）之间的联动关系，认为知识产权管理能有效降低创新过程中的信息不

---

① Teece J, Gary P., "Dynamic capabilities and strategic management", *Academy of Management Review*, vol. 23, No. 4, 1998, p. 660 –679.

② Teece J, Gary P., "Dynamic capabilities and strategic management", *Academy of Management Review*, vol. 23, No. 4, 1998, p. 660 –679.

③ Lewin, A. Y., Long, C. P., & Carroll, T. N., "The coevolution of new organizational forms", *Organization Science*, 10, 1999, p. 535 –550.

确定性，进而提高技术创新绩效①。张·J. 等（Zhang J，et al）②研究认为企业的专利授权量对技术创新绩效有显著的正向影响。相比较，专利保护与创新的关系研究文献占很大比重。

诺德豪斯（Nordhaus）③ 提出了孤立创新（isolated innovation）发明的模型，表明强的专利保护会导致更多的研发投资，同时他也研究了发明的竞争与扩散和最优专利的期限问题。沿着这一思路有许多经济学家包括研究最优专利制度设计的谢里（Scherer）④、沃特森（Waterson）⑤、吉尔伯特等（Gilbert, et al）⑥、克伦佩勒（Klemperer）⑦、加利尼棉（Gallini）⑧ 和研究专利竞赛的卢里（Loury）⑨ 等都在孤立创新的框架下，研究技术知识产权制度的保护（尤其是专利制度的保护）对创新激励、技术进步等因素的促进作用。

由于在孤立创新研究框架下，没有进行后续创新的可能性，保留创新结果也没有价值，所以企业在取得技术创新之后，会对其进行披露并申请专利。总体上看，这些研究文献都只是注意到了孤立的技术创新，而没有考虑累积创新（cumulative innovation）框架下前期创新者对后期创新者的正外部性或溢出效应（纵向溢出）。

而现实中，研究和技术创新活动往往是具有累积性的。创新相互之间彼此依赖，后续的研究活动直接是对先前发现的改进或应用。这个事实使许多有关技术创新和技术知识产权保护问题变得更为复杂。

---

① 周寄中、赵远亮、叶治明：《技术创新与知识产权联动》，北京：科学出版社2009版。
② Zhang J., Rogers J. D., "The technological innovation performance of Chinese firms: the role of industrial and academic R&D, FDI and the markets in firm patenting", *International Journal of Technology Management*, vol. 48, No. 4, 2009, p. 518 – 543.
③ Nordhaus, W. D., *Invention, Growth, and Welfare: A Theoretical Treatment of Technological Change*, MIT Press, 1969.
④ Scherer, F. M., "Nordhaus'Theory of Optimal Patent: a Geometric reinterpretation", *American Economic Review*, 62, 1972, p. 422 – 427.
⑤ Waterson, M., "The Economics of Product Patents", *American Economic Review*, vol. 80, No. 4, 1990, p. 860 – 869.
⑥ Gilbert, R. and Shapiro, C., "Optimal Patent Length and Breadth", *Rand Journal of Economics*, 21, 1990, p. 106 – 112.
⑦ Klemperer, P., "How Broad Should the Scope of Patent Protection Be?", *RAND Journal of Economics*, 21, 1990, p. 113 – 130.
⑧ Gallini, Nancy, "Patent Policy and Costly Imitation", *Rand Journal of Economics*, 23, 1992, p. 52 – 63.
⑨ Loury, G. L., "Market Structure and innovation", *Quarterly Journal of Economics*, 93, 1979, p. 395 – 410.

格林等（Green, et al）在 1995 年和德尼科洛等（Denicolo, et al）在 2002 年的研究文献对传统的观点提出了质疑，也即技术产权保护的加强究竟能否有效地激励创新。现代的创新模型是基于累积创新的框架之下，任何企业必须先完成（或以其他途径获得）前期创新，然后才能进行后续创新。

斯科奇姆（Scotchmer）[1] 最早研究了累积创新条件下的创新激励问题。他认为在前的创新者如果不能在后续创新者的利润中得到补偿，就没有足够的激励去对研发活动投资。这一现象特别体现在研究工具（research tool）的研发工作中。如果创新者不能从后续开发的产品中获利，就没有激励去创造研究工具。莫金丝等（Merges, et al）[2] 发现，在这样假定条件下，强保护会对后续的创新研究产生影响，因而提高实现知识产权的能力会阻止创新而不是促进创新，这些观点与传统的观点恰好相悖。

斯科奇姆在 1998 年研究中描述了累积创新会导致一个基本的两难困境，为了回报第一代创新者发明对第二代创新的溢出，要允许第一代创新者可以占用第二代创新者发明的价值；另一方面允许第一代创新者从第二代发明中获取部分收益，这会减少第二代创新者的激励。

一些学者扩展了对累积创新的分析。常（Chang）在 1995 年研究中表明创新发明的专利保护的范围应该更宽一些。因为没有这样的保护，就不会有足够回报和创新激励去研究。奥多诺霍等（O'Dnoghue, et al）在 1998 年研究中认为提供宽的专利范围会加强新产品的扩散，但期限加长会减少研发的成本。

神原英资等[3]关注"更强的专利保护会使企业更多地从事创新"这一命题，他们对 1988 年日本的专利制度改革效果进行了评估。他们认为，尽管专利制度发生显著的变动，企业的反应却非常小。之所以日本企业没有做出相应反应，与企业的组织结构有关。他们认为，是企业内部的组织结构影响着企业发明活动对专利保护强度的变化做出反应。

从历史来看，软件、半导体、计算机等产业尽管受到的是弱保护，但为何仍具有较大的创新激励？贝森等（Bessen, et al）在 2000 年研究中认为，在这

---

[1] Scotchmer, S., "Standing on the Shoulders of Giants: Cumulative Research and Patent Law", *Journal of Economic Perspectives*, 5, 1991, p.29 –41.

[2] Merges, R. and Nelson, R., "On the complex economics of Patent Scope", *Columbia Law Review*, vol. 90, No. 4, 1991, p. 839 –916.

[3] Sakakibara, Mariko and Branstetter, Lee, "Do Stonger Intellectual Property Rights Increase International Technology Transfer? Empirical Evidence from the 1988 Japanese Patent Law Reforms", *NBER Working Paper No.* 7066, 1999, April.

些产业中竞争可以增加企业未来收入,因此可以补偿近期的租金耗散;他们建立起模型说明在一个动态的产业中,保护会减少创新和社会福利。基于20世纪80年代的软件产业研究,这一观点得到了检验。基于此,他们的研究表明将专利保护扩展到软件领域后并没有对计算机产业带来促进作用。

这类文献的不足是,不能仅凭单个国家和单项政策变动的影响来认为技术知识产权增强对创新绩效没有影响。为了避免这样研究的不足,勒纳(Lerner)在2002年研究中对60个国家在过去150年间发生的显著的专利改革的影响进行了分析,结论依然是,虽然来自国外的专利申请有所增加,但是专利保护强化并没有显著地促进本国企业的专利申请。对此,莫金丝等在1994年研究中指出,在评估专利保护的影响时,必须考虑行为、历史和技术等方面的具体因素。更一般地说,关于专利与创新绩效关系的证据依赖于特定行业技术知识基础、行业生命周期以及企业组织形式。

不同的调查强调,专利作为创新绩效的一种独占机制,其作用有限。莱文等(Levin, et al)在1987年研究中认为,专利的作用远不如学习曲线和领先时间对产品创新保护有效,而在工艺创新保护方面,其作用最低。科恩等[1]也研究了企业独占机制的作用,发现专利保护因行业而异;在更多行业中,专利保护并不是主要方式,秘诀、领先时间、互补能力通常被认为是更为重要的独占机制[2]。

三、独占机制对技术并购边界选择影响

独占性是用对各种不同知识的保护程度来衡量的,如对专利、商业秘密、特殊的工艺以及其他的一些重要的知识的保护力度。独占性的高低会影响到企业的技术获取战略。

蒂斯在1986年研究中认为,如果技术是高度私有的,那么企业就会倾向于通过内部研发来获取所需的技术[3]。周小云等在2002年研究中通过分析我国中小企业四种技术获取的制度安排后也认为,专利保护时间的长短对技术的开发

---

[1] Cohen, W., Nelson, R., Walsh, J., "Protecting their Intellectual Assets: Appropriability Conditions and why US Manufacturing Firms Patent or not", *Discussion Paper* 7552, *NBER*, 2000.

[2] 吴辉凡、许治:《从创新中获利:国外创新独占性问题经验研究述评》,《管理学报》2010年第8期,第1197-1201页。

[3] Teece, D. J., G. Pisano, A. S., "Dynamic capabilities and strategic management", *Strategic Management Journal*, 18, 1997, p.509-533.

具有至关重要的作用，没有技术专利的保护将会严重制约企业技术开发的激励动力。但黑基杜穆在1993年研究中①认为通过外部获取技术，尤其通过参加技术联盟的方式，有利于企业"获取合作伙伴的隐性知识"。从这个角度来说，独占性越强，则应该选择合作研发的方式，这样才能有利于获得其他企业的隐性知识。基耶萨等在1998年研究中就持有此种观点，他们认为在独占性制度很严格的情况下，合作研发才是一种比较合适的方式，只有当独占性制度比较弱的时候，内部研发才更为合适。

韦格勒尔等②从资源观的角度认为严格的独占性制度会使得合作研发更有吸引力，并总结了在独占性较低的情况下可能会存在的两种相反的效应。一方面，独占性较低会使得企业减少用于内部研发的投入，因为在这种情况下，他们不能很好地评价他们的投资收益，他们的投入很有可能得不到应有的回报，所以他们更加愿意采用合作研发的方式；但另一方面，如果整个社会的独占性都比较低的话，那么企业之间就会有很高的技术溢出。为了能够充分地利用这种技术溢出，从中获取更多的益处，企业就需要有足够的吸收能力，这又要求企业必须加大自身的内部研发投入。韦格勒尔运用欧洲集团创新调查的比利时企业数据，研究了制造业企业内部研发与外部研发同制度、行业和组织特征的关系，他发现，企业面对较强的独占制度时倾向于单独选择外部研发方式。

当然，对于任何一个企业而言，最理想的情况莫过于在"获取合作伙伴的隐性知识"③ 的同时，又可以通过很强的独占性而保护自己的核心技术知识不为其他企业所知。如果企业发现在商业贸易中，他们的技术知识可以很容易就被其合作伙伴获得，而社会环境中又没有完备的法律制度可以保护它的知识产权的话，那么企业就不大会愿意让其他的企业有接触到他们技术的机会。

因此我们可以说，技术产权的保护力度会影响到企业从外部获取技术的动力。但琼斯等在2000年研究中得出了不同的结论。他们发现，技术产权的保护强度和企业的外部技术获取（同时包括产品技术和工艺技术）没有显著的相关性，但外部产品技术获取和知识产权保护力度之间是显著的负相关，即技术产权的保护力度越强，则企业从外部获取产品技术的倾向就越弱；反之，当企业

---

① Hagedoom, J. &Schakenraad, J, "The effect of strategic technology alliances on company performance", *Strategic Mangement Journal*, 15, 1994, p. 291 – 309.

② Veugelers, R., & Cassiman, B., "Make and buy in innovation strategies: Evidence from Belgian manufacturing firms", *Research Policy*, 28, 1999, p. 63 – 80.

③ Veugelers, R., & Cassiman, B., "Make and buy in innovation strategies: Evidence from Belgian manufacturing firms", *Research Policy*, 28, 1999, p. 63 – 80.

发现技术产权的保护力度比较弱的时候，企业反而愿意从外部获取产品技术。对于这种现象，琼斯等（Jones et al）学者也觉得不好解释，正如他们所说，"这也许只能从黑基杜穆（1993）的研究中获得一个初步的解释：企业希望能够从其他企业获得一些隐性的技术能力，而他们认为，如果外部环境中技术产权保护不足，将有利于他们实现那个目标。但这一解释也仅仅是尝试性的，还需要进一步的研究"。

甘斯等（Gans, et al）[①] 经验研究表明，强的技术产权保护增加了企业合作的可能性；卡斯曼等在 2000 年研究中[②]运用集团创新调查中比利时制造业数据，研究了组织和行业因素对企业技术购买的影响。他们认为技术购买有两类形式。一方面，企业可以通过雇用新员工，购买企业或设备等实物形式来获取技术；另一方面，企业可以通过许可证交易、签订技术合同、外包等非实物形式获取新技术。他们通过一系列概率回归（Probit regressions），讨论了影响企业选择不同技术购买方式的因素，特别是企业技术吸收能力和独占制度对技术购买方式的影响发现，法律制度影响企业选择非实物形式的技术购买，而实物形式的技术购买需要企业具有战略保护能力。埃尔南等（Hernan, et al）[③] 经验研究表明，在强专利权保护的行业并不需要利用合资进行研发以内部化溢出；类似地，卡斯曼等在 2002 年研究中发现，法律保护（包括专利保护）对研发合作的影响是负的，只不过这种关系并不显著。北川健太中村修二[④]等研究了组织、行业技术特征以及独占制度对企业选择内部研发、合作研发以及技术购买等方式的影响。在假定独占制度能降低市场交易成本时，独占制度也支持企业选择外部研发。卡斯曼等在 2006 年实证研究表明，法律机制对企业选择内部研发+外部购买的影响是正向且显著的，战略机制对企业选择内部研发或者外部购买的影响也是正向且显著的。阿贝尔·卢塞拉在 2005 年经验研究表明，强独占机制正

[①] Gans, Joshua S., Hus, David H. and Stern, Scott, "When Does Start–Up Innovation Spur the Gale of Creative Destruction?", *NBER Working Paper*, 2000, No. 7851, National Bureau of Economic Research.

[②] Cassiman B. And Veugelers R., "In search of complementarity in the innovation strategy: internal r&d and external knowledge acquisition", *Management Science*, 52, 2006, p. 68–82.

[③] Hernan, Roberto; Marın, Pedro L. and Siotis, George, "An Empirical Evaluation of the Determinants of Research Joint Venture Formation", *The Journal of Industrial Economics*, 51, 2003, p. 75–90.

[④] Kenta Nakamura and Hiroyuki Odagiri, "R&D boundaries of the firm: an estimation of the double–hurdle model on commissioned R&D, joint R&D, and licensing in Japan", *Economics of Innovation & New Technology*, vol. 14, No. 7, 2005, p. 583–615.

向影响企业内部研发或者合作研发的选择。国内学者张荣佳等①从技术溢出视角研究了独占机制对合作研发的影响。在合作研发模式类型选择上,其结论更为具体。

可见,独占机制对研发模式、技术并购边界选择影响是客观存在的,然而,在对不同研发模式影响及其影响方向上并没有形成一致看法,而对技术并购边界选择和创新绩效影响研究文献偏少。结合独占机制对创新绩效影响的研究仅关注于专利保护而忽视其他机制的研究缺失,深入研究法律保护与战略保护机制的作用是有必要的。

第六节 现有研究不足与本书研究重点

一、现有研究不足

通过对企业创新绩效、技术并购边界选择、吸收能力以及独占机制研究文献的梳理,可以发现,现有研究存在诸多不足,主要表现为以下四个方面。

(一)企业创新绩效分类并不统一,创新绩效影响因素研究缺乏比较基础

从研究对象的范围看,目前文献大致从国家、产业、企业以及项目四个层次研究创新与经济增长或绩效关系。而企业创新绩效又存在过程论与结果论,后者对企业创新绩效的分类也不一致。一般认为,研发活动主要是科学家基于原理、发明进行,其产出是样品;企业家主要承担小试、中试以及产业化活动,这一过程产出物是产品;而经过销售过程,才能产生创新的最终成果即商品。从这个角度看,企业层次角度的研发活动过程产出物应该主要是创新绩效(Knowledge outputs),而创新下游活动指向的应该是创新商业绩效(Commercial outputs)②。

正如回顾所述,影响企业创新绩效的因素很多,不同学者分类角度不一,

---

① 张荣佳、原毅军、徐凯:《合作研发的影响因素——来自中国企业的经验研究》,《当代经济科学》2012 年第 02 期。

② Peter J. L, Balajir, R. K, "The Reification of Absorptive Capacity: A Critical Review and Rejuvenation of the Construct", *Academy of Management Review*, 4, 2006, p. 833 – 863.

如企业特征、环境特征、技术特征[①];战略因素、战术因素以及决策过程等。那么,影响创新绩效的因素有哪些呢?

在强调全球研发资源整合、创新活动日益开放背景下,学者们认识到创新绩效研究应注意特定的研究背景,结论才有意义[②]。这样,基于开放式创新背景下的企业创新绩效影响因素研究就有必要了。

(二)多研发模式选择研究缺失

既然研发活动结果是知识产出或者说创新绩效,那么从企业层次角度看,研发模式选择影响创新绩效吗?通过本书文献回顾,这个问题的答案是肯定的。然而,现有研究存在以下缺陷:一是这些研究结论并不一致,甚至相互矛盾;二是仅仅从外部技术获取而忽视了合作研发本身也是知识生产或者说知识创造活动这一性质来研究合作研发对创新绩效的影响是不科学的,难以揭示企业研发模式选择决策本质含义;三是仅仅基于某一模式研究而忽视企业研发实践中普遍存在的多个研发模式选择甚至同时使用多个研发模式现实,从而脱离于实际,研究缺乏指导意义。

这种多研发模式选择研究的缺失同样反映在研发模式选择的影响因素研究中。关于研发模式选择影响因素研究文献比较丰富,笔者[③]曾经从市场、组织、制度以及行业因素对相关文献进行了综述;行业因素基本对应于本书的技术特征内容。这部分文献一般仅研究某个研发模式,如外购,合资,且理论观点与经验证据存在许多并不一致的地方。

阿贝尔·卢塞拉在 2005 年与卡斯曼·B. 等在 2006 年研究中指出,尚需寻求支持多研发模式选择,特别是企业多个研发模式共同使用动因是什么的理论根据。

技术并购边界是多研发模式选择问题,在多研发模式研究缺失情况下,技术并购边界相关研究几乎是个空白。

---

① Balachandra, R. & Friar, J. H., "Factors for success in R&D projects and new product innovation: A context framework", *IEEE Transaction on Engineering Management*, 44, 1997, p. 276 – 287.

② Laursen, K. & Salter, A., "Open innovation: The role of openness in explaining innovation performance among UKmanufacturing firms", Denmark: *DRUID summer Conference*, 2004, June.

③ 于成永、施建军:《研发模式选择及其对创新绩效的影响:一个研究综述》,《经济管理》2006 年第 19 期,第 6 – 11 页。

(三) 研发模式选择的中介作用尚未得到研究

相关研究①指出，现有研究对企业研发模式选择及其对创新绩效的影响分割成研发模式选择的影响因素以及研发模式选择对创新绩效的影响两部分进行研究。这样，一方面是无法捕捉影响企业研发模式选择，并间接影响创新绩效的因素作用；另一方面是研究结论在整体性研究中可能并不成立，如对研发模式选择或者创新绩效造成影响的因素在整体研究中其影响可能并不存在，而一些不对研发模式选择或者创新绩效造成影响的因素在整体研究中其影响可能是存在的。

如前述，本书没有发现影响研发模式选择并进而影响创新绩效的因素为研究对象的文献；这说明，现有实证研究并不能直接提供这方面的经验证据。

因而，理论探讨与经验检验研发模式选择，特别是技术并购边界选择的中介作用，能够一方面对现有理论研究进行发展和提供经验证据，另一方面能够指导我国自主技术创新实践，从而具有重要的理论与现实意义。

(四) 吸收能力、独占机制作用方向并不明确

文献研究表明，作为企业特征因素之一的吸收能力对企业创新绩效与研发模式选择的影响关系是存在的；但是有关构成吸收能力的子能力的作用，特别是潜在吸收能力与实现吸收能力 (Potential &Realized)② 作用实证研究并未证实。而一般作为企业外部环境因素的独占机制变量影响企业创新绩效的现有文献，一是仅仅关注于专利影响，二是这种影响程度尚未形成统一看法或者说存在争议；独占机制影响研发模式选择研究结论似乎比较明确，即前者影响后者，但是影响方向的经验证据并不统一。

二、本书研究重点

应该指出，有关吸收能力、独占机制以及研发模式的文献是本书的研究基础，而其研究不足为本书指明了研究重点，主要包括。

(一) 构建吸收能力、独占机制与创新：技术并购边界的作用理论模型

在理论上，企业开放式创新中面临两类悖论，一是知识创造以牺牲知识独占为代价悖论，二是组织上多样性与一致性悖论；正是这两类悖论存在，使得企业创新绩效生成机制主要是吸收能力、独占机制为什么以及如何影响企业创

---

① 同①。
② Zahra, S. A., & George, G., "Absorptive capacity: A review, reconceptualization, and extension", *Academy of Management Review*, 27, 2002, p. 185 – 203.

新绩效,在其中,技术并购边界如何发挥中介作用问题。这一问题包括以下一些基本议题。(1) 潜在与现实吸收能力为什么、如何对技术并购边界选择以及创新绩效影响。(2) 法律机制与战略机制为什么、如何对技术并购边界选择以及创新绩效影响。(3) 技术并购边界为什么、如何对创新绩效影响。

(二) 实证检验吸收能力、独占机制、技术并购边界与创新绩效关系

在提出相关假设之后,主要是研究方案设计与实证分析过程。变量操作化处理是方案设计上的重点研究问题,需要对上述变量的现有量表进行必要的比较与分析,以选择合适的量表;这样才有可能做到研究的概念建构有效性以及研究的内部有效性。控制变量、调节变量对理论模型经验结果影响是实证分析过程中需要注意的问题。

第二章

知识管理、关系治理与技术并购边界

第一节 开放式创新悖论及其类型

开放式创新下的企业从事研发活动面临两个悖论：一是基于外部技术源创新时"知识创造以牺牲知识独占"，表现为知识管理中"努力学习与努力保护"的悖论；二是组织间学习中，关系风险规避上强调规则作用与创新探索性上的强调要素作用，表现为组织形式上"多样性与一致性"要求矛盾，或者说"组织一体化与反一体化"悖论。第一个悖论是吸收能力与独占机制关系，而第二个悖论则是技术并购边界选择中权衡。本章旨在从理论上诠释企业在核心技术竞争能力演化过程中，如何把握吸收能力培育、独占机制运用、技术并购边界确定以及它们之间关系，以求证创新悖论化解之道。

一、悖论由来

在开放式创新（Open Innovation）下，研发活动已经不限于企业边界之内，而是拓展到顾客、供应商、竞争者、大学或科研机构构成的网络之中；企业研发活动已经处于一个开放的体系之中[①]。开放式创新模式之所以成为技术创新领域主流，是因为其适应了以下创新情境。

一是技术知识分布特性决定了技术知识更为广泛地存在于产品价值网络的各个节点中，而不是仅仅集中于相应企业研究部门和科研单位之中；事实上，

---

① Chesbrough, H. W., "Why companies should have open business models", *Mit Sloan Management Review*, vol. 48, No. 2, 2007, p. 22–28.

为创新服务的技术及其能力分布在一系列企业和其他知识创造机构之间①。二是技术人才的流动性越来越大。三是拥有独特技术力量的创业公司越来越多，并且外部技术资源的丰富性和多样性大大提高，这些主要得益于风险投资的蓬勃发展。四是产品生命周期的迅速缩短导致了对创新速度要求越来越快。

在上述四点中，最为根本和最重要的是技术知识的广泛分布特性，它决定了开放式创新取代了封闭式创新。正是创新所需技术与知识的分布性，使得企业研发活动中应整合来自多方面的创新源，和通过组织创新实现内外部创新资源整合。

在创新源和创新资源整合中，吸收能力和独占机制对企业获取创新绩效至关重要。这是因为，开放式创新强调利用企业内部和外部两条通道将企业内部和外部所有新创意集成起来创造价值②。相对于封闭创新，开放式创新强调在创新过程中吸收企业外部创意，从而充分利用外部知识资源；同时，让那些更适合通过外部渠道开辟市场获取利润的创意流出企业以实现其商业化，而限制企业技术知识，特别是核心技术知识的非自愿溢出。

显然，开放式创新强调创意流入与流出，并创造知识和价值，本质上在于强调吸收能力和独占机制的作用；开放必然遭遇知识外溢的挑战，这种既强调外部知识吸收，又强调内部知识独占的创新模式面临着劳尔森等③指出的"开放悖论"（the Paradox of Openness）。在本书看来，这种悖论至少具有两种类型：一是"知识创造以牺牲知识独占为代价"，二是"组织创新中多样性与一致性矛盾"。

二、悖论类型

（一）知识创造以牺牲知识独占为代价

对于任何一个企业而言，通过外部技术购买并整合进自我创新过程，对创新价值专用应有份额，或者通过与其他企业合作研发，利用独占制度保护自己的核心技术知识（应保护的知识）不为其他企业所知，对合作研发中中间组织新创造的知识享有应有份额专用的同时，利用吸收能力进行技术学习，在知识

---

① Coombs R, Metcalfe J. S., "Organizing for innovation: co-coordinating distributed Innovation capabilities", In: Foss N, Mahnke V. ed, *Competence, Governance, and Entrepreneurship*, Oxford University Press, 2002, p. 209-231.
② 同①。
③ Keld Laursen, "Open for innovation: the role of openness in explaining innovation performance among u. k. manufacturing firms", *Strategic Management Journal*, 27, 2006, p. 131-150.

共享中获取知识并整合进自身创新过程以创造新知识是最理想的情况。

在这里,知识独占已经从企业利用技术外部来源之前所拥有的知识拓展到外部购买的技术知识独占、合作研发以及企业自身在利用技术外部来源之后新创造的知识独占方面;吸收能力作用不仅关注于外部技术购买整合进企业自我创新过程,更关心合作研发中企业对跨组织资源(知识)学习而整合进企业自身创新过程和企业对合作研发这种中间组织新创造知识的贡献。

因此,考察开放式创新下企业创新绩效生成过程时,一方面,有必要进一步拓展独占机制的内涵与剖析其作用机制;进一步拓展吸收能力内涵,考察其作为外部知识学习能力在组织学习与组织间学习过程中作用,特别是潜在吸收能力、现实吸收能力不同表现;另一方面,拓展独占机制、吸收能力在企业技术并购边界选择这样的创新战略上作用。也正是吸收能力表现为组织学习能力与组织间学习能力重要构成,使得研发活动的外部组织方式,即合作研发、外部购买既作为获取外部研发资源和技术组织方式在起作用,又发挥着中间组织组织学习和创新作用,所以它们是企业创新绩效的重要来源。

然而,利用吸收能力,在组织之间进行研发活动,获取知识互补与协同以创造出新知识的同时,在企业边界之外进行研发活动必然存在知识、技术外溢的风险。如何对知识价值进行合理的专用,同时发挥吸收能力作用从而取得更高的知识产出呢?因而,存在知识创造以牺牲知识独占为代价的开放悖论。

本书认为,这一悖论既在于吸收能力与独占机制之间,也在于它们共同作用的对象,即企业技术知识本身。皮亚·惠米丽娜等(Pia Hurmelinna, et al)[①]研究指出,独占制度(Appropriability regime)在创新保护中具有两面性作用。一方面,独占制度增加了知识产权保护;另一方面,它通过减少企业内部和企业所在网络的知识转移使得学习与知识利用更具挑战性;它使得企业很难利用知识相关的外部正效应。因此,是保护还是知识共享影响独占制度边界。从知识分类角度对知识保护与知识共享范围进行界定,并在此基础上,利用并提升企业吸收能力与独占机制水平是解决知识独占与知识创造悖论的基本途径。

(二)企业创新中一体化与反一体化矛盾

企业在边界之外进行研发活动,必然面对具有多重身份与混合动机的"利益相关者",例如有竞争者、供应商、消费者、大学、研究机构以及政府等。这

[①] Pia Hurmelinna, Kalevi Kyläheiko, Tiina Jauhiainen, "The Janus face of the Appropriability Regime in the Protection of Innovations: Theoretical re-appraisal and empirical analysis", *Technovation*, vol. 27, No. 3, 2007.

些利益相关者大多数既属于企业内部，也属于企业外部，可以说是我中有你，你中有我：他们可能既是员工，也是顾客；他们可能是貌似员工的外包商；他们可能既是股东，也是供应商。这样的多重身份与混合动机必然产生认同上的矛盾与利益上的冲突[1]。

开放式创新中，企业研发活动边界具有多样性。例如，奥里科夫斯基（Orlikowski）在 2002 年研究中基于欧洲一家全球性软件开发企业研究时，发现该企业研发创新活动跨越了 19 个时区（时间边界）、15 个分布地域（地理边界）、需要近百参与者共同完成项目开发（社会边界）、人员分布在 30 个国家（文化边界）、涉及同一种产品的三种版本（历史边界）、需要运行在不同计算机上的复杂软件系统以及适用的各种标准（技术边界）、存在不同的职能部门利益、产品标准以及本地化与全球化的优先之争（政治边界）等。这样，鉴于研发边界的复杂性，创新参与者跨边界的分布会产生交流上的困难与结果上的分歧。

针对这种多重身份、混合动机以及企业研发边界上知识互动复杂性，参与创新的企业必须获得：（1）组织认同的一致性，使参与创新的不同的行为主体按照共同的目标实现共同创新；（2）交流方式的一致性，以提升技术知识分享与交流的效率；（3）评价标准、表现形式的一致性，以提高创新成果的质量。

从知识论视角看，科加（Kogut）在 2000 年研究中认为，企业作为技术知识仓库，它容纳着隐性与显性技术知识创造与复制过程中的专业化；企业这种一致性是："企业的组织形式降低了多样性"。尤其重要的，组织原则使得企业成为专业化学习的有效积累工具，但合作研发中的多样性却无法在企业内部得到实现。多样性与一致性的矛盾，无疑是企业在开放式创新下面临的一个巨大挑战。

奥尔顿（Orton, et al）在 1990 年研究中认为，如果将企业视为不可分割整体，即所谓的"铁板一块"，则会过分强调秩序而轻视要素；但是，假如把企业视为可以任意切分的积木，即所谓的"松散集合"，则可能会过于强调要素而轻视秩序。这两种情形恰好反映了一体化与反一体化悖论。因而，这一悖论的化解必须进行跨越企业边界的分工协调。在对市场与企业的比较中，科加在 2000 年研究中认为，每一个技术网络（联盟）都提供着一致性与多样化所带来的利益。

在本书看来，技术联盟或者网络此类中间组织存在一系列不同形式，而市

---

[1] 王雎、罗珉：《知识共同体的构建：基于规则与结构的探讨》，《中国工业经济》2007 年第 4 期，第 54 – 62 页。

场购买、中间组织研发模式之间一体化水平不同反映了企业间关系紧密程度差异。利用中间组织来组织研发活动时采用一种有别于内部研发模式的科层制命令或市场购买模式的价格机制的治理机制，这种机制既包含了正式治理机制，也包含了关系治理机制成分。一体化水平或者说企业间关系紧密程度差异反映了企业在进行内部研发时对合作研发与市场购买选择上的差异，也反映了在企业边界之外组织研发时治理机制的差异。显然，一体化与反一体化悖论化解之道在于有利于创新的治理机制选择。

第二节 以研发为基础的核心技术动态更新模型

一、技术核心能力刚性、陷阱与超越

(一) 技术核心能力刚性

外部技术进步的变化对企业创新有着巨大的影响，特别是能力摧毁型 (competence-destroying)、颠覆性 (disruptive) 和整体性 (architectural) 技术变革对企业资源与能力的威胁很大。能力摧毁型技术变革是指，"一种技术对另一种技术的替代"；颠覆性 (disruptive) 技术变革是指，"技术领先的企业可能被具有技术进步空间的低成本企业挫败"；整体性技术变革涉及局部技术进步和系统的优化①。当企业异质性的资源和其后核心配置的能力不能满足外部环境变化的要求时，企业的核心能力往往表现为核心刚性。伦纳德·巴顿 (Leonard-Barton) 在 1992 年研究中认为核心刚性是不合时宜的知识集，表现为公司中过去运转良好的价值观、技能、经营系统和技术系统或许只能整体上适用现在的某些项目或某些项目的一些部分。由于核心刚性的存在，核心能力无法适应环境的变化。

(二) 技术核心能力陷阱

阿费加等②认为，企业可能陷进三个能力陷阱，即熟悉、成熟和接近陷阱。熟悉陷阱源自对现有知识精炼和改进的过分强调，从而妨碍了对可替代的知识

---

① 张建东：《企业动态能力与跨期绩效关系研究》，复旦大学博士论文，2005 年 3 月。
② Ahuja, G. & Katila, R., "Technological acquisitions and the innovation performance of acquiring firms: A longitudinal study", Strategic Management Journal, 22, 2001, p.197-220.

源的探索,约束了组织认知;成熟陷阱源自对可靠且可预测结果的需求,这同样限制了知识探测活动;接近陷阱描述企业易于在现有经验区域附近进行知识探测活动,它阻碍了对产业内突破性变革的试验活动。这些陷阱导致企业对突破创新缺乏判断力,从而导致企业失败。

(三)超越动态能力刚性与陷阱

企业需要具备相应的动态能力,才可能对技术核心能力的刚性和陷阱进行超越。蒂斯等在1994年研究中①提出了动态能力的概念,他们将动态能力定义为"企业整合(Integrate)、建立(Build)以及重构(Reconfigure)企业内外能力(Competence)以便适应快速变化的环境的能力(Ability)",此后,蒂斯在1997年提出了著名的动态能力框架。温特(Winter)在2002年研究中提出的基本能力的定义则为动态能力的存在提供了理论基础。动态能力理论的基本假设是,企业的动态能力能够使企业适应环境的变化,从而使企业获得持久的竞争优势。动态能力战略框架强调以前的战略观所忽略的两个关键方面:"动态"是指为适应不断变化的市场环境,企业必须具有不断更新自身能力的能力;"能力"是指战略管理在更新企业自身能力(整合、重构内外部组织技能或资源)以满足环境变化的要求方面具有关键的作用。

蒂斯认为动态能力就是"寻求可以整合现有理论和实践知识的一致性框架",即动态能力是以知识整合为基础。动态能力理论的主要观点如下。(1)难以交易的知识资源是竞争优势的主要来源,企业根据环境变化对内部或外部知识和其他资源进行整合或重构可以形成动态能力。(2)动态能力是指组织有能力去构建、适应和再生其知识库,并且运用知识库使其转变为有效的企业行为。(3)动态能力由三方面的因素所决定:一是管理和组织程序(processes),组织惯例和学习的方式;二是定位(positions),组织特定的技术、资产情况、顾客基础和供应商关系等;三是路径(paths),企业在技术和知识上的策略选择。

动态能力理论认为企业为适应不断变化的环境,必须更新自己的能力,而提高和更新能力的方法主要是通过技能的获取、知识和诀窍的管理以及学习。佐罗等(Zollo, et al)在1999年研究中从企业知识的演化角度将企业的动态能力定义为"动态能力是一种集体的学习方式,通过动态能力,企业能够系统地产生和修改其经营性惯例,从而提高企业的效率"。动态能力是指,"企业改变

---

① Teece, D. J., G. Pisano, A. S., "Dynamic capabilities and strategic management", *Strategic Management Journal*, 18, 1997, p.509-533.

其作为竞争优势基础的能力①,而改变能力的背后就是知识"。企业之所以要改变自身的能力,是因为隐藏在能力背后的知识不再适合环境的变化。企业改变能力的过程就是企业追寻新知识的过程。改变能力的结果是企业建立了一套新的知识结构。

按照动态能力理论观点,企业为适应不断变换的环境,必须及时更新自身的技术能力,而提高和更新技术能力的方法主要是通过技能的获取、知识和诀窍的管理以及学习活动;从这一角度出发,本书认为,企业在技术并购边界选择的过程事实上是通过合作、市场购买以获取技能、知识和诀窍和组织学习、组织间学习与管理过程(图2-1)。

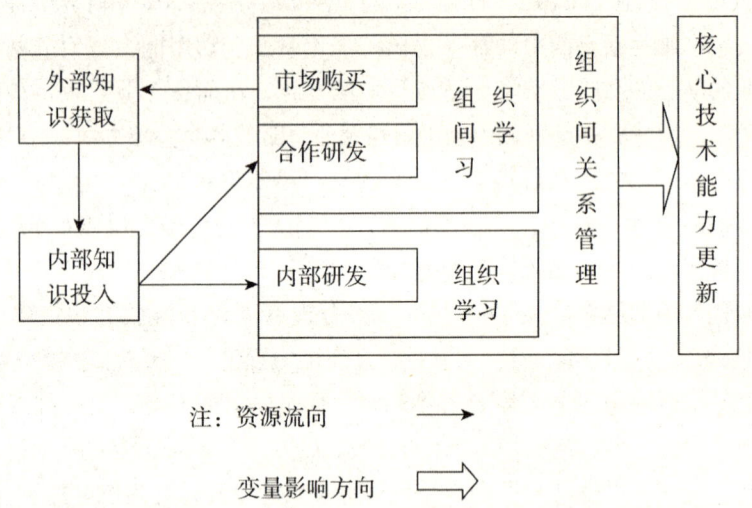

图2-1 知识获取、投入、技术并购边界选择与技术能力更新

二、核心技术优势来源

以组织学习理论为基础,结合资源基础理论、知识基础理论以及社会逻辑观的基本观点,本书认为,以自主研发产生的知识增量为基础的技术核心能力动态更新的过程受到吸收能力、企业知识与跨企业知识独占以及关系治理机制等因素影响。

---

① Teece, D.J., G. Pisano, A.S., "Dynamic capabilities and strategic management", *Strategic Management Journal*, 18, 1997, p. 509 – 533.

(一) 吸收能力

戴尔等 (Dyer, et al)[①] 认为,"组织学习"和"知识能力"是企业获得持续竞争优势的关键因素;企业通过知识的沟通与整合进行学习和创新。蒂斯等[②]认为"组织学习"和"知识能力"是一种动态能力,他们认为企业持续学习、调整、适应与提升知识能力是竞争获利的关键。组织学习理论视角强调,通过组织间学习和组织间知识的转移来实现创新。从目前的研究路径来看,就企业间研发合作而言,组织学习是按照"组织学习—吸收能力—知识获得—创新应用"的思路来进行的。因而,吸收能力是影响创新绩效的重要因素。

在本书看来,技术并购边界选择中的学习活动是企业内部科层制,同时还可能是企业与外部企业或者组织间的对偶及网络层面的学习问题。企业间合作为企业提供了一个得以建立竞争优势的知识学习平台。因此,以创新绩效作为考察对象,将组织学习、组织间学习、知识转移与吸收能力的研究联系起来,能够形成创新绩效生成机制研究架构。

(二) 知识独占、跨企业知识获取与创造

依据资源基础理论,企业竞争优势可建立在企业间资源以及资源特性之上,"资源"是构成企业间关系的最主要的要素,也是企业成长与竞争优势的来源[③]。在资源基础理论看来,企业的重要资源可以拓展其边界。因此,企业竞争优势的基础既包含了自身能力,即所拥有与竞争对手相异质的资源,又包含了企业获取和利用企业间资源的能力,即吸收能力。

古拉蒂 (Gulati)[④] 认为,包括技术在内的资源已经超出了企业边界;当资源不能有效地通过市场交易获得的时候,企业必须发展企业之间关系以获取这些资源;而中间组织可用来与其他企业共享或交换有价值的资源。也就是说,企业可以利用其现有的资源与其他企业的资源进行融合,从而创造更大的价值。资源基础理论强调构成关系伙伴的每个企业必须为企业间关系网络带来有价值

[①] Dyer, J. H., & Nobeoka, K., "Creating and managing a high-performance knowledge-sharing network: The Toyota case", *Strategic Management Journal*, 21, 2000, p. 345 – 367.

[②] Teece, D. J., G. Pisano, A. S., "Dynamic capabilities and strategic management", *Strategic Management Journal*, 18, 1997, p. 509 – 533.

[③] Barney, J. B., "Firm resources and sustained competitive advantage", *Journal of Management*, vol. 17, No. 1, 1991, p. 99 – 120.

[④] Ranjay Gulati, "Network location and learning: The influence of network resources and firm capabilities on alliance formation", *Strategic Management Journal*, vol. 20, No. 5, 1999, p. 397 – 420.

的资源。在开放式创新下,仅仅依靠某一类型的资源并不足以使一个企业建立起可持续的竞争优势,因而,必须发展企业间关系网络以获取不同的资源。企业间的相互合作、共享彼此独特的能力要素及资源,可以创造竞争优势,并且产生更多的合作收益。这说明,企业与企业间关系是相互依赖、相互影响的。

从开放式创新视角看,企业间资源是一种建立在企业间研发合作关系基础上的战略性资源。古拉蒂等[1]对企业网络、资源以及竞争优势之间的关系进行研究后,指出"企业所在的网络使其从环境中获得了关键的资源,如信息、渠道、资本、服务以及其他可以保持或提升竞争优势的资源"。由于企业间资源自身的异质性以及产生过程中的路径依赖,也就是这些资源通过特定的企业研发网络进行组合,非常难以模仿与替代,从而使其具有战略性资源的特征。嵌入关系网络的企业间资源,如无形资源、信息资源和知识资源等已被视为企业最重要的战略性资源,它们可为企业提供可持续技术竞争优势[2]。

戴尔在1996年研究中[3]通过实证研究检验了对企业间资源的独占性投资与合作绩效之间的正向关系。他认为,"由交易关系的双方或企业间关系成员共同投入的关系独占性资产、知识分享过程、互补性资源和能力以及有效率的治理机制所产生的协同效应构成了关系租金",并指出关系租金是企业合作网络竞争优势的主要来源。企业间资源的价值就在于通过嵌入特定的合作关系网络,与其他资源协同创造价值,从而使得参与合作网络的企业共同获得合作专有准租金[4]。

在处理技术知识获取模式的问题上,资源基础理论主要着眼于获取互补性知识资产和建立与维护核心竞争力等问题。戴尔等在1998年研究中指出,企业必须从互补的战略性资源中获取收益,企业间关系成员通过互补的战略性资源实现好处的能力取决于决策过程的战略相容性、信息与控制系统的相容性,以及文化的相容性,这也是企业间关系治理的目标与方向。

技术知识的无形性以及社会系统嵌入能够使得企业自身所积累的技术知识成为其竞争优势。而技术知识创造和创新的产生则源自技术知识与其他资源间

---

[1] Ranjay Gulati, Nitin Nohria and Akbar Zaheer, "Strategic networks", *Strategic Management Journal*, vol. 21, No. 3, 2000, p. 203 – 215.

[2] 罗珉、徐宏玲:《组织间关系:价值界面与关系租金的获取》,中国工业经济2007年第1期,第68 – 77页。

[3] Dyer, J. H. And Singh, H., "The Relational View: Cooperative Strategy And Sources Of Interorganizational Competitive Advantage", *Academy Of Management Review*, vol. 23, No. 4, 1998, p. 660 – 679.

[4] 同[2]。

的新组合。因此，按照这种观点，企业的优势存在于它们卓越的技术知识创造与获取能力中。这种技术知识获取可大致分为内部与外部来源。知识基础论强调技术知识是企业的基础性资源，发展企业间关系的主要目的就是将拥有不同技术知识的企业整合起来，并在此基础上创造出新的技术知识。

为了妥善运用企业间技术资源，以便为企业带来技术竞争优势，企业对企业间技术资源的相关内涵与特性需要有相应认识，并能够有效灵活地运用。企业间技术资源不但是重要的资源，而且在企业的价值创造过程中扮演着更具竞争优势的角色，企业有效运用技术资源将能产生综合效益，可以为企业带来竞争优势与价值。而企业间合作研发更是一种创新性合作，通过创造合作专有准租金为整个合作群体带来竞争优势。

通过企业间关系，单个企业可以创造技术获取和应用的机会。也就是说，单个企业通过与其他企业进行互动，得以接近外部技术知识，并与其既有的技术知识进行整合，产生新的技术知识。

如何有效利用企业间关系与互动，跨越企业边界实现企业间创新性合作，已经成为企业建立竞争优势的重要课题。尤其是，通过跨越企业边界的合作研发与市场方式（技术购买方式）来取得外部来源的技术，更是近年来企业建立竞争优势的重要武器①。从企业间互动的视角来看，企业为实现企业间创新性合作的绩效，必须有效地"杠杆利用"企业与合作伙伴的企业间关系。

（三）企业间关系管理

关系观（relational view）强调企业间关系由企业与其他企业之间的一系列水平或垂直的相互关系组成。关系观重点关注企业之间关系成员的互动关系、知识转移、吸收能力与企业间合作能力。

许多企业之间的研发合作关系本质上基本是与相同企业的重复交易；如果以这种观点看待企业间交易关系，其内涵就包含有"信任"与"合作关系的演进"②。而关系重视的是"互惠""相互节制"及"信任"等概念。戴尔等③认

---

① Hagedoom, J. & Schakenraad, J., "The effect of strategic technology alliances on company performance", Strategic Mangement Journal, 15, 1994, p. 291 – 309.
② Ranjay Gulati, "Network location and learning: The influence of network resources and firm capabilities on alliance formation", Strategic Management Journal, vol. 20, No. 5, 1999, p. 397 – 420.
③ Dyer, J. H., & Nobeoka, K., "Creating and managing a high – performance knowledge – sharing network: The Toyota case", Strategic Management Journal, 21, 2000, p. 345 – 367.

为，企业间的高度信任，可以使合作双方进行知识的交换与机密信息的分享；企业间的沟通协调，可以顺利地发展合作双方的关系，并使它们取得相互需要的资源。

古拉蒂从获取重要信息和知识优势的观点出发，强调企业所拥有的技术知识是创建持久性竞争优势与核心能力的关键要素，而网络（合作）关系则是企业取得多元技术知识的重要途径之一。古拉蒂认为，"企业间纵横交错的联系是一种不可模仿的资源，是一种创造资源的手段和获得资源与信息的途径"。正因为网络（合作）关系对企业有这些积极影响，古拉蒂将其称为"网络资源（network resources）"。网络（合作）中的资源能够给企业提供有价值的信息，使网络（合作）中的企业行动比竞争对手更加迅速，从而使企业获得竞争优势。企业间"网络资源"的积累、获得和运用，是企业创建可持续竞争优势的保障。

卡恩纳（Khanna）[①]指出，研发合作也可通过促使企业间产生基于合作的专有准租金来获得潜在收益。所谓企业间或基于合作的专有准租金是与关系相对应的，它产生于特定的交易和关系双方的专用资源的相互结合，由此形成的协同效应所产生的超额租金，是单个企业独立运营无法产生的收益。通过研发合作，企业可获得新技术知识，它能够与企业内生的资源相结合以实现增值。这就是企业间合作的间接利益。

戴尔等在1997年研究中强调指出，技术战略联盟伙伴之间彼此的承诺和信任可以增加关系专属性投资。单个企业无法产生超额收益，超额收益必须通过特定研发合作伙伴的共同努力才能创造，是从企业彼此的交换关系中产生的。这就是说"关系租金"是通过一种关系性交换来共同获得的超额利润，个别企业无法获得。因此，企业之间特殊的关系是关系租金和技术竞争优势的重要来源。

这样，"组织间竞争优势""关系能力"以及"网络资源"等理论视角都强调企业间关系管理的重要性。它是由企业结点之间的关系所生成的资源，是一种无形的关系资源。这种无形的关系资源反映的是一种"社会认知资源"、企业的"外部资源和无形资源"。企业获得竞争优势的最根本途径，就是用好资源，特别是用好企业间网络资源，而不是拥有资源。

至此，可以认为，以研发增加新知识为基础的技术核心能力动态更新的过程可以概括为两个方面活动影响：一是知识资源的获取与投入活动；二是组织

---

① Khanna T, Gulati R, Nohria N, "The dynamics of learning alliances: Competition, cooperation, and relative scope", *Strategic Management Journal*, 19, 1998, p. 193–210.

间学习活动。

第三节 技术并购边界性质

一、技术并购边界交易性质

从知识特性影响知识获取,从而影响外部研发模式选择看,技术并购边界选择中的外部研发组织形式仅是获取外部知识的一种手段,外部研发模式仅充当获取外部知识手段时,体现了其交易性质。

(一)企业技术能力分布

企业用于研发等过程的知识是多种多样的,它们对于企业竞争能力的影响也各不相同。有些知识是企业取得成功的必备条件,拥有这些知识,企业就可以不断地推出新产品,同时也可能会有利于运营成本的持续降低;而有些知识则只对企业竞争能力的形成和提升起到次要作用,拥有这些知识,企业可以在一定程度上改善经营绩效,但这些技术知识本身并不构成企业成功的条件。

根据技术知识在战略上对企业竞争能力的影响程度,企业所拥有的技术知识可以区分为核心技术知识、辅助技术知识、研究中的知识等类型[1]。

核心技术知识是保证企业能在一定时间内具有显著竞争优势的知识,它是企业战胜竞争对手、增强其竞争地位的主要力量来源,掌握这种技术知识是企业成功经营所必需的。企业通过对这种技术知识的运用,可以不断整合内部资源,推出系列新产品,并从整体层次降低企业的成本,进而保持领先优势。这类技术知识是企业核心能力的基础。

辅助技术知识是那些与核心技术知识相关(或者说与核心知识互补)并有助于核心技术知识有效运用的知识。在企业竞争过程中,辅助技术知识可以为企业的某一特定业务构筑竞争优势的基础,也能够为某个特定运营过程(或环节)中成本的降低提供支撑。一般来说,这类技术知识可以使企业在某一方面获得暂时的领先优势,但相对来说比较容易为竞争对手所模仿;而且这类技术知识在更多情况下难以单独发挥作用,它必须与其他类型知识,特别是核心技术知识相结合才能在企业竞争中发挥重要作用。

核心技术知识与辅助技术知识是企业技术核心能力与互补技术能力的基础。

---

[1] 张钢:《企业组织网络化发展》,浙江大学出版社2005年10月,第148页。

拉杰尼·希鲁拉（Rajneesh Narula）① 在其"内部与非内部研发选择：一些技术与经济因素"一文中提出了企业（技术）能力分布，如图2-2：

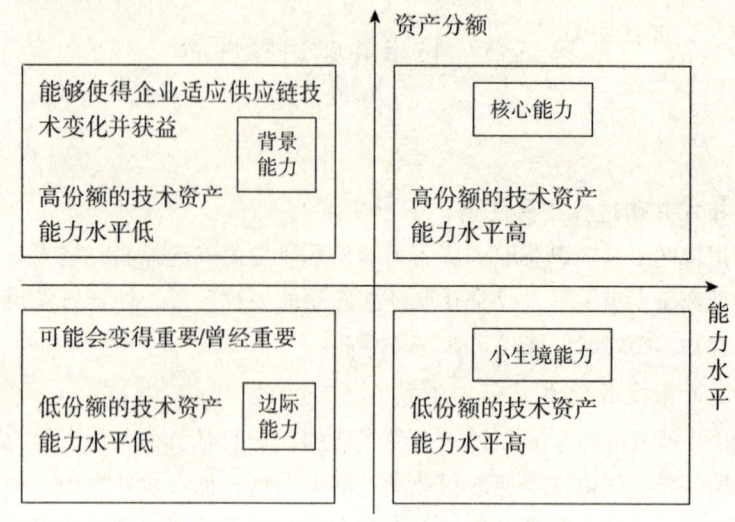

图2-2　企业技术能力分布

企业技术能力可以按照企业拥有的技术资产和能力水平分成差别化能力或者核心能力（Distinctive competences）、小生境能力（Niche competences）、背景能力（Background competences）以及边际能力（Marginal competences）。差别化能力体现为企业技术资产比重高，能力水平高的特征；而小生境能力体现为技术资产比重低，而能力水平高的特征；背景能力能够使得企业在供应链技术变化时做到应变和从中获益，这种能力的特征是技术资产的高比重而能力水平低；边际能力是企业未来将会变得重要或过去曾经是重要的能力，表现为低技术资产比重和能力低水平。可以看出核心知识为基础的差异能力和小生境能力，和以辅助知识为基础的边际能力、背景能力构成了企业技术能力的基本分布。

（二）研发中的知识性质与技术并购边界

根据莱温特等（Levinthal, et al）② 的观点，组织总是在两大类活动中分配其注意力和资源：一类是探索活动，致力于寻求新知识、寻求将被认知的新事

---

① Rajneesh Narula., "Choosing Between Internal And Non - Internal R&D Activities: Some Technological And Economic Factors", *Technology Analysis & Strategic Management*, vol. 13, No. 3, 2001, p. 365 - 387.

② Levinthal D A and March J G., "The myopia of learning", *Strategic Mangement Journal*, 14, 1993, p. 95 - 113.

物；另一类是应用活动，致力于使用和开发已经知道的知识和事物。一个组织完全从事于探索性活动将面临很难得到知识回报的风险；而一个组织完全从事于应用活动，也会遭遇过时的危险。因此，组织所面对的一个基本问题就是，既要从事足够的应用活动以保证当前的有效性，同时又要花足够的精力从事探索活动以保证未来的有效性。

研发活动本质上是探索性活动。研究中的知识是那些尚处于发展阶段中的知识。企业研发活动影响企业现存技术能力与技术能力分布，从而影响企业潜在的持续竞争优势。正如企业技术能力分布所示，并不是所有研发活动对企业能力影响都是关键的，那些能够具有很大潜力，通常能够使企业改变自身的发展方向乃至于改变行业中的游戏规则，使企业成为未来行业竞争的领导者的研发活动对企业而言是极为重要的。这种研发活动与企业核心能力高度相关，或者说能够生成未来核心能力，因而属于蒂斯1986年研究中所指的系统（Systemic）创新而不是自动（Autonomous）创新。自动创新容易融入现存技术和能力，而系统创新显著地影响企业现存能力和能力分布。由于这类研发产生的知识具有核心知识特性：①较高的价值，能使企业在创造价值和降低成本方面比其竞争对手做得更好；②高度稀缺性。难以在市场上或其他外部途径获得；③难以模仿，这既可能来自企业独特的历史经历，也可能是一系列持续决策的结果，同时也可能需要复杂的互补性知识支撑；④难以被替代，具有一定的稳定性。[①]企业应该把这样的研发活动安排在组织内部进行。

因而，如果预计研发活动对企业的影响是系统性的，也就是影响其差别化能力和小生境能力时，那么，研发活动应该在企业内部进行或企业能够进行有力控制的范围内进行。相反，如果预计研发活动对企业影响是自动性的，也就是影响企业的其他能力分布时，考虑企业能力与创新活动的其他参与者能力相对水平，其他企业拥有更多的必要能力，从而这类研发活动可以在企业外部进行，因为完成这一研发活动所需成本低、费时少。研发活动这一安排考虑到了创新参与者之间的资产与能力的互补性（图2-3），因而适应了知识运用、知识创造效率的要求。

（三）作为研发活动投入的知识特性与技术并购边界选择

开放式创新的一个立足点在于，研发活动所需知识是在企业与其竞争者、供应商、顾客等众多的利益相关者所构成的网络之中分布的。技术知识具有离

---

① Barney, J. B, "Firm resources and sustained competitive advantage", *Journal of Management*, vol. 17, No. 1, 1991, p. 99 – 120.

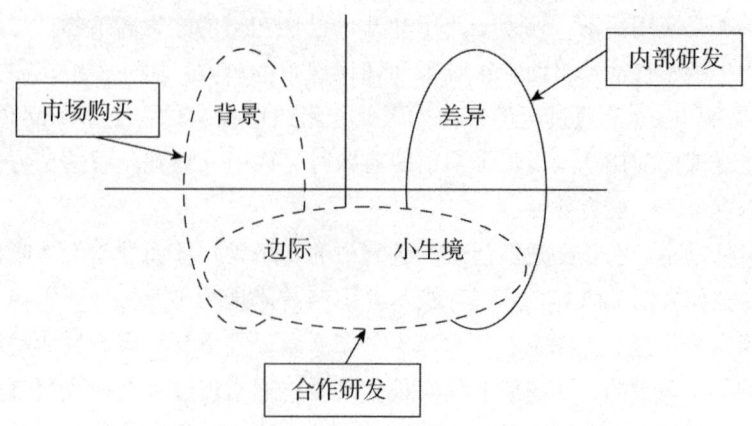

图2-3 企业技术能力分布与研发模式选择

散分布性。由于知识的语境依赖性和意会性,也由于人的有限理性,企业中的技术知识不可能以集中的形式存在于单一头脑中,而只能由那些处于特定语境中的个人或团队分散化地掌握。技术知识在企业中是离散分布的。从企业层次看,既然创新所需技术知识是在企业之间离散分布,并且具有意会性、语境依赖性和互补性;那么,企业研发活动的组织方式就应该是多样化的。

1. 技术知识具有意会性

技术知识的意会性是指知识的不可完全表达性,它来自意会认知。意会认知是一种通过实践来学习的认知活动。

在理论上,技术知识是以连续谱的形式存在的。在这个技术知识谱系的一端上,技术知识是完全意会的,仅存在于认知者的头脑和身体中;而在这个谱系的另一端上,技术知识几乎是完全可表达、可编码和结构化的,能够为所有人方便地获得。但实际上,意会知识和言传(可表达)知识仅是技术知识的两种理想存在形式,现实中的技术知识处于两端之间,意会性质和言传性质是交织在一起的。从这个角度看,所谓言传知识只不过是在这个技术知识谱系上更靠近可表达一端而已;同样,意会知识也仅指意会性程度高的技术知识。显然,隐性与显性并非绝对二分法,大部分的技术知识都同时具有隐性与显性部分,只是程度上的不同而已。

根据意会性,野中郁次郎等在1994年研究中①将技术知识分为隐性技术知识与显性技术知识。隐性技术知识是指,"高度个性化,难以正式化,只可意会

---

① Ikujiro Nonaka, "The Concept of Ba: Building a Foundation for Knowledge Creation, Berkeley", *California Managment Review*, 1998, Spring.

不可言传，而且深植在个人的经验、判断、联想、创意和潜意识的心智模式内的技术知识"。显性技术知识是指，"可以用文字、数字、图形或者其他象征物（Symbol），如手册、书本和程序清楚表达的技术知识，即可定义、可获取的技术知识，而且沟通容易"。提瓦拉（Tiwanna）在2001年研究中更详细地将按照相应特征对隐性知识与显性知识进行了分类，如表2-1所示。

表2-1 隐性与显性知识主要差异

特性	隐性	显性
正式化程度	难文件化、记录、传递和说明	能通过编码利用正式的文字、图表等有系统地进行传播
本质	直觉、想象力、创意或技巧、无法清楚说明、相当主观	可编码、可清楚说明，较为客观
存储地点	人类的心智	文字、资料库、图表和网页等地方
形成过程	实践经验、身体力行及不断试验中学习与积累	对于信息的研读、了解、推理与分析
重要运用	对于突发性、新问题的预测、解决并创新	可以有效地完成结构化的工作，例如工作手册的制定
媒介需求	需要丰富的沟通媒介，例如面对面沟通或者通过视频会议传递	可以利用电子文档传送，不需要太丰富、复杂的人际互动

来源：根据提瓦拉（Tiwanna）（2001）研究整理。

贝克曼（Beckman）在1997年研究中[1]认为，隐性技术知识对企业价值产生影响，必须通过外部化、文件化转化成企业的能力。对于企业来说，员工的隐性技术知识如果在创造企业杰出的运作与流程能力上没有得到运用，这无疑是极大的浪费。当然，企业也要靠显性技术知识的转移和分享来训练员工，以提升其隐性技术知识。

纳尔逊等[2]在企业层面上分析了群体意会认知过程，他们将企业惯例看作

---

[1] Liebowitz, J. &Beckman, T., *Knowledge Organizations: What Every Manager Should Know*, Boca Raton, St. Lucie/CRC Press, 1998.
[2] Nelson R. Winter S., *An Evolutionary Theory of Economic Change*, Cambridge: Harvard University Press, MA, 1982.

企业遗传物质。企业惯例作为企业层级规则的部分具有较高的可表达性，而它作为企业文化的部分则难以表达，因而企业惯例作为群体意会认知过程的结果具有较高的意会性。

无论是个人知识还是群体（企业）知识，其意会性的持续存在主要是因为，一方面个人或群体（企业）没有激励将其意会性高的技术知识编码后表达出来；另一方面，可能更普遍的现象是人们没有认识到其技术知识的意会性质，或者根本不知道怎样表达它。

然而，企业要成功地创造、共享和应用技术知识，又必须不断降低某些技术知识的意会性质，提高其可表达性。企业只有经过技术知识的意会性"降解"过程，才能最终将技术知识物化为产品或服务，从而获得技术竞争优势。如何设计有效的激励机制和群体意会认知过程模式，以提高企业内部个体和群体（企业）技术知识的可表达水平，这是知识管理所要承担的主要任务。

2. 技术知识是具体的，具有语境依赖性

技术知识的语境依赖性是指任何技术知识都是在特定语境中创造的，同时还要在特定语境下获得其意义。所谓技术知识具体性是指，"技术知识的语境依赖性意味着技术知识是与某个具体情境下的具体认知实践活动联系在一起的"。因而，技术知识的抽象性或普遍性只是具有相对意义。没有完全脱离语境的抽象性或普遍性，而只有与特定语境依赖性程度高低相联系的抽象性或普遍性。具有抽象性或普遍性的技术知识虽然对某个特定语境依赖性较低，但同时又必须依赖于一个较大范围的跨语境来获得其意义和进一步被创造的可能性。

技术知识的语境依赖性是造成技术知识传播过程中极度"黏滞性"的重要原因。不进入语境，就无法理解和把握技术知识的意义，也从根本上制约了技术知识的跨语境传输。哪怕是对于那些看似语境依赖性较低的技术知识，比如信息，在传输和转译中同样面临"黏滞性"问题。因为信息的意义同样是由特定语境赋予的，具有不同语境背景的信息接受者会给表面看似相同的信息以完全不同的评价。这表明开放式创新条件下，知识管理的着力点之一应该是营造有利于理解、创造和应用技术知识的共享语境①。

3. 意会性、语境依赖性与技术知识外部获取模式

由于技术知识具有意会性，要通过市场交易（技术购买）将不同类型的技术知识和拥有技术知识的人或企业整合在一起是非常困难的。这是因为，一方面，意会性高的技术知识，由于其语境依赖性和黏滞性根本就不可能在市场上

---

① 张钢：《企业组织网络化发展》，浙江大学出版社2005年10月。

进行交易；创造活动的本质，在于不同性质技术知识、特别是不同性质的意会性高的技术知识的综合运用。从效率角度看，由于意会性高的技术知识语境依赖性及其与拥有该技术知识的人或企业的不可分割性，要想完全由企业内部来供给那些在技术知识运用和创造的价值增值过程中所需要的各类技术知识，其成本非常高昂。而完全的内在化可能引起文化冲突，当现有的和新产生的高意会性知识将建立在不同的社会关系的基础之上时，尤其可能引起文化的冲突。

在这种情况下，企业综合运用处于组织机制和市场机制之间的中间制度安排来获取和创造技术知识就变得很有必要。格兰特（Grant）[①] 认为，在技术知识的转移过程中需要克服技术知识拥有者和技术知识寻求者之间的不可模仿性。技术知识具有黏滞性，是嵌入在特定的环境中，具有难以转移和流动的倾向。为了获取这类知识，企业必须先获取整个系统或通过多次试错，技术知识的黏性越高，技术知识被转移的难度就越大，企业所花费的资源就越多。在整合所需的外源技术知识的过程中，需要被转移的技术知识或多或少会因为黏滞性而难以有效转移和消化吸收。另一方面，意会性低、言传性高的技术知识在市场交易（技术购买）中又会让潜在购买者承担失去其专有性的风险，因为言传性高的技术知识具有公共品属性，在转移过程中并不具有排他性，因而需要隔离机制设置。从这个角度看，企业研发活动的外部组织方式似乎是在知识互补性基础上，对知识意会性、语境依赖性程度权衡的结果。

可见，企业为了核心能力提升而在内部研发同时，进行中间组织形式的合作研发或者/和借助市场机制获取、创造知识以进行技术创新活动是企业建立与更新技术核心能力的要求；仅从获取外部知识功能看，外部研发模式选择受到知识特性的影响。

二、技术并购边界学习性质

在本书看来，企业技术并购边界具有知识创造（学习）与外部知识获取的交易两重性质，本质上是企业发展资源、提高能力的组织方式。企业间关系的组织学习理论流派及其主要观点如下。

一是以詹姆斯·马奇为代表的适应环境学派认为，组织学习的目的在于使

[①] Grant, R. M., "Prospering in Dynamically – Competitive Environments: Organizational Capability As Knowledge Integration", *Organization Science*, vol. 7, No. 4, 1996, p. 375 – 387.

组织适应外在环境的变化,从而提升竞争力与绩效①。该学派强调,企业可通过组织间关系学习其他企业的经验,得到企业间关系环境的反馈,经历学习循环。

二是以克里斯·阿吉里斯为代表的错误修正学派强调组织学习更正错误这个维度,认为通过企业间关系来实现组织学习的目的,是一个发现错误与更正错误的过程,特别是当学习者在与企业间关系成员进行比较时,就会面对这种预期与实际的效果误差,由此可以推动组织学习。

三是以日本一桥大学教授野中郁次郎和哈佛大学商学院教授列昂纳德巴顿为代表的知识创造学派认为,组织学习就是进行知识创造。那些建立、管理和利用企业间知识的能力被普拉哈拉德等(Prahalad, et al)在1990年研究中描述为"核心竞争力""无形资产"和斯图尔特(Stewart)在1997年研究中的"知识资本"或"智力资本",它们对提升企业效能做出了很大的贡献。

基于上述角度,可以认为,组织学习是一种以错误修正为导向,以适应环境为目的而进行的知识创造过程。因而,技术并购边界选择中的外部研发模式的学习性质体现为在内部研发中(知识)学习积累的同时,进行企业间研发的(知识)学习积累。在这一学习与知识创造过程中,外部研发模式的交易性质体现为技术并购边界选择中,内部研发的资源投入既有内部资源,也包括在对企业外部已经存在的知识获取或者知识创造活动的完全外包(如研发外包、委托研发等)中所取得的资源;此时,外部研发模式又充当获取外部知识的组织模式。

以合作研发为例,技术并购边界的学习性质与交易性质体现在合作研发的动机中②(表2-2)。

表2-2 技术并购边界性质——以企业合作研发的动机为例

学习性质	交易性质
技术协同效应 降低研发活动不确定性 共享研究开发成本 缩短创新周期 提高研发绩效	获取合作伙伴的经验性知识和技能 技术转移 改善企业对创新成果的独占性 技术机会检测

资料来源:根据相关资料,作者汇总。

---

① Levinthal D A and March J G., "The myopia of learning", *Strategic Mangement Journal*, 14, 1993, p.95-113.
② 罗炜:《企业合作创新理论研究》,复旦大学出版社2002年12月,第51页。

可以看出，合作研发将使得企业获得互补性知识和技术，形成技术协同效应和技术组合优势，实现合作伙伴研发的范围经济。企业不可能在所有的技术领域拥有足够的能力，因此与其他企业合作将开阔视野，共享信息、知识和经验，更好地评价认识当前的技术发展趋势，并在技术轨道的特定阶段把握机遇。通过与其他企业合作，研发风险与不确定性在研发参与者各方进行分解，从而使得各方承担风险相对减少；更为重要的是，将研发拓展到更加广阔的领域，并在此基础上拓展了自己核心能力，有利于解决创新资源和能力瓶颈，提高创新成功率。技术的公共产品属性决定了它的外部性，使得企业无法独占研发产生的技术成果；研发合作能够将这种外部效应内部化。

在合作研发这种中间组织中进行研发活动能够创造资源和能力。在合作中，参与者达成共识从事研发活动，并按照合作协议中确定的条款最终获得、分享和利用合作成果；这一过程中不仅存在资源和能力的交换，还包含资源和知识的创造。创新成果包括：（1）最终产出，如新产品、现存产品和工艺的改进；（2）中间产品，如原型、标准、许可证、学术论文以及出版物；（3）间接无形产出，如组织、技术经验知识以及个人素质提高。

合作不仅是为了获得技术和产品，更为重要的是要通过合作学习积累自身能力。通过合作研发，企业能够获得资源、能力共享，学习并获得新知识、技术以及创造出新的资源和能力。应该看到，即使是通过内部研发活动创造核心知识时，同样需要获取外部知识作为投入；而合作研发中共同创造知识的同时，也存在获取合作伙伴知识活动。

然而，创新本质上是知识创造。研发活动是知识创造活动。企业内部进行研发活动，或者在企业之间的中间组织进行研发活动安排，更为重要的使命是知识生产；获取的外部知识只有整合进企业或企业间研发活动中，才有可能创造出新知识；否则，外部知识获取虽然带来企业知识资源总量的增加，但没有增加企业创新知识量。

技术并购边界的交易性质在于企业以外部研发模式获取外部现存知识或者有待研发的知识；与此对应，技术并购边界组织学习性质，即内部研发或者在中间组织中进行的研发（合作研发）本质上是知识创造活动。

因此，就研发活动导致企业知识增量看，应主要是新创造的知识量而不是外部现存知识获取，这是研发活动的创新绩效知识内涵，或者说知识绩效。这个知识绩效包括两个方面，即企业内部研发创造出的新知识，中间组织的研发活动创造出的新知识。企业只有实质上参与中间组织的研发活动，才有可能掌握这种知识增量；否则，可能的结果是有产权而无知识，有利润而无知识，最终危及企业能力的发展。也正是这种知识创造活动使得企业能够获得熊彼特租（创新租）；创新能力说学者认为，创新是企业获得竞争优势的重要来源。因此，技术并购边界交易性质是为其学习性质服务的，表现为知识获取服务于知识创新。

从理论上看，作为成员企业具有约束力的利益目标，合作研发中的个体企业或者说成员企业之间具有相互依存的产业或利益关联，这使得合作研发持续繁荣并对成员企业产生倍增收益。但是，在实践过程中，成员企业基于自身收益考虑，一方面，会倾向于保护自己的私人利益，以及保护自己拥有或创造的专用技术知识；另一方面，成员企业又希望与其他成员分享既得利益和专用技术知识，采取"搭便车"行为，最终，合作研发活动演变为哈丁（Harddin）在1968年研究中所说的"公地悲剧"①，从而陷入无效率和资源枯竭状态。可见，过分地强调企业自身技术知识保护和企业自身外部技术知识获取，缺乏企业间研发活动的知识资源投入和关系管理，会造成企业间研发活动中知识创造与学习能力累积不足。

因此，在本书看来，企业技术并购边界选择是在内部研发基础上，对外部研发模式的学习与交易性质的权衡：是强调企业间知识创造，还是强调利用企业间关系获取外部知识，抑或组织间学习与外部知识获取并重？这种权衡不但受到外部知识互补、意会与语境依赖性等特性，以及这些特性对知识获取活动的影响，从而对企业知识获取能力提出相应要求；而且受到企业自身知识的法律和战略机制保护、对组织间知识学习能力以及对组织间研发活动的治理能力影响。

第四节 技术并购边界选择中的知识管理

一、知识管理分类

一般认为，知识管理是使知识资源变为知识能力，进而形成竞争优势的动

---

① 一般来说，经济学的"公地悲剧"理论来源于1968年英国教授哈丁（Garrett Hardin）的《公地的悲剧》一文。"公地"制度是英国当时的一种土地制度，即封建主在自己的领地中划出一片尚未耕种的土地作为牧场，无偿提供给当地的牧民。但是，由于是无偿放牧，每一个牧民都想尽可能增加自己的牛羊数量，随着牛羊数量无节制的增加，牧场最终因过度放牧而成了不毛之地。"公地悲剧"的产生是由"公地"的产权特性所决定的。"公地"作为一项资源或财产有许多拥有者，他们中的每一个人都有使用权，而且没有人有权阻止其他人使用。结果是资源的过度使用和枯竭。

态转化过程。由于知识总是与认知者及其认知实践联系在一起，是过程与结果、存量与流量的统一，因而知识管理本身也就是一个认知实践过程，同时也是一个组织学习过程。知识管理的本质在于学习，知识管理的目标就是通过创造知识来创造价值。

为了实现这个目标，知识管理必须营造组织学习氛围，即共享的语境，并在此语境中建立起有关知识共享和意会性不同的知识之间以及不同类型知识之间相互转译的激励机制和分散化决策机制。借助这种内部柔性学习机制，企业才能及时捕捉市场机会实现技术知识的收益递增。正如蒂斯在1998年研究中认为："高级（技术）知识本身并不足以建立竞争优势，胜利者是那些能够辨识新游戏的出现并迅速把握住它的企业，而这需要一种动态能力。那些具有企业家精神、扁平化组织、清晰的愿景、强化的激励和高度自治的企业中更容易出现动态能力。"

由于研究者角度的不同，对知识运动过程、管理过程的划分不尽相同。有学者从组织（企业）内部知识运动的生命周期来划分，如艾伦斯特等（Ernst, et al）认为组织的知识一般要经新知识的产生、以多种模式表示、编码以对其储存，最后将其应用到产品和服务中去等四个过程；有学者以知识管理框架的形式提出了知识管理包括的活动，如韦格（Wiig）[①] 提出了由创造与获取知识、编辑与转换知识、分发与应用知识、知识价值实现等四类活动构成的知识管理框架。在此，列出1990—2005年期间相对重要的文献（表2-3所示）。

表2-3 组织知识运动、管理过程研究（1990—2006）一览

代表性文献	知识运动、管理过程描述
韦格（1993）	创造与获取、编辑与转换、分发与应用、价值实现
野中郁次郎等（1994）	分享、创造概念、验证概念、交叉知识、构建原型
戴尔（1996）	识别、收集、适应、组织、应用、分享、创造
麦夸特（Marquardt）（1996）	获取、创造、转移、使用、存储
亚瑟（Arthur）（1996）	识别、收集、创造、组织、分享、应用、适应
达文波特（1997）	定义需求、捕获知识、分发知识、使用知识

[①] Wiig, K., "The Role of Knowledge Based Systems in Knowledge Management", *Workshop on Knowledge Management and AI U. S. Dept. of Labor*, Washington, DC, October, 1998.

续表

代表性文献	知识运动、管理过程描述
豪乐恩鲍等（Holsapple, et al）（1997）	获取（提炼、解释、转移）、选择（定位、访问）、内化（评估、存储）、使用、创造（监督、评价、产生）、外化
斯泰尔（Steier）（1997）	发现、过滤、标准化、转移、反馈
格尔斯（1997）	产生（创造、获取、综合、融合）、编码（捕获、表示）、转移
范德斯佩克（Van der Spek）（1997）	开发、保护、分发、综合
韦格（1997）	杠杆作用、创造、获取和存储、组织和转换、应用
史密斯（Smith）（1999）	发现、组织、分享
艾伦斯特等（1999）	产生、表示、编码、应用
安徒生等（Andersen, et al）（2000）	获取、创造、综合、分享、使用
利博维茨（2000）	转换、识别与验证、获取、组织、检索与应用、综合、学习、创造、分发与销售
陈国权（2003）	知识来源、获取、传递
贾生华（2004）	知识创造，积累，共享，利用，内部化
张钢（2005）	知识获取、知识选择、知识创造与知识内化

资料来源：部分参考了韩维贺：《知识管理过程IT平台与企业绩效关系研究》大连理工大学博士论文，2006年3月，第22页。

在上述知识管理为主题的研究中，可以总结出几个主要活动过程。一方面，从知识辨识、知识移转、知识扩散、知识整合至知识应用等，按照佐拉等[①]观点，知识吸收能力概括了知识辨识与知识转移，知识整合能力则包括了知识转换及整合，因此如果以吸收能力及整合能力为研究维度，则可囊括大部分的知识运动、知识管理流程。知识管理中的知识辨识、知识转移、知识转换、知识整合等，都是影响知识吸收能力的主要方面，这是知识吸收能力的资源维度。

[①] Zahra, S. A., & George, G., "Absorptive capacity: A review, reconceptualization, and extension", *Academy of Management Review*, 27, 2002, p. 185 – 203.

另一方面,从知识共享、知识获取、知识转移、知识保护等活动看,按照蒂斯等观点,这些是与独占机制相关联的。因而,可以认为,知识管理过程既是组织(企业)获取、创造知识的过程,也是保护与共享知识的过程。强调这一过程中企业知识、企业间知识资源投入的必要性,实质上在于强调吸收能力、独占机制对知识产出的作用。

具体地,依据作为存量和过程的两种不同形态的知识,以及核心和互补两个不同层次的管理,可以将企业技术并购边界选择中的知识管理分为知识存量和流量管理(如表2-4所示)。从企业间层次水平上的研发模式选择看,知识存量管理任务在于知识确认基础上划定知识保护与知识共享边界;知识流量管理的任务是外部知识获取、中间组织内的知识创造。

表2-4 研发活动中的知识管理类型

技术知识存量管理		技术知识流量管理	
内容	重点	内容	重点
(1)核心技术知识确认 (2)核心技术知识共享 (3)核心技术知识保护	(1)核心技术知识保护	(1)核心技术知识的吸收与转换 (2)核心技术知识创造 (3)核心技术知识向核心能力转化	(1)外部技术知识吸收 (2)核心技术知识创造
(1)互补性技术知识的确认 (2)互补性技术知识共享 (3)互补性技术知识保护	(1)内生技术知识保护	(1)互补性技术知识创造 (2)互补性技术知识与核心技术知识整合 (3)互补性能力与核心能力整合	(1)外部技术知识吸收 (2)内部/中间组织技术知识创造

资料来源:借鉴张钢(2005)的研究。

二、存量管理与独占机制

在中间组织中进行研发活动为企业之间相互学习提供了一个平台,通过共同进行研发和共同解决问题,企业能够从其竞争对手或伙伴那里学习到技术知识。但研发合作也大大提高了将企业的低意会性核心知识暴露给合作伙伴的危险,因为有利于相互学习的知识共享机制同样也有利于企业核心知识的外溢。

合作企业之间不仅存在"试图学习和试图保护"的张力，同时也存在私人利益和共同利益的学习竞赛。因而，研发合作企业之间势必需要保持一种平衡，以确保双方既能相互学习到知识，又不至于流失自己的核心知识。

参与合作研发的企业之间存在激烈的学习竞争，合作企业都期望抢先于对手学习到所需要的技术，从而避免被对手所抛弃，那些拥有较强学习意图和创造适当学习环境的企业将赢得这场学习竞赛。既然某种意义上说，借助中间组织来获取合作伙伴的核心技术知识，是企业合作和参与合作的重要动机之一，那么，在合作研发中就必然时刻存在着企业核心技术知识被窃取的风险，特别是那些低意会性的核心技术知识，面临的风险会更大。

从研发合作中某个企业的角度来看，包括合作规模、领域、范围等的一系列制度安排，仅仅能够确保合作创造的技术知识免受窃取或私用，而企业在进入合作之前已经拥有的核心技术知识仍可能暴露于合作伙伴的视野范围之内，尤其是那些低意会性的核心技术知识，在研发合作本身的制度安排下很难得到有效保护，竞争性合作伙伴一旦获得了这种低意会性的核心技术知识，就有可能迅速应用于联盟范围以外的私人领域，同时也可能由于学习的目的已经实现而结束合作，这无疑会对失去这些核心技术知识的企业构成直接的威胁和挑战。

根据张钢[①]研究基本思想，一般来说，可以通过以下方法对开放式创新下企业技术知识进行保护。

（一）在对企业进行详实的知识审计基础上，建立起完善的内部规范

在研发合作中，企业为了避免低意会性核心知识的外泄，必须首先对自己所拥有的内部技术知识进行全面详实的审计，明确界定核心技术知识、辅助技术知识与互补技术知识的界限。由于低意会性的核心技术知识易于外溢，企业应该建立相应的内部技术知识使用规范或者制度，以弥补合作研发或者研发联盟中规范的弱化。这种内部技术知识使用上的制度规范的核心应该是以职能部门、研发团队和个人的技术知识保密责任划分为基础，通过明确核心技术知识，特别是低意会性核心技术知识的拥有者的权利和责任，来保证在合作或者联盟活动中企业核心技术知识使用的具体限度和大致范围。

辅助性技术知识可以在一定范围内改善企业的竞争地位，同时，辅助性技术知识也是让核心技术知识充分发挥作用的重要条件，每个企业都有相对于自身核心技术知识的辅助性技术。因此，对于辅助性技术知识而言，企业可以和竞争对手基于互惠互利的原则进行部分共享，并可以通过这种部分共享实现双

---

① 张钢：《企业组织网络化发展》，浙江大学出版社 2005 年 10 月。

赢；核心技术知识是企业核心能力的基础，也是企业竞争优势的最为重要的来源，企业应时刻注意以防备核心技术知识的外溢，企业如果不能对这类技术知识进行有效保护，核心能力和竞争优势就会受到威胁。因此，企业技术知识保护机制，主要是指企业如何有效保护核心技术知识的机制。

因此，企业应确认具有战略价值的核心技术知识，并建立起核心技术知识的存储、共享和保护机制。核心技术知识既是企业竞争优势的基础，又是企业实现技术知识整合的前提；失去核心技术知识，企业也就失去了赖以存在的异质性，从而失去其持续竞争优势。

确认具有战略价值的核心技术知识最终是为了实现技术知识共享和保护。核心技术知识不能在企业内部共享就会大大降低其创造价值的能力，但由于核心技术知识的意会性相对较高，共享难度很大，通常需要借助关键人才参与的内部交流机制来实现共享。核心技术知识的保护之所以具有战略意义，在于它不仅能使企业享有由核心技术知识所带来的持续的经济租（熊彼特租），而且有效保护机制本身也是一种难以模仿的能给企业带来经济租的重要资源。

除了核心技术知识、辅助性技术知识外，企业中还存在大量互补性技术知识。没有或者缺少互补性技术，核心技术难以发挥作用。而且，核心技术和核心能力难以模仿的重要原因之一就是大量复杂的难以模仿的互补性技术知识的存在。蒂斯在1998年研究中认为难以复制的互补技术资产构成了防止模仿和提高竞争优势的另一道防线。

对于互补技术保护而言，企业首先应明确的是，哪些互补性技术是可以通过外部渠道获取的（在市场上或者企业间网络中获得的），哪些是必须由企业自己创造。因为技术创造和保存是有成本的，所以互补性技术均来自企业内部，或者说由企业自身创造既不可能也没有必要。这就需要权衡互补性技术创造与保存的成本和收益，以及其与核心技术的关系以便做出科学决策。

企业中互补性技术往往需要大量重复使用，相对于核心技术来说意会性较低，易于实现编码化。这样，编码化的互补性技术更容易共享和使用。当然，在互补性技术编码化的同时还应该设立隔离性保护性机制，以使得自创互补技术和外购互补技术有所区别，防止关键性互补技术外溢。

（二）对技术型员工的薪酬进行必要的延迟制度设计

一般而言，拥有不同工作背景和企业文化的企业员工之间很难共享或窃取高意会性知识。但是，当某些掌握着企业高意会性核心技术的员工离开企业或流动到竞争对手企业中去时，法律虽能保护企业的技术产权，但企业成员所拥有的高意会性技术和工作技能却随着人员的流动而流失于企业之外。另外，由于技术链的连续性，企业技术链中的某一个环节的活动者的离去也将会使整个技术链面临中断的风险，这会在相当程度上破坏技术链各环节的活动者在长期合作过程中所形成的认知共同体。因此，在一定程度上说，企业所拥有的高意会性技术的安全问题，主要表现为如何确保那些技术链中的主要活动者（包括关键的技术知识获取者、技术知识内化者、技术知识创造者等）能够对企业保持忠贞不二，而不是背叛或离职的问题。

格兰特在1996年研究中认为，企业本质上是一种知识的团队生产方式或知识的集合体，企业自身能够使用一些与市场不同的制度安排来保护有价值的知识，从而有效地阻止有价值的知识流失或者闲置。

因此，一个可行且常见的办法是，尽量提高企业关键员工的离开成本以保护企业高意会性核心技术。通过延期关键员工获得其知识回报的时间安排或延期奖励制度来提高关键员工对未来的预期，使关键员工自愿为企业长期服务，从而达到保护企业高意会性核心技术的目的。

例如，比较通行的做法，就是采用员工持股和优先购股权方案。企业在上市之前以低价或奖励形式分配给员工股票期权。股票期权是一种预期收益，仅当企业效益良好并且上市之后，员工才能够在股市或企业内部将股票期权兑现成实际的收益。这样，员工为获得股票期权的实现价值，将不得不留在企业内努力工作。

（三）在技术链上的工作分散化设计

技术具有很强的互补性，只有当那些互补的技术片段联合起来时，才能构成企业有价值的技术；相应地，单个的技术片段在企业中往往难以产生价值。企业核心技术的价值，在很大程度上也来自不同核心技术片段及其与相关辅助技术片段的互补性。正是这种技术的互补性使工作设计成为对高意会性技术进行保护的非常有效的途径。

在企业研发中，通过分散化工作设计，可以将一些复杂的、需要多种技术整合起来的任务分解成由不同员工分别完成的若干项任务。在完成这些次一级（低一级）任务时，员工仅能获得部分技术，而这些部分技术的外溢并不影响企业核心技术的价值，从而达到对核心技术的保护；同时也避免了因为那些拥有不可替代的高意会性核心技术的员工的离开而对企业产生的巨大风险。

此外，企业内部各种正式或非正式的行为规范也有利于高意会性核心技术的保护，因为各种正式或非正式的行为规范减少了员工的自由裁量和随意行动，而这也能在一定程度上减少他们所拥有的技术的不经意流动或泄露的可能性。

(四) 构建保密制度，并对相关人员进行调配

技术的安全性也与知识源，即技术的拥有者或创造研发团队及成员同潜在获取者的距离直接相关。企业外界的技术获取者可能会有意或无意地同技术源频繁接触，从而达到学习或获得企业那些本应该保密的低意会性核心技术的目的。

尤其是在技术联盟过程中，双方人员为解决特定问题而共同工作、试验，如果企业员工缺乏保密意识，那些低意会的核心技术极易在双方人员互动的过程中泄漏给对方。因此，为了防止低意会性核心技术的外溢，企业除了要时刻注意对员工进行相关保密技术的教育和保密意识的培养外，更重要的是，在研发合作组建和发展过程中，企业应该安排那些有合作经验的员工来与外部人员进行伙伴合作；同时，也还要注意避免那些拥有核心技术的职员过多地与合作伙伴企业的成员直接接触，从而在研发合作中使伙伴成员与本企业技术知识源总是保持一定的距离。这样，才有可能在合作研发中，有效防止意会性程度低的核心知识外溢，进而避免企业核心能力受损。当然，企业在保护低意会性技术免遭窃取的同时，还应该着力于保护高意会性核心技术，防止其外溢。在某种意义上说，高意会性核心技术构成企业核心能力和竞争优势的真正基础。

(五) 企业应善用法律机制

意会性低的技术类似于信息和数据，是比较明晰的，既容易转移也容易共享；意会性高的技术则总是与技术拥有者的认知实践联系在一起的，不进入特定的语境或情境，没有与技术拥有者的直接互动是很难转移和共享的。对于企业的核心技术来说，同样也具有意会性程度的差异。

在企业的核心技术中意会性程度低的核心技术主要表现为：物化在机器设备，生产流程上的技术；体现在书本、资料、说明书、报告、电子文献中的技术；等等。这些技术由于意会性程度比较低，极容易为竞争者不经意地获取或有意地窃取，因而，在创造和运用这些意会性程度低的核心技术的时候，企业就应该设法提高竞争对手获取和利用这些技术的壁垒。一般来说，在低意会性技术的保护方面，专利、贸易秘密和商标等是比较有效的保护机制。

对低意会性核心技术最强有力的保护形式是专利。专利从法律上确认企业对某项核心技术的所有权和使用权，禁止其他企业的非法使用行为。企业通过生产和使用专利产品在市场上获取暂时垄断地位，而在专利时期结束时，企业已通过专利保护获取该项核心知识应得的收益，甚至在此基础上已经开发出了新的核心技术，因而，这项专利所保护的核心技术已不再是企业的核心技术。

技术知识产权虽然能够有效防止竞争对手窃取企业低意会性核心技术，但

是，企业真正的技术安全问题并非发生在一般意义上的市场竞争行为中，而是发生在企业同竞争对手或合作伙伴就某一技术知识领域进行合作中，因而，研究表明，非法律手段更为重要。

在多种研发模式选择时，企业事实上可以看作一个开放性、离散型技术知识配置方式和动态的、分布式认知过程。在这个分布式的技术知识配置方式和技术认知过程中，没有技术知识的共享，即没有企业内部成员以及企业与其战略伙伴之间彼此技术的互相交流，从而无法使技术由个体的经验有效地扩散到研发团队及企业层面。这样在企业内部或企业的战略伙伴之间，更多的部门或任何一种技术的应用、创造以及价值的生产活动都变得不可能；而认知共同体之间的技术互动和共享又大大增加了技术的流动性和外溢的风险。没有技术的保护，企业的核心能力和竞争优势就不可能持续。因此，更好的技术保护有利于更好的技术共享与组织学习①。

三、流量管理与学习能力

（一）学习能力与技术知识流量管理

核心技术不是静态的、一成不变的，最难模仿、最有价值的是不断更新的技术。技术战略管理的关键环节是核心技术的吸收、转换、创造以及其向核心能力的转化。核心技术赖以创造的前提是学习，企业必须具备向外部学习和在企业内部学习的能力。企业向外部学习的能力被称为吸收能力，强调运用已有的差异化的技术背景将外部技术最大限度地与企业技术存量联系起来，创造和丰富内外部技术的联结模式。企业吸收能力建立在个体成员吸收能力的基础之上，同时又有赖于组织惯例的整合和激励能力，而非个体吸收能力的简单相加②。根据加鲁德等（Garud, et al）在1994年的研究，内部学习能力被称为转换能力，是一种基于企业内部创造的技术机会而持续地重新界定产品组合的能力，它强调内部技术的获取、存储、激活和合成。吸收能力和转换能力为核心技术的创造构筑了基础。

根据野中郁次郎等在1995年研究的观点，技术创造由五个阶段构成：各类意会性高的技术的共享，基于共享技术的新概念的创造、新概念的广泛检验、产品或服务原型的建立、在整个企业全面应用新技术以实现其广泛交叉。

---

① 张钢：《企业组织网络化发展》，浙江大学出版社2005年10月。
② Cohen, W., & Levinthal, D., "Absorptive capacity: A new perspective on learning and innovation", Administrative Science Quarterly, 35, 1990, p. 128–152.

要使这五个阶段有机联系起来以实现核心技术的成功创造，关键在于建立"知识创造团队"，只有在互动的学习型团队中意会性高的技术才能得以产生，也才能实现技术意会性的降解和物化，创造出把握市场机会的产品或服务，最终完成核心技术向核心能力的转化。

流量管理的另一方面任务是内生型互补技术的创造、互补技术与核心技术的整合以及由互补技术所形成的互补能力与核心能力的整合。企业自身创造的互补技术创造主要集中在研发过程的交叉和界面活动，后者更是产生互补技术的富集区域，合作的"干中学"是创造技术的关键。

（二）技术获取与技术创造场构建

1. 外部技术获取

技术获取是指确认企业外部环境中的技术并将其转换成为能够被选择、创造和内化过程所使用的表现形式的活动。技术获取具体包括如下一些子活动：通过查找、存取、评价或筛选而从外部资源中确认适当的技术；通过吸取、收集或汇集具有足够可靠性、相关性和重要性的技术；通过过滤、精炼、定位、解释、打包、汇编或将其转换成有用的表现形式来捕获技术；转移企业的技术给处理者以便其立即使用这些技术或为某种潜在的用途而在企业中内化这些技术。特定类型的技术获取活动取决于执行获取活动的处理者的特性、外部技术资源的属性等约束条件，当然，也取决于技术获取过程中特定子活动的协调程度及其所要完成的工作量。

技术获取活动是企业与外部环境，尤其是客户和其他合作伙伴交互作用的窗口，借助这个窗口，企业不仅有可能获得环境中现有的技术，而且还有可能与客户及其他战略伙伴合作创造出适应环境的新技术。企业通过技术获取活动所得到的技术知识，既可以直接向其他组织或者企业活动（包括与知识相关的活动以及与物流相关的活动）传送，进而实现共享，也可以形成技术知识库，成为技术知识链下一环节，如技术知识选择、技术知识创造、技术知识内化等环节的输入。

企业技术获取水平的高低将直接决定企业共享技术知识量的多少，并从根本上决定着技术共享质量的高低。企业技术获取能力主要取决于从事该项工作的人员状况。他们既要有专业技术基础，又要有广博的科学技术知识，同时还应十分清楚企业的战略目标和未来走势，否则将无法判别出对企业有价值的知识。

因而，企业的技术获取活动需要配备既具有广博的技术知识又具有一定深度的高水平专家。广博的技术知识使其能够理解与企业经营发展相关的技术，帮助其从浩瀚的技术知识大海中分辨出所需要的技术，扩大共享技术的量；而知识的深度有助于其获取具有价值的、处于前沿水平的并能为企业带来竞争优势的技术，也就是，能够提高共享技术的质。

企业中的"看门人"（Gatekeeper）正好可以担任技术获取的角色。看门人把外界的技术接过来，再在本单位内进行传播，使技术的传输从一次传入转为两步传入的过程。由于经过了"吸收—消化—扩散"过程，这使外界技术变为本企业本专业的、易于吸收的"内行话"，于是技术的传播变得更加有效①。

技术获取活动从企业外部获取了一定有用的知识，但这些技术知识还不足以让企业在经营活动中获得持续竞争优势，企业还需利用这些技术知识来创造一些新的技术知识。学习和技术知识创造需要特定的情境，需要企业营造各种类型的技术创造场。

2. 技术创造场构建

吸收能力的发挥、技术的创造以及创新的发生需要实际的情境。根据哈耶克（Hayek）在1945年的研究，技术的创造以具体的时间与空间情境为转移。创新是以吸收能力为基础的有目的行动的结果。

关于人类认知及行动方面，许多哲学家曾经讨论过场所的重要意义。柏拉图将存在（existence）的起源地点称为场（Chora）。野中郁次郎给出了知识在隐性和显性之间的相互转化的各个阶段所发生的环境，并将此环境称之为吧或者场（Ba）②。

根据吧（场）模型可知，技术之间的相互转化和技术创造主要发生在人与人之间的相互接触中，吧（场）存在的条件是人们之间是否发生了"相互作用"。而根据罗森伯格的"知识平台"思想可知，不同技术知识面聚集于一点时候会产生新的知识，技术知识平台的存在取决于技术知识面是否交叉而产生新的技术知识。技术知识整合是否发生取决于技术知识之间是否被整合，即不同形态和类型的技术知识能否存在于一个平面之上而相互接触和作用，通过人的大脑的处理而产生新的技术知识。

在本书看来，技术知识相互接触和作用的平面可以称为技术整合平台。它的存在取决于相互接触的技术之间是否发生了整合而产生新的技术知识。它和场一样，既可以存在于有形的物理场所中，存在于人们之间的面对面的交流之

---

① 沈必扬：《知识吸纳能力与企业创新绩效》，南京大学博士论文2007年5月。
② Ikujiro Nonaka, "SECI Ba and Leadership, A Unified Model of Dynamic Knowledge Creation", *London Long Range Planning*, 2, 2000.

间，也可以是虚拟的环境，存在于信息设施支撑的虚拟交流中。技术是存在于各种载体之上的，包括各种格式化的形式如出版物、知识库等，也包括非格式化的储存于人的大脑当中。如何使得这些复杂形态和不同载体的技术存在于技术整合平台之上而相互接触和被整合，是构建技术整合平台的主要目的①。

为了突出吸收能力在技术知识辨析、获取、消化、整合和应用的特点，一些学者引入"场"的概念。"场"就是获取、分享、创造知识，促进创新的场所，也就是吸收能力的平台。

场不仅仅指物理环境，如办公室、商务环境等，也指虚拟环境，如电子邮件，电话会议等；还指精神的环境，如共享经历、观念和理想；甚至它可以指某些人际关系或人们之间的共同目标等。场也有时间和空间的维度，它是人与人或人与周围环境的相互作用而产生的一个共享的环境，其存在的关键的标志是是否具有"相互作用"。基于两个角度，一个是相互作用的类型，即相互作用是发生在个体之间还是集体之间；一个是这些相互作用的媒介类型，即是物理的方式还是面对面的交流方式或是虚拟的方式，如书籍、手册、电子邮件或电话会议等。

（1）外部研发模式中知识创造"场"。"场"并不局限于一个企业，它可以跨越企业的边界。企业可以与供应商以合作的方式，与竞争对手以合作的形式，以及与客户、大学、当地社会或政府以互动的方式创建各类"场"，如图2-4。基于流程创新、成本消减、知识吸收的"企业—供应商"知识场，典型的如丰田生产系统；基于市场信息收集吸收的"企业—顾客"知识场，典型如戴尔"虚拟网络镶嵌"的知识场；基于技术创新信息吸纳的"企业—高校"知识场，典型的如官产学研创新网络场。企业成员通过参与"场"对其企业边界进行超越，进而在一个"场"与另外一个"场"相连接时，即可超越该"场"的边界。

（2）内部研发模式中知识创造场。野中郁次郎给出著名的知识创造模型"SECI模型"，指出了显性（编码）知识和隐性知识的相互作用和转换存在四种模式：社会化（Socialization，从隐性到隐性），外在化（Externalization，从隐性到显性），组合化（Combination，从显性到显性）和内在化（Internalization，从显性到隐性）。知识转化的四种模式构成了持续的螺旋过程——SECI（SECI分别是上述四个过程英文首字母）过程，知识创新在这一过程中产

---

① 杜静：《基于知识整合的企业技术能力提升机理和模式研究》，浙江大学硕士论文，2003年12月，第68页。

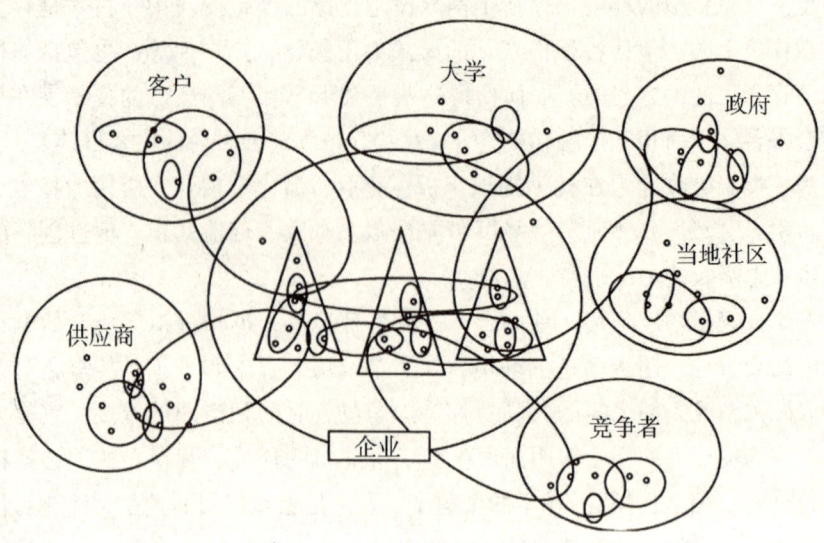

图 2-4　知识创造外部"场"①

生②。同时，他指出这一过程需要一个平台以实现上述转换，这种场所被称为"吧"。"吧"是分享、创造使用知识的环境③。每种知识转换模式都由不同种类的"吧"支持。知识创造模型中每个阶段相对应将场划分为四类："原始场""对话场""系统场"和"练习场"。

根据这一理论，在研发创新背景中，"原始所"适用于隐性到隐性技术知识转变的技术知识创造的"潜移默化"阶段，依靠企业成员面对面的相互交流，通过交流双方的共鸣和神会来传递隐性技术知识。"对话场"适用于隐性技术知识到显性技术知识的"外部明示"阶段，依靠双方之间的对话，个人的思维方式和技能诀窍被大家所共享，继而转化为共同语言和一些明示化的概念，个人的自我反思等实现技术知识的转移和共享。"系统场"存在于显性技术知识到显性技术知识的技术创造的"汇总组合"阶段，通过各种媒体（文件、会议、电话会谈或电子交流）产生的语言或数字符号，将各种显性概念组合化和系统化，实现企业之间的虚拟交流。"练习场"存在于显性到隐性技术知识之间转化的技

---

① 竹内弘高、野中郁次郎：《知识创造的螺旋－知识管理理论与案例研究》，知识产权出版社 2006 年 1 月，第 97 页。
② Ikujiro Nonaka, "SECI Ba and Leadership, A Unified Model of Dynanic Knowledge Creation", *London Long Range Planning*, 2, 2000.
③ Ikujiro Nonaka, "The Concept of 'Ba': Building a Foundation for Knowledge Creation", *Berkeley, California Managament Review*, Spring, 1998.

术创造的"内部升华"阶段,通过虚拟媒介的相互交流,如仿真程序、企业个体将显性技术知识形象化的表达而实现企业个体之间的虚拟交流。

通过吸收能力平台的构建,可以将企业内部技术与外源技术在"场"上予以整合,产生新技术。继而将新技术存储于知识库,扩大了技术知识整合主体的技术知识面,促进技术整合循环发生,同时新技术的产生,实现企业技术的动态和静态的积累,促进企业创新行为的发生,提升企业的创新绩效,保证企业的可持续发展。

(3) 技术并购边界选择与知识创造场的内外联结。吸收能力在创造技术、促进创新的过程中,单凭一个"场"平台还不够。技术创造需要许多以多层次形式存在的"场",而且有必要将这些"场"有机地联系在一起。不同层面的各种"场"彼此互动,联结成一个更大的"场"。企业是"场"的有机组合,而每个"场"是其中的一部分。如何将不同的"场"彼此联结在一起,决定着所创造出来的技术的质量。

要联结不同的内部整合能力的"场",领导者应该了解重要的是在哪里可以找到所需的技术知识和具备这种技术知识的人。在一个机构庞大的企业里,对于这个问题的了解是非常难的。

对于外部吸收能力的"场",正如野中和竹内所间接提到的那样,企业间的技术创造与企业内的技术创造一样有许多共同之处。最重要的是企业间的技术创造需要一个"场",或者需要一个鼓励跨企业社群从事螺旋式技术创造过程的空间。在企业间技术创造的过程中,为培育一种文化,可以促进思想交流的共同语言以及信任、关爱的氛围,企业必须找到创建企业之间的共同"场"的方式。

技术创造可以发生在两个企业之间或企业集团之间。企业可以通过这样的形式维持合作的关系,数量有限的企业间密切协作,与其他范围更加广泛企业及企业保持宽松的松散关系。它可以通过所有权联系、互惠的依赖关系、人际信任关系或者这些方式的组合对这些关系进行管理。

第五节　技术并购边界选择中企业间关系及其治理

技术并购边界选择中的企业之间关系密切程度差异首先表现在市场关系与伙伴关系之间的不同,这一差异反映了组织间关系是仅交易关系还是学习与创新关系;其次,伙伴关系也存在密切程度之分。在本书看来,不同紧密程度的伙伴关系及其治理可以类比于市场关系与伙伴关系及其治理；因此，企业技术并购边界中，技术购买与合作研发是组织间关系及其治理研究的重点。

一、企业间关系类型与特征

企业在合作研发或者利用技术购买方式组织研发活动时，涉及企业间关系及其治理问题。企业在组织研发活动中可以采用三种基本的技术资源配置方式：市场交易（技术购买）、层级组织（内部研发）、合作交易（中间组织）（表2-5）。

表2-5 不同交易模式的区别

属性	交易模式		
	市场交易（离散）	层级组织	合作交易（中间组织）
交易性质	产权的一次性转移	持续性生产，内部资源配置	持续性生产，产权的重复性转移
交易条件	完全的、清晰的、货币形式的交易，买方支付，卖方履行义务	官僚式权力机构，上级发布命令，下级执行	不确定、不完全的开放式交易，相互学习计划，共同制订解决冲突的措施
独占性资产投入	无独占性资产投资	独占性资产投资	一定程度的独占性投资
交易的持续时间	实时性一次交易	不确定	中长期交易
交易双方地位	平等、自由的组织之间有限的，但非单一关系	结构化的命令——服从关系，交易双方地位不平等	平等、自由的组织之间广阔的社会关系
冲突解决机制	外部市场规则和社会法律系统	冲突由内部命令和权力解决	在相互信任的基础上共同设计解决方案
契约规则	市场契约法则	雇员关系契约	双方达成的契约

来源：罗炜：《企业合作创新理论研究》，复旦大学出版社2005年，第73页。

就资源配置机制而言，威廉姆森认为市场和企业作为完成交易的两个可选（Alternatives）项，彼此可以相互替代。威廉姆森在1975年研究中指出："经济组织中所采用的通常的研究方法可以大致总结如下：（1）市场和企业是完成一系列相关交易的可选工具;(2) 相应交易是选择市场还是企业主要依赖于每种方式的相对效率。"

交易成本理论认为,下列因素会带来较高的交易成本:第一,交易的不确定性程度升高;第二,可选择的交易对象减少;第三,交易双方存在信息不对称程度严重;第四,交易者有限理性。

技术市场上的交易符合如下特点。一是技术开发需要大量研发投入,而技术知识却具有溢出效应和正的外部性,技术扩散很难控制,因此,技术交易过程中常常存在着比较频繁的机会主义行为。二是在一项技术创新成功之前,其经济效益存在着很高的不确定性。三是不同于其他商品,就某一项技术而言,其供给者和需求者的数量是有限的。四是技术知识是一种无形产品,编码化的技术知识能够清楚表达(例如专利或者设计图纸),而有些技术知识是隐含的(如员工共同拥有的经验知识),交易双方受到有限理性的约束,对技术本身和交易伙伴的技术能力很难做出准确评价。因此,技术交易过程中存在逆向选择行为。

上述特征决定了技术购买具有高度的不确定性,由于很难对各种情况下的企业的行为做出准确判断,技术购买合同常常具有不完备性,而契约的不完备性正是高交易成本的本质特征。

较高的交易成本存在,说明技术购买并不是获取技术的最佳途径。这时,以企业(层级组织)代替技术购买就似乎成了一种合理的选择。然而,企业这种层级组织所固有的惯性,使它在面对高速变化的市场时显得过于迟缓,而在需要多个领域融合的系统性创新上,企业这种层级组织方式又面临研发创新方面资源不足或者企业规模过大而引起的高组织成本问题。在这种情况下,寻求与外部企业或者其他组织的合作,似乎是合理的选择。

然而,仅以交易成本论证技术购买、企业(层级组织)以及合作方式关系可能是非常狭隘的。在开放创新条件下,企业从事研发活动时,面临的各种组织形式和制度关系可能是替代、互补等多种特征并存,而不仅仅是相互替代的。这主要取决于研发活动的本质属性是技术知识运用与创造活动,在于不同性质技术知识特别是不同性质的意会性高的技术知识的综合运用;选择不同的技术并购边界时,企业研发活动具备外部技术知识获取的交易性质与技术知识创造的组织学习和创新性质。

由于意会性高的技术知识的语境依赖性及其拥有该技术知识的人或者企业的不可分割性,要想完全由企业内部来供给那些在技术知识运用和创造的价值增值过程中所需要的各类知识,对应的成本将非常高昂,而通过技术购买来获得它们又是不可能的。

在这种情况下，企业综合运用处于组织机制与市场机制之间的中间类型的制度安排，实际上是一系列不同于纯粹市场合同的混合合同形式。在这种混合合同中，以意会性低的技术交易为基础的市场合同的重要性已经大大降低，取而代之的是以意会性高的、具有强语境依赖性的关系合同。

与市场合同不同，关系合同的特点在于研发参与（交易）双方对某些类型技术知识的共同需求或者对对方技术知识的互补性需求，并由此派生出共同利益以及基于共同利益的可信承诺，最终以相互信任为基础缔结关系合同。当然，缔结关系合同的前提是，由于技术知识运用和技术知识创造过程的不可分割性、不可交易性和高风险性，交易双方的这种对特定技术知识的需求没有办法通过技术购买或独立创造来完成。因而，一般来说，关系合同主要适用于那些语境依赖性和意会性都很高的技术获取和创造过程①。

关系合同与市场合同的本质区别在于，双方以共同利益为前提、以信任为基础建立起长期的、稳定的伙伴关系。在这里，伙伴关系取代市场关系，成为缔结关系合同的企业之间新型关系的典型特征。根据威廉姆森的观点，市场关系的特征在于以下四个方面：

一是没有独占性资产投资；

二是最少信息交换，例如，只有价格作为协调机制传递了所有相关信息；

三是企业间具有可分离的技术和职能系统，其特征是最低水平的相互依赖，例如，两个企业（组织）仅有买卖界面，而没有通过多职能界面合作创造新产品；

四是高交易费用和在治理结构上的最小投资②。

在具有这种特征的技术购买中，企业很容易以较小代价转换交易对象，因为其他买者或者卖者也能够提供本质上一致的产品；因此，市场关系不可能产生基于关系的租金或者超额利润，因为市场关系并不稀缺，也不难模仿。

戴尔等在1998年研究中认为，伙伴关系与市场关系明显不同，其主要特征在于：

一是投资于关系专用的资产；

---

① 罗炜：《企业合作创新理论研究》，复旦大学出版社2005年。
② Dyer, J. H and K. Nobeoka, "Creating and managing a high – performance knowledge – sharing network: The Toyota case", *trategic Management Journa*l, vol. 21, No. 3, 2000, p. 345 – 367.

二是基本的知识交换，包括导致合作学习的知识交换；

三是互补而又稀缺的资源或者能力的组合（典型的通过多重职能界面）导致创造出独特的新产品、服务或者技术；

四是由于具有有效的治理结构，可以大大节约交易费用。

就技术并购边界选择而言，正是具有上述特征的伙伴关系，给参与其中的企业创造出基于关系的租金。这种租金是技术交换关系中企业合作创造的超额利润，显然它不能由单个企业在孤立状态下创造出来，而只能通过伙伴合作贡献才能产生。

一般认为，不同于市场合同，企业关系合同形式主要包括：企业在纵向上与供应商（如科研机构）、分销商以及客户所建立起来的相互依赖关系，在横向上与竞争者所建立的研发关系。正是这种以相互信任和共同利益为基础的技术获取、共享和创造方式，改变了企业与企业、企业与市场之间传统的固有边界。在知识竞争日益激烈的市场中，作为一系列明晰合同和隐含合同的联结的企业，正由清晰的、固定化的边界向模糊的、虚拟化的边界转变。

在本书看来，从组织学习理论视角看，关系专用的资产投资、互补而又稀缺的资源或者能力的组合与知识交换特征是彼此相连的，表现为在静态上，企业间技术边界的重叠性；在动态上，技术交流层次性和技术载体的边界人员分布多样性。而治理结构特征则指出了因市场关系、伙伴关系在技术边界上的不同而采取的组织模式的区别。

二、企业间关系与知识边界

我们参考包括王雎等①的研究，从企业技术知识域的重叠程度、边界上技术知识交流层次以及技术知识载体的边界人员分布多样性三个维度来分析技术并购边界的复杂性，并通过市场关系与伙伴关系的技术知识边界的对比，以揭示利用伙伴关系进行研发时面临的困境与挑战。

（一）技术并购边界选择中的知识域重叠性不同

研究表明，根据企业具体研发项目的特定性质，技术知识划分对任务划分的超越会使企业间的技术域具有一定程度的重叠。重叠知识（Over-lapping Knowledge）会降低技术边界的清晰程度而使其变得模糊，进而影响技术边界的复杂性。

---

① 王雎、罗珉：《知识共同体的构建：基于规则与结构的探讨》，《中国工业经济》2007年第4期，第54-62页。

在技术购买中，企业间的技术知识互动仅仅体现在价格、技术标准等显性知识的转移，并没有真正意义上的共同创新过程。例如，在外部研发或委托研发中，研发活动完全在受托方企业中进行。在这一活动中，技术知识划分与任务划分的一致性程度较高，企业间技术域的重叠程度较小，企业之间具有明晰的技术边界，它与任务边界是统一与重合的或者说一致的。

但是，根据迪特里希（Dietrich）在1994年的研究，在合作研发中，技术边界并不明晰。根据时间成本和收益函数，研发合作双方往往愿意付出包括交流成本、技术可能外溢给竞争对手所带来的潜在成本等而获得更多的创新租金。如果没有既定的技术标准或任务说明，为了节约创新的时间，研发合作双方需要在合作过程中共同完成产品开发，这样，自有技术的分享与新技术的共同创造机会就会产生。

例如，企业（以制造商为例）的产品创新往往需要相应零部件的创新与技术改进，而零部件的改进与创新又需要企业（制造商）的参与。尽管双方在任务划分上并没有发生改变，即分别完成零部件的制造与零部件的整合，但有效的技术划分却超越了任务划分，导致技术知识域在一定程度上的重叠。一方面，企业需要更高层次的部件知识与供应商一起解决可能出现的工程问题；另一方面，供应商也需要在企业能够接受的范围内了解其制造产品知识中的创新部分；更为重要的是，双方还需要就产品的开发共同创造出新的技术知识。因为合作企业既想在技术上领先，又想获得生产效率，也就是技术的开发与利用两者兼顾，就会扩展自身的技术边界，而不像在技术购买（市场关系）中那样划分清晰明确的知识边界，其模糊性导致复杂性大大增加①。

（二）技术并购边界选择中的交流层次差异

技术边界不仅仅是企业静态的知识域，而且是企业之间交流与互动的场所，边界上的交流层次影响着边界的复杂性。

根据香农等（Shannon, et al）在1949年研究中的信息论相关观点，跨越企业边界的交流分符号性（Syntactic）、释义性（Semantic）以及实效性（Pragmatic）三个层次。符号是最基本的语言，实现了编码化技术知识的转移。在技术购买中，当环境较为稳定时，企业之间的交流主要发生在符号性的层面，价格、技术标准等符号语言能够有效地实现企业之间技术知识的转移。

---

① 同①。

而在研发合作中，技术知识的默会性①与黏滞性就凸现出来。符号有限的交流能力限制了成员之间的技术知识互动，此时，根据道赫蒂（Dougherty）在1992年的研究，需要创造某种涵义来消除意义上的分歧②，从而使得成员能够充分地分享与评价他们的技术知识，实现技术知识的转变。于是，在符号性层面交流的基础上，释义性层面的交流则发挥着更重要的作用③。

随着合作研发的进一步开展，成员之间可能产生利益冲突，并在外界相应环境的刺激下进一步加剧。此时，合作研发成员之间的交流就上升到实效性层面的对话。在此层面上，根据卡莱尔（Carlile）在2002年的研究，技术知识是一项投资，会给研发中企业成员带来风险，即独占性投资的风险。当利益发生冲突的时候，一个企业里面的技术知识就会在另一个企业里面产生负面影响。学习新技术的成本与现有技术的转化成本使成员企业路径依赖的行为更加明显。

伦纳德·巴顿在1995年和布朗等（Brown, et al）在2001年研究表明，技术互动中的实效性差异会产生创造性的磨损（Creative Abrasion），需要通过谈判、权衡等方式来实现技术的转换，协调利益，化解冲突。可见，随着企业合作研发的开展和深入，企业之间的交流层次逐渐增加，提高了技术边界的复杂性。

（三）技术并购边界选择中边界人员分布多样性

根据埃文（Evan）在1966年和1972年的研究，技术边界由分布知识构成，这些技术不仅被物化在进行交换的零部件以及最终产品中，更多储存在企业员工的头脑中。员工们可以来自企业横向的各个部门，也可以来自纵向的各个层次，只要参与研发合作，就成为边界人员。可以说，边界人员成为分布技术知识最为重要的载体，而技术边界则表现出离散的特征。边界人员的多样性与层次性越丰富，技术在企业中分布得越分散，边界越复杂。

在技术购买中，边界人员较为单一与固定。他们往往是产品工程师，负责协调产品各种零部件的生产；或者是企业的高层领导，负责关系中的战略层面的磋商与协调。此时，边界人员分布程度较低，技术边界的复杂性也较低。

但是，在合作研发中，边界人员远比市场交易（技术购买）中多样。几乎是

---

① Nonaka, I., "A dynamic theory of organizational knowledge creation", *Organization Science*, 5, 1994, p.14 - 37.

② Nonaka, I. & Takeuchi, H., *The Knowledge - creating company*, New York: Oxford University Press, 1995.

③ 王雎、罗珉：《知识共同体的构建：基于规则与结构的探讨》，《中国工业经济》2007年第4期，第54 - 62页。

从企业的高层经理,到专家小组与产品工程师,甚至各个部门的专职人员,或生产流水线上的工人,只要在任何一个交流的层次上涉及企业之间的技术互动,都发挥着技术边界人员的功能,从而增加了合作研发中技术边界的复杂性①。

根据上述分析,可以认为,市场关系向伙伴关系转化的过程中,技术知识域的重叠程度、边界上的技术知识交流层次以及边界人员分布大大增加了技术知识边界的复杂性,而这种复杂性是关系层面的复杂性。因此,基于任务划分的传统治理机制必然要向基于技术划分的关系治理机制转化。

三、企业间关系治理

(一)市场关系治理

在市场关系中,技术边界的复杂性程度较低,企业之间的技术域重叠较少,边界较为清晰;企业之间的交流往往采用价格、技术标准等编码化程度较高的语言作为手段;边界人员的种类与数量也非常有限。在这种关系中,企业间的技术转移与交流更多是将技术物化(Materialized)在产品与服务中,此时,边界人员之间的技术互动较少。

可以说,市场关系中企业的技术边界与任务边界具有较高的一致性,针对任务划分的传统治理机制,如价格机制、跨组织信息系统等措施依然适用。但是在伙伴关系中,技术边界的模糊、交流层次以及边界人员多样性的增加,使得技术边界的复杂性大大增加,这些变化对传统的治理机制带来挑战,非传统的一些治理机制则有了用武之地。

(二)伙伴关系治理

企业间成功的研发合作会产生公共品和准公共品(如共享技术或者共同知识),参与企业间研发合作的每一位成员都能够分享。但公共品的创造与"搭便车"行为几乎形影相随,存在某些成员只享受公共品带来的利益,而不对其创造做出贡献的情形。

在伙伴关系中,搭便车行为是由模糊的技术边界引起的。企业间重叠的技术域实际上是企业共同创造新技术的地带。这里,技术是一种跨企业边界的资源,为研发合作成员分享与利用。重叠的技术不是属于某一个企业的技术专利,而是被合作群体所拥有的共有技术。它在为企业带来研发合作专门性准租金的同时,也孕育了"搭便车"行为。企业在对共有技术充分利用的同时,可能不

---

① 罗珉、王雎:《组织间创新性合作:基于知识边界的研究》,《中国工业经济》2006年第9期,第78-86页。

愿意向研发合作伙伴公开自己的技术①。这样，企业间研发合作本来就面临着技术外溢的风险，这种近乎免费搭车行为更是打击了企业共同创造技术的积极性。尽管从效率的角度看，较高的技术重叠有利于合作创新，是租金的源泉，但同时也成为滋生机会主义行为的温床。这从根本上威胁着企业间研发合作的创新目标的实现。

此外，价格机制、跨企业信息系统以及技术标准等交流方式的作用范围随着交流层次的增加变得相当有限，这些可编码的语言难以解决释义性层面与实效性层面上的认知困难与利益冲突。同时，随着技术边界人员分布范围和种类的增多，如何有效利用更为复杂的分布技术知识来进行共同创新给企业间研发合作提出了更为严峻的挑战。这两方面的复杂性严重影响着合作研发的效率。因此，如何解决市场购买向合作研发的转向中这些变化带来的对治理机制的挑战是个关键问题。根据罗珉等人②的研究，可以采取以下措施。

1. 可以建立共同产权来规避机会主义行为

研发合作组织（中间组织）中企业机会主义行为的根源在于技术的外部性。重叠的技术域与模糊的技术边界导致了技术产权的模糊不清，从而滋生出研发合作成员的机会主义行为，导致"公地悲剧"。因此，根本的解决办法在于制定合理的技术知识产权。

与传统思路不同的是，非物化的技术作为重要的资源和能力要素，在跨企业技术合作创造与共同分享的过程中，对企业之间研发合作关系及其社会资本的形成起着关键作用。根据迪特里希在1994年的研究，企业间研发合作伙伴需要对合作过程中相继的各阶段的共有技术知识建立一种以关系为基础的产权，形成"半结合"而非"全结合"的状态。

这样的产权是针对共有技术的共同产权（Common Property）。企业间研发合作有必要在事前明确规定对合作过程的共有技术建立共同产权，并在此基础上建立一系列学习机制来保证技术的共享。这种事前的产权规定为企业的研发决策提供了依据，企业一旦接受这样的规定而加入研发合作，其机会主义行为就会受到抑制与监督。更重要的是，在此基础上进一步能够产生出信任与组织认同。这种共同技术产权不仅降低了技术的外部性所带来的效率损失，更为关

---

① Kaufman, A., Wood, C. H. And Theyel, G., "Collaboration and Technology Linkages: A Strategic Supplier Typology", *Strategic Management Journal*, vol. 21, No. 6, 2000, p. 649 – 663.

② 罗珉、何长见：《组织间关系：界面规则与治理机制》，《中国工业经济》2006年第5期，第87 – 95页。

键的是把研发合作的企业紧密地联系在一起①。

2. 针对技术并购边界中交流层次变化发展共同语言，并培育边界人员的伙伴专属性吸收能力

如果在伙伴关系中，没有在研发合作成员中间建立一个必要的路径来实现技术流动，技术共享与创新将会是低效率的。由于创新主体分布的多样性，需要建立一个多层次的交流平台和一种开放的对话机制，化解多样性在沟通上带来的困难，提高技术在大规模分布群体中转移的效率，从而促进技术融合和开放式创新。

对于交流层次复杂性所引起的效率损失，研发合作企业应该在不同的层次上发展出共同语言（Shared Language）来消除认知上的分歧与误会，从而促进彼此技术互动。根据考恩等（Cowan，et al）在2000年的研究，在释义性层面上，对于技术诀窍等默会性技术知识可能需要通过开发共同涵义来对这种隐性技术知识进行编码。这种共同涵义作为一种译码实现了研发合作中成员之间技术诀窍交流。

在这种情况下，根据安科纳等（Ancona，et al）在1992年和哈根顿等（Hargadon，et al）在1997年研究的观点，跨功能的团队得到重视，个人作为技术知识转化者在技术知识流动中所起到的作用得到了强调。这些研究表明，发展出共同涵义来消除边界上释义性差别是非常重要的。

但是，研发合作中成员，特别是技术分布人员多样性的增加会导致基于不同动机的利益冲突，在外界环境的刺激下，这种冲突会进一步加剧。此时，共同语言与共同涵义的作用将会相当有限。根据戴尔在2000年研究的观点，当成员间的交流上升到实效性层面时，就需要用一种网络认同或者联盟认同来消除成员在动机上的分歧与利益上的冲突。根据科加等在1992年的研究，企业较市场（或者说利用层级组织替代市场交易）在技术分享转移的优势在于其协调、交流以及学习上不仅仅达到了物质与环境的匹配，而且在思想上的认同效果也是突出的。因此，根据戴尔在2000年研究的观点，当企业个体与更大的集体（企业间合作成员）相认同时，技术的创造、组合以及转移将会最为有效。在合作研发中，认同建立在成员的创新实践基础上②。

---

① 罗珉、王雎：《组织间创新性合作：基于知识边界的研究》，《中国工业经济》2006年第9期，第78–86页。

② Lee, C., Lee, K., & Pennings, J. M., "Internal capabilities, external networks, and performance: a study on technology – based venture", *Strategic Management Journal*, 22, 2001, p. 615–640.

但是，在不同交流层次上发展共同语言仅仅创造了利于互动的边界客体，交流效率的提高还取决于边界人员的吸收能力。他们需要具备一种伙伴专属性的吸收能力来更好地进行互动创新，这一点正是本书所关注的①。

3. 对边界人员充分授权，并进行角色定位

一方面，根据帕尼等（Pine, et al）在1999年的研究，当越来越多的企业员工参与到企业的合作研发之中，他们作为边界人员发挥重要作用的同时，其头脑中的技术更加难以进行编码。对于企业而言，如何提高分布的技术知识配置效率，无疑是一个巨大的挑战。哈耶克在1945年研究认为："最终决策必须由那些熟悉具体环境、直接了解有关变化和为适应这些变化马上可以获得资源的人做出"，即权力转移给技术知识而非将技术知识转移给权力，使技术知识的拥有者成为权力节点与技术知识节点的统一体。这样，边界人员分布程度的提高意味着技术知识节点的增加；此时，则需要更多的授权，让每一个节点都有适当的决策权力。

另一方面，研发主体构成多样性，需要角色定位以消解与重构研发合作中成员的身份与定位，使其在合作研发中伙伴关系这个共享情境中进行新的角色扮演，从而获得行为的一致性，促进创新。

角色定位能够有效处理研发主体多样性的悖论。在保持合作者原来身份与职业性质的前提下，角色定位让研发合作成员嵌入到伙伴关系中，并为自己找到新的定位。这样不仅没有压制技术创新的多样化，还大大提高了技术创新效果。

布朗等在2001年研究指出，研发合作中的角色定位来自成员的实践而非各自所属企业的文化。这样的角色定位相对于企业中对员工的职务任命少了强制性而多了灵活性。在一般意义上，金钱（一般又叫"胡萝卜"）与权威（一般又叫"大棒"）只能驱动着人们完成狭窄的任务，却阻碍了人们对技术变革与超越的追求。埃文等在2005年研究认为，研发合作中往往没有针对成员正式的法律合同或谈判性报酬，声誉是研发中比互惠更为基础的因素。在详细审查下，研发合作中成员会感到自身声誉所面临的风险。声誉发挥的作用相当于市场中的契约以及企业科层制内的审计，这是良好规范行为的保障，并且能减少免费搭车等机会主义行为。

---

① Dyer, J. H. and Singly H., "The relational view: Cooperative strategy and sources of interorganizational competitive advantage", *The Academy of Management Review*, 23, 1998, p.660 - 679.

四、治理机制类型与创新效率

在本书看来，无论是共同产权为基础的共享规则，还是共同语言、组织认同的沟通规则，还是声誉、角色定位，一方面反映了技术购买向合作研发，以及合作研发中低一体化水平向高一体化水平发展中，市场关系向伙伴关系转化面临的治理机制的变化，即市场关系中的正式治理到伙伴关系中关系治理或者说非正式治理的强调；另一方面也反映了正式与非正式治理机制在伙伴关系治理中结合运用，以保证研发效率的诉求。

（一）机会主义、协调与创新探索

研究表明，跨企业研发合作成功的概率较低，据估计约有多达60%的跨企业研发合作是失败的。研发合作外在的两个原因，尤其是研发合作本身，被用来解释这种较高的失败率：第一，根据交易成本理论的研究，在跨企业研发合作中，机会主义行为的风险较高；第二，根据企业理论的研究，当独立的公司进行研发合作时，协调是比较困难的。

1. 机会主义行为的风险

根据威廉姆森在1991年的研究，"新古典契约法支持契约的混合模式"，即使在跨企业研发合作中，预测出所有可能影响研发合作的因素几乎是不可能的。因此，跨企业研发合作的特点就是本质上并不完善的合同。不完善合同的使用增加了机会主义行为或"狡猾的寻求个人利益"的风险。这样的机会主义行为将会使得技术泄露给研发合作者或是对重要资产丧失控制权，这样一种企业间的竞争将会给参加的企业带来很大的伤害。因此，当研发合作者经历一个较高的机会主义行为风险时，它们将会对和其他研发合作者是否进行全面研发合作产生影响。因此，机会主义行为风险影响跨企业研发合作成功率。

不是所有的跨企业研发合作都会遭遇同样程度的机会主义行为风险。根据交易成本理论，增加机会主义行为风险的三类因素为：①资产独占性；②测量问题；③不确定性。我们认为，这几种不同类型的交易风险在探索性研发活动中极易发生，主要有以下几点原因。

第一，探索性研发合作常常需要不同合作者专用投资，这增加了交易的资产独占性。第二，在探索性研究中，绩效很难测量；这类投资的可能回报常常是不明确的或是模糊的。第三，当开发新技术时，标准是不确定的。给定这些交易风险的存在，根据交易成本理论逻辑，本书可以推断，探索性研发活动面临着大量的机会主义行为风险。

2. 达成协调问题

依据交易成本理论，研究者专注于跨企业研发合作中的机会主义行为的问题，研究企业理论的文献强调，在不同的研发合作者之间达到协调的行为是困难的。

根据古拉蒂等的研究①，协调问题多大程度存在决定于研发合作任务的特点。汤普森（Thompson）在1967年研究中发现协调成本的大小依赖于研发合作者完成任务所需技能相互依赖性的程度。考虑到合作研发中伴随的在研发任务上的高水平相互依赖，古拉蒂等提出，以技术性内容为主的合作会有较高的协调成本。因此，我们认为探索性研发合作的协调是有问题的。

3. 探索性环境

利用跨企业合作来发展新技术的优势是多方面的。首先，研发活动的成本能够在合作者之间分担。因此，发展新技术的经济风险相对于每个成员企业都降低了，从而进一步激发企业从事这种类型的研发活动。其次，研发合作有利于知识交换。进一步看，因为企业在合作中的相互作用，不仅是技术本身，而且包含技术在内的能力也能得到分享。因此，跨企业研发合作能够集中和使用来自不同企业（组织）的互补技术。

尽管如此，开发新技术并不容易。创新文献研究表明，特别是研究新的领域，承担风险和实验（探索性活动）中，发展新技术需要一个具有异质性、任务斗争和身份重新定义为主要标志的特定的关系领域。

组织学习理论把研究新的领域，承担风险和进行实验这些活动称为探索性活动。从开发新技术来看，进行探索性的活动为企业提供了多种利益。首先，探索性活动能够增加企业问题解决方法库。这些方法库能够为怎样处理新出现的问题提供建议，并刺激新技术的开发。其次，以实验为代表的探索性活动被认为是发现新问题信息的唯一可行方法，其以不存在因果联系为特征。因为开发新技术常常伴随这样的问题，因此探索性活动似乎是必须的。

这些探索性活动必须和利用性活动（例如重新定义、标准化和系统性成本降低等）明确区分开来。利用性活动能够带来优化现存技术所需的足够的选择，但是不能创造发展新技术所必需的足够的多样化。

根据范·路易等（Van Looy, et al）的研究，在探索性活动中，应该允许存在异质性，任务冲突和身份重新定义包含以下几点内容。

---

① Khanna T, Gulati R, Nohria N, "The dynamics of learning alliances: Competition, cooperation, and relative scope", *Strategic Management Journal*, 19, 1998, p.193-210.

一是允许异质性存在。佩尔兹等（Pelz, et al）在1966年研究中认为，科学家或者其同事之间在他们技术战略和工作方法上不同，这可以提供实际创新工作所需的智力。安德鲁斯（Andrews）在1966年研究中认为，旨在拓展技术能力的战略需要紧密的跨部门合作。因此，进行像研究新领域和实验这样的活动似乎会在相关人员之间产生观点和解释上的不同。换句话说，当执行探索性活动时，技术、知识和态度的异质性存在是有益的。

二是保持任务冲突。在研发活动中，成员之间异质性的存在是必须的，但并不是进行探索性活动的一个充分的条件。库恩（Kuhn）在1962年研究中认为，当不同的行动团体（技术知识边界人员）相遇时，冲突将会出现。因此，范·路易等在2003年研究中提出冲突和紧张是探索性活动的内在方面。

依据冲突文献，任务和关系冲突必须区分开来。当成员对任务内容形成不同的意见时，包括观点、想法和意见方面的不同，任务冲突就存在。尽管关系冲突被确认为是对成员都有害，但任务相关的冲突对进行探索性活动这样的非惯例任务的成员来说似乎是有利的。

毕竟，任务相关的冲突带来重要性评价，增加对可选方案的有深度的思考，鼓励人们形成新观点和新方法。而且，达成一致会给成员施加压力，给任务冲突不留空间，这会压制有效完成非惯例任务所需的创造性——因为研发合作中成员会关注于达成一致性而非有意思的创新性的想法。因此，当需要探索性活动时，应该允许发生任务冲突。

德·子乾等（De Visch, et al）在1998年研究中通过研究不同的研发项目，形成了两个对话战略来处理任务相关的冲突。（1）"音乐讲座战略"；（2）"旋转木马战略"①。在"音乐讲座战略"中，团队从一个观点转移到另外一个，继而使得不同的合作者都有机会。因此，所有各方都会面临一个不同观点的系统的方法。而在"旋转木马战略"中，各方首先有动力表达不同的观点。然后，在考虑到其他各方的观点下，各方被要求重新定义他们自己的观点②。

三是身份定义。尽管如此，当个人能够对他们自己的身份提出疑问时，这种对话战略才能是成功的。根据阿吉里斯等在1978年的开创性研究，大多数时候，企业成员面对企业外部和内部的环境变化，通过侦测错误并进行修改从而达到企业理想的运行状态。而且，这种单一循环的学习系统，使得现存身份不

---

① Joan E. Ricart, "Appropriating value from external technology: absorptive capacity dimensions and innovation strategy", *working paper*, wp no669, 2007, 1.

② ①。

断得到强化,对那些可能带来风险的信息进行抵制。因此阿吉里斯等(Argyris, et al)在1978年研究中认为,改变现存状况需要双循环学习系统,这种学习能够侦测错误并进行适当反应,以解决变化的不连续性,使得一些研发创新更加有效地实现。布朗等在1991年中提议"可执行企业"必须有能力认识到它的环境和本身的特征。因此,范·路易等在2003年研究中认为,探索性活动需要存在能够对现存身份可以质疑的关系领域。

基于这些结论,我们认为,探索性活动的确需要以异质性、任务冲突和身份重新定义这样的关系领域。因此,根据创新理论,以异质性、任务冲突和身份重新定义为特点的关系领域有利于探索性研发合作。

(二) 应对机会主义行为和协调问题的正式治理机制

从交易成本理论和组织理论的观点出发,研究者提出正式治理机制应该用来应对机会主义行为和处理协调问题。此处,我们论证,正式治理机制能够最小化机会主义行为风险和处理协调问题。

1. 正式治理机制

治理机制是用来决定和影响企业(组织)成员做什么的结构性安排。德克(Dekker)在2003年研究中认为,正式治理机制构成如下:(1)契约义务;(2)正式组织机制。契约性的职责代表了未来执行特定行为的承诺或责任。正式的契约中明确越多的契约性职责,承诺、责任和争端解决就会越好。另一方面,古拉蒂等[1]认为,在跨企业研发合作中,经常用到的组织形式或等级控制机制有:(1)指挥结构和权力体系;(2)激励制度;(3)标准的操作程序;(4)争端解决程序;(5)非市场定价系统。越多的正式治理机制,在研发合作中对正式的社会——心理过程的依赖就会越深。

2. 正式治理机制的优势

交易成本理论和组织理论指出,执行正式治理机制对跨企业研发合作的有效性和高效率会有积极的影响。首先,执行正式治理机制会引发正式控制过程。正式控制强调正式的规则、程序和政策的建立和运用来监督和奖励所需的行为。依据交易成本理论,正式控制能够处理机会主义行为问题。特别是,正式控制允许调整不同研发合作者的动机和对研发合作的行为或结果提供监督。因此,正式控制有利于:①确保研发合作者进行有效的投资;②降低要价和制止威胁。

---

[1] Ranjay Gulati, "Network location and learning: The influence of network resources and firm capabilities on alliance formation", *Strategic Management Journal*, vol. 20, No. 5, 1999, p. 397 – 420.

因此，根据交易成本理论，我们可以看到正式治理机制的执行将会显著降低研发合作这种跨组织关系中的机会主义行为的风险。

交易成本理论学者强调正式治理机制的控制功能，而组织理论的研究者强调这些机制同样有利于研发合作者之间的协调。通过在正式契约中对研发合作者的职责和责任进行界定，研发合作者的任务、研发合作者之间的关系、决策与活动的边界将被详细地记录。而且，正式组织机制，例如标准化的操作程序、命令结构和权利系统，包含计划、规则、程序等，所有这些只是为了服务这样的一个总目标：最小化交流，决策制定简单化，降低未来任务的不确定性和预防争端。换句话说，正式化的协调（例如依赖于正式控制机制的协调）使得劳动的分配和研发合作者之间的相互作用更加能够预测，使得联合决策更能通过规则来制定。因此，研发任务的协调更容易。

这样，执行正式治理机制可以处理在跨企业合作研发中的协调问题和机会主义行为的风险。

3. 正式治理机制不利于探索性活动

正式治理机制有利于规避机会主义行为的风险，有利于研发合作者间协调。然而，正式治理机制是否有利于新技术的开发仍然是个问题。

正式治理机制允许正式控制和正式化的协调。尽管如此，布朗在1983年研究中提出依赖于过多的组织干预（例如在研发合作者之间的以明确的目标和较好的定义、强制执行的规则和程序为特点的干预）会限制创新的可能性。类似地，大量的创新研究者已经达成这样一个观点：正式化会阻止技术创新的方案。麦克格拉斯（Mcgrath）在2001年研究中对56个企业开发创新的项目研究发现：以正式的角色和正式的工作身份定义为特点的项目比那些角色和工作身份定义不太正式的项目更缺乏效率。

为什么正式化会限制探索性活动的解释同样是很多的。根据"简化默顿（Merton）模型"对正式化的角色行为的依赖会带来行为的固定化。强调正式化的角色和工作身份定义阻碍人们偏离希望的行为，从而减少创新。相似地，凯斯勒等（Kiesler, et al）在1982年研究中指出，精确的规则、程序和过程会使研究的领域变得狭小。班利等（Benner, et al）在2003年研究中认为，正式的过程控制活动例如ISO9000和6西格玛（Sigma），使得企业（组织）追求效率，而创新空间不足[1]。

---

[1] Joan E. Ricart, "Appropriating value from external technology: absorptive capacity dimensions and innovation strategy", *working paper, wp no*669, 2007, 1.

因此，与从事利用性活动的回报相比，探索性活动的回报很难确定，难见成效，从而工程师、科学家行为更可能偏离中心。因此，正式治理机制支持以同质性、避免任务冲突和不改变现存身份。前已提及，这样一个关系领域有利于利用性的活动，但会阻止探索性活动。

（三）正式、非正式治理机制结合

1. 非正式治理机制有利于探索性活动

社会性控制和通过相互调节的协调来代替正式的控制和协调在探索性活动中似乎是可行的。根据大内（Ouchi）在1980年研究，社会控制可以执行"非常特殊的，完全综合的或是因为其他的原因而模糊"的任务。和官僚（例如正式化）结构，即强调监督、评价和指导相比，以社会控制为特点的组织控制，强调共享的标准、价值观和惯例，从而对个人的行为限制更少。

相互协调、信息共享和非正式交流有利于技术创新。研发合作者之间频繁的信息交换为技术创新提供了条件。通过频繁的信息交换，研发合作者之间技术、知识和态度的异质性相互碰撞；非正式交流有利于各抒己见，并达成共识。这些关系治理机制的存在，使得处理任务冲突时不会引起关系冲突风险升级。因此，和正式治理相比，非正式治理鼓励相互适应的社会控制和协调，能够支持创新活动。

这样，关系治理降低了交易成本和有利于适应性反应，这部分替代了正式治理。例如，拉尔森（Larson）在1992年研究发现，当非正式的社会控制存在时，正式控制就会被推向幕后。这些研究者指出，当正式治理被强调时，关系治理就会失去用武之地。通过进行实验，玛尔郝塔等（Malhorta, et al）在2002年研究的证据表明，当正式的契约存在时，个人就很难对研发合作做出应有贡献，这也限制了个人间信任发生。类似地，麦考利（Macauly）在1963年研究中指出，预先制定详尽契约，暗示了企业间（组织间）信任的缺乏和友谊的缺失。

2. 正式和非正式治理结合

在一些研究认为正式治理与关系治理表现为代替关系的同时，另一些文献认为，两者之间应为互补关系。在本书看来，机会主义、协调与创新环境营造决定了正式与非正式治理并存而不是彼此替代。普普等（Poppo, et al）在2002年的研究证据发现，契约的复杂性一方面反映了正式治理的存在，另一方面也增加了关系治理，关系治理随后又增加了交易绩效；越多的关系治理显然对契约复杂性有积极的影响，这随后也增加了交易绩效。

麦克尼尔（Macneil）在1978年研究中认为，当变化和冲突发生时，通过改善连续性和对称性,关系治理能够作为正式契约补充在发挥作用。瑞林等(Ring, et al)在1994年研究中指出"跨企业研发合作关系能够被维护,因为他们创造了平衡:在正式和非正式过程中的平衡"。这暗示,联合正式治理和关系治理,而非在这两种之间选择,似乎是一个更好的选择来管理跨企业(组织)关系①。

这些研究表明,正式治理和关系治理结合是可行的。而且,考虑到进行这些研究的创新内容,在需要探索性的创新中这种结合会提高创新效率。

正式治理与非正式治理机制结合适应了治理伙伴关系中机会主义行为、协调以及探索性环境的要求,而价格机制等正式治理适应了市场关系中技术知识交换要求。这表明,从合作研发到市场购买模式转化或者相反,其治理机制是会发生变化的;也正是这种变化的存在,使得技术并购边界一方面体现为独占机制、吸收能力作用的结果,另一方面,又作为原因影响创新效率。

第六节 小结

综合本章研究(图2-5),可以得到几点理论结论:

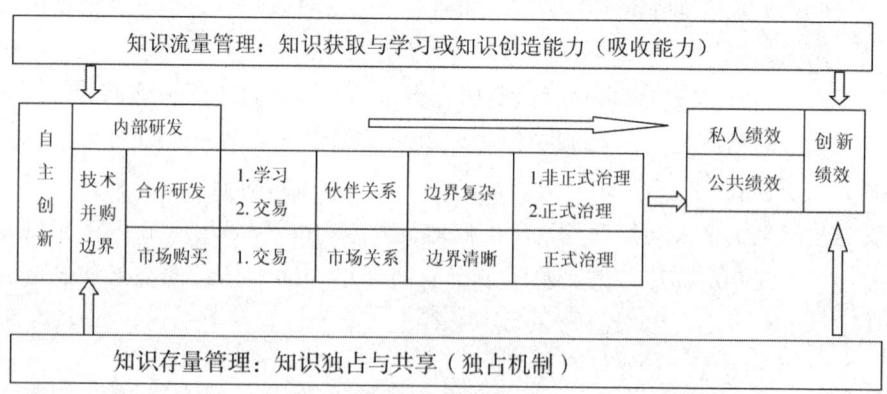

注:箭头表示影响方向。

图2-5 知识管理、关系治理与技术并购边界

---

① Joan E. Ricart, "Appropriating value from external technology: absorptive capacity dimensions and innovation strategy", *working paper*, *wp no*669, 2007, 1.

（1）知识创造以牺牲知识独占为代价的悖论在仅强调对外部知识获取和自身知识保护而没有组织间知识创造条件下比较突出；而一体化与反一体化的组织悖论在仅存在内部研发的条件下张力比较大。

（2）以自主研发为基础的技术核心能力更新过程是通过合作、市场购买以获取技能、知识和诀窍和组织学习、组织间学习与管理过程。

（3）自主研发中外部研发具有交易与学习两种性质。从交易性质上看，自主研发中的外部研发模式是获取外部知识手段，随着外部知识与内部核心知识互补性提高、外部知识意会性、语境依赖性增加，作为获取外部知识的手段的外部研发模式一体化程度也应提升；从学习性质上看，自主研发中外部研发模式是组织间学习的场所，学习效率有赖于知识管理和组织间关系的管理。

（4）组织间学习中，需要利用法律、战略（含技术特性）保护机制对存量知识进行保护；需要利用吸收能力进行组织间知识获取活动与学习活动。

（5）外部研发模式体现了组织间关系、知识边界及其治理机制的选择。组织之间关系包含市场关系与伙伴关系，它们的特征存在差异，这种差异一方面反映了两种关系中知识边界的不同，从而导致治理机制的差异；另一方面反映在治理机构上差异，体现在组织模式上的不同。伙伴关系中知识边界复杂性提升，使得组织间学习成分较市场关系明显提高，从而使得正式、非正式治理机制结合以达到创新效率的要求；伙伴间关系也明显拉近组织间距离，从而导致一体化提升。

（6）根据对核心技术动态更新模型以及技术并购边界性质把握，特别是在自主研发中知识管理、组织间关系的剖析上，本书认为，吸收能力、独占机制对创新绩效影响中，技术并购边界起中介作用。

第三章

概念模型与研究假设

第一节 概念模型

基于第二章的研究，可以看出，一方面，无论是知识存量管理中知识独占与共享，还是流量管理中的知识获取与学习或者创造活动，企业运用独占机制和吸收能力作用于客体——企业内部知识与企业边界之外创新利益相关者知识，因而这些活动的目标在于新知识创造。另一方面，知识管理是在一定的知识场中进行的，技术并购边界选择本质上是企业知识创造场的构建过程。在创新效率目标指引下，企业技术并购边界选择中，面对几个层次上的问题：市场关系与伙伴关系，强调知识获取与互换还是强调获取、互换同时的组织间学习，是运用正式治理还是正式、非正式治理相结合的机制等（图3-1）。

图 3-1 变量间关系概念模型

在本书看来，市场购买与合作研发选择反映了研发组织上的一体化与反一体化倾向与知识边界上的复杂化与反复杂化倾向。随着组织一体化和知识边界复杂性上升，组织间关系类型、性质与治理机制也发生了相应变化：市场关系、交易、正式治理向伙伴关系、交易与学习以及非正式、正式治理机制相结合形式的变化。这些变化一方面是创新效率的要求，另一方面，也是知识管理中的吸收能力、独占机制作用的结果。

在下面的论述中，我们进一步阐述这一模型中所蕴含的变量关系假设。

第二节　吸收能力、独占机制对企业创新绩效影响

一、潜在、现实的吸收能力与企业创新绩效

在佐拉等①提出潜在吸收能力（转换能力与应用能力）与现实吸收能力（获取能力与消化能力）区分之后，一些学者总结认为，有关吸收能力的定义，从提出至今有四种观点：第一种观点认为吸收能力是企业评价、吸收和运用新知识能力②；第二种观点认为吸收能力是企业把握外部转移知识隐性成分和为特定用途目的而修正知识的技能集③；第三种观点是佐拉2002年研究认为，吸收能力是学习和解决问题能力；学习能力是企业理解和吸收知识能力，它允许企业作为接受方时模仿其他企业创新，而解决问题能力是创造新知识，从而鼓励作为接受方的企业创新能力④；第四种观点认为，吸收能力是企业为了创造价值而管理知识的组织能力或者能力集合，这些能力包括获取，消化，转化和运用知识的能力。可见，第四种观点整合了前三种观点，也强调了企业发展和维持这些能力的动机在于价值创造。

乌利齐（Ulrich）与里奇腾塞拉等在2006年的研究表明，具有吸收能力的企业能够辨别关键技术（知识）领域，有效避免技术（知识）获取、积累和运用技术（知识）活动时的一些病症；这些病症包括"知识获取中非这里创造"（Not - invented here）或者"购入"（Buy - in）、"知识积累中完全这里储存"（All - stored - here）或者"相关排除"（Relate - out）以及知识运用中"仅这里使用"（Only - used - here）或者"售出"（Sell - out）病症；过分偏倚企业内部或者外部的知识管理态度都不利于企业竞争优势形成。

---

① Zahra, S. A., & George, G., "Absorptive capacity: A review, reconceptualization, and extension", *Academy of Management Review*, 27, 2002, p. 185 – 203.
② Cohen, W., & Levinthal, D., "Absorptive capacity: A new perspective on learning and innovation", *Administrative Science Quarterly*, 35, 1990, p. 128 – 152.
③ Mowery, D. C., Oxley, J. E., "Silverman, B. S., Strategic alliances and interfirm knowledge transfer", *Strategic Management Journal*, 17, 1996, p. 77 – 91.
④ Kim, L., "Crisis construction and organizational learning: Capability building in catching - up at Hyundai Motor", *Organization Science*, 9, 1998, p. 506 – 521.

从是否创造技术知识或者提升产品、工艺创新角度看，借鉴佐拉等①潜在和现实吸收能力（Potential &Realized）分类来研究吸收能力与创新绩效关系是必要的。潜在吸收能力使得企业更易于接受获取、消化外部技术知识，它包括科恩等（Cohn, et al）吸收能力定义中的评价、获取外部技术知识但并不保证这种技术知识得到运用的能力，即获取与消化能力。获取（Acquisition）能力指企业鉴别和获取对其运营至关重要的外部技术知识能力；消化能力指企业可以用来分析、处理、解释和理解从外部获取信息的惯例和程序。外部技术知识具备环境独占性特征，这限制了技术知识的理解和复制②；外部技术知识价值依赖于互补资产，如果接受方不具备这种互补资产，那么对技术知识理解是很困难的。罗森科普夫（Rosenkopf, et al）在2001年研究认为，得不到理解的技术知识，即使进入企业搜寻视野也会被忽视。现实吸收能力反映了利用已经吸收的外部技术知识能力，它是转化能力和运用能力函数。转化能力指企业开发与精炼那些有利于企业结合现存技术知识与新近获取和消化的技术知识的惯例能力；它通过增加或者删除知识或者以不同方式解释同样的技术知识以创造技术知识。运用能力允许企业精炼、拓展和杠杆现存能力或者通过把已获取和转化的技术知识整合为运营技术知识从而创造出新能力。

毛图希克等（Matusik, et al）在1998年研究认为，有效地创造、管理、运用技术知识能力是企业的核心资源；吸收能力是以技术知识为基础的能力集合，因而它是企业竞争优势的源泉。产品、工艺创新是企业竞争优势的重要构成③。依据科加等的1996年研究，现实吸收能力能够通过产品或者工艺创新来影响企业绩效。转化能力有助于企业发展新的概念框架或者改变现有流程，运用能力在此基础上将技术知识转化为新产品。

具有较高潜在吸收能力的企业可能更擅长于捕捉外部环境技术知识动态，内部化这种技术知识，从而持续地更新企业技术知识库存，并克服企业能力陷阱。阿费加等④认为，企业可能陷进三个能力陷阱，即熟悉、成熟和接近陷阱。

---

① Zahra, S. A., & George, G., "Absorptive capacity: A review, reconceptualization, and extension", *Academy of Management Review*, 27, 2002, p. 185–203.
② Szulanski, G., "Exploring internal stickiness: impediments to the transfer of best practice within the firm", *Strategic Management Journal*, 17, 1996, p. 27–43.
③ Barney, J., "Firm resources and sustained competitive advantage", *Journal of Management*, 17, 1991, p. 99–120.
④ Ahuja, G. & Katila, R., "Technological acquisitions and the innovation performance of acquiring firms: A longitudinal study", *Strategic Management Journal*, 22, 2001, p. 197–220.

熟悉陷阱源自对现有技术知识精炼和改进的过分强调，从而妨碍了对可替代的技术知识源的探索，约束了组织认知；成熟陷阱源自对可靠且可预测结果的需求，这同样限制了技术知识探测活动；接近陷阱描述企业易于在现有经验区域附近进行技术知识探测活动，它阻碍了对产业内突破性变革的试验活动。这些陷阱导致企业对突破创新缺乏判断力，从而导致企业失败。对外部技术知识发展的准确定位，做到有效的内部化，包括两个维度：一是时间节约，较高潜在吸收能力有助于企业更为有效地追踪行业动态，从而有利于及时地进行生产、技术能力配置；二是成本节约，较高的潜在吸收能力能够减少改变企业资源配置和运营惯例的沉没投资，当企业积累了关于新知识的足够知识和先前经验时，这种改变成本可能很低①。

因此，无论潜在吸收能力，还是现实吸收能力，都有利于新知识、新技术和新产品创造。为此，我们提出以下假设：

假设1a：企业潜在吸收能力和企业创新产品之间有密切的联系，潜在吸收能力越高，企业创新产品越好；否则，企业产品创新就越差。

假设1b：企业潜在吸收能力和企业工艺创新之间有密切的联系，潜在吸收能力越高，企业创新工艺越好；否则，企业创新工艺就越差。

假设2a：企业现实吸收能力和企业创新产品之间有密切的联系，现实吸收能力越高，企业创新产品越好；否则，企业创新产品就越差。

假设2b：企业现实吸收能力和企业创新工艺之间有密切的联系，现实吸收能力越高，企业创新工艺越好；否则，企业创新工艺就越差。

二、法律机制、战略机制与企业创新绩效

蒂斯1986年在其开拓性论文中对独占机制（Appropriability mechanisms）进行了研究，他认为这一机制包括法律措施和战略保护两类。前者有专利，商标以及版权等；后者有投资于互补资产（例如市场开发，销售努力，顾客服务）、诀窍以及领先对手时间或者产品设计的复杂性以及技术特性等。独占机制作用在于获取特定份额的创新租，专用是知识易于复制与模仿程度的函数②。同样强度的专用水平可以通过采用不同的独占机制达到：当一些企业依赖技术知识

---

① Zott, C., "Dynamic capabilities and the Emergence of Intra–industry Differential Firm Performance: Insights from a Simulation Study", *Strategic Management Journal*, 24, 2003, p. 97–125.

② Teece, D. J., G. Pisano, A. S., "Dynamic capabilities and strategic management", *Strategic Management Journal*, 18, 1997, p. 509–533.

产权保护或者其他的法律措施时，其他企业可能更依赖嵌入组织结构中的隐性技术知识，例如通过累积性学习，或者是秘诀，领先时间，顾客锁定以及标准等。

技术和知识被模仿程度依赖于企业核心知识隐形或者显性特征以及法律保护的有效性程度。如果知识或者技术很难被模仿从而能够得到保护，在这种情况下，专用程度高；而当知识或者技术容易被模仿且法律上难以得到保护时，专用程度低。独占性低时，研发投资也会降低，因为创新成果很容易被模仿使得这种投资变得不理性；相反，当独占性很高时，企业能够用专利等措施保护创新和来自创新的收益，因为知识复制成本增加导致竞争对手模仿更为困难。

申请专利是用来对研发投资回报进行专用的常见方法。莱文等在 1987 年研究表明领先对手时间和利用学习曲线可能是对回报专用的更为重要的方法。科恩等在 2000 年研究表明，许多企业倾向于采用诀窍而不是申请专利，因为后者可能为竞争者提供太多信息。因此，除了法律保护，更多非正式机制被用来确保创新回报的独占。实际上，企业可能使用多种专用措施来保护创新。

独占机制与创新产出密切相关。独占机制，特别是战略保护机制是企业动态能力理论的一部分，根据蒂斯在 2000 年研究中的定义，"动态能力指企业把握机会，配置知识、能力和互补资产从而获取持续竞争优势的能力"。这种能力体现在独占机制强度上。企业进行研发活动必须能够充分地独占创新回报，从而使得研发活动值得投资。独占机制强度反映了企业能够在多长时间内维持创新先行者优势或者以多大比重专用创新租，从而激励企业从事研发活动，并创造技术知识。例如，专利、秘诀或者领先时间这些措施，能够使得某一成本为 cost 的创新，在某一时间段为 △time 内使得企业保持价格为 price 稳定地获取创新收益 △time (price - cost)，显然时间长度体现了专用强度；事实上，多个专用措施的强度也反映在创新租多大程度上为创新者所有上，假定这种比例为 Proportion，而创新总收益为 Profit，那么在创新成本为 cost 时的创新者获取租为 Proportion × Profit - cost。

应该注意的是，专利、秘诀或者领先时间与法律措施或者技术知识特性在专用上功能是一致的，即强调无法模仿性。琼 E·里查德（Joan E. Ricart）[①] 在模仿难度基础上进一步论证了互补性资产在价值专用上的作用，如表 3 - 1 所示：

[①] Joan E. Ricart., "Appropriating value from external technology: absorptive capacity dimensions and innovation strategy", *working paper*, wp no669, 2007, 1.

表 3-1　独占机制的模仿与互补两个方面

互补资产＼模仿难度	高	低
通用	创新所有者取胜	创新租被多方瓜分
专用	创新租在创新者与互补资产所有者间分配	创新租被互补资产所有者攫取

因此，我们有以下假设：

假设 3a：法律机制专用强度越高，企业在创新中知识越能得到专用，获取创新净收益也就越高，从而刺激企业积极地进行研发并取得创新产品。

假设 3b：法律机制专用强度越高，企业在创新中知识越能得到专用，获取创新净收益也就越高，从而刺激企业积极地进行研发并取得创新工艺。

假设 4a：企业战略机制对知识独占强度越高，企业在创新中知识越能得到专用，获取创新净收益也就越高，从而刺激企业积极地进行研发并取得创新产品。

假设 4b：企业战略机制对知识独占强度越高，企业在创新中知识越能得到专用，获取创新净收益也就越高，从而刺激企业积极地进行研发并取得创新工艺。

第三节　技术并购边界选择的中介作用

一、技术并购边界选择对企业创新绩效影响

（一）合作研发与市场购买组织模式

正如前文所述，内部研发、合作研发以及市场购买模式是研发模式的基本类型。然而，研究模式分类有多种。詹姆斯 H·拉乌等（James H. Love, et al）[①] 认为可以分成内部研发和外部研发（后者指除企业内部研发以外的取得技

[①] James H. Love, Stephen Roper, "Internal Versus External R&D: A study of R&D choice with sample selection", *Int. J. of the Economics of Business*, vol. 2, No. 9, 2002, p. 239–255.

术方式）。阿贝尔·卢塞拉①认为有内部研发、合作研发以及技术购买。李·穆辛等（Lee Mushin, et al）②将其分为自制（如内部研发，招募研发人员）、购买（如购买技术，购买研发服务，购并公司）、自制和购买并行（如共同研发，合资）以及为自制而购买（如购买技术且内部研发）。北川健太与中村修二等认为有内部研发、合作研发、委托研发、技术购买③。圣仕玛等在2001年研究中认为有内部研发、购并公司、技术购买、合作研发、研发联盟等多种形式。

研发模式的分类视角是组织一体化水平。一体化水平的定义虽然存在争议，但是在一些文献中，如切萨布鲁夫等1996年④与米尔森等（Millson, et al）的1996年研究中已经得到较为广泛的应用；这个概念在这里用来说明外部研发中的资源与相关创新活动内化（一体化）为企业内部自我研发活动与资源的程度。对外部研发组织一体化水平的不同理解是研发模式种类差异的主要原因。

根据安妮·帕玛强尼（Anne Parmigiani）在2007年的研究，内部、合作以及市场三分法不同于内部、外部两分法在于企业外部研发模式被分成市场购买和混合组织形式（Hybrid forms）。根据霍奇森（Hodgson）在2002年的研究，联盟、合资、供应链网络、关系合同等都是混合组织形式。基于这样视角，就研发项目而言，在极端情况下企业能够整合（一体化）所有必要的互补性资产，这通常叫作"内部研发"；在另一极端，创新者能够通过直接合同关系，即技术购买方式尽力获取这些资产；在完全整合（完全一体化）和完全合同（市场方式）两个极端之间有许多"混合"治理模式，如联盟或者合作性安排。因此，理论上，与两分法下研发边界表现为内部研发，内部与外部研发以及外部研发⑤不同的是：在三分法下，研发边界是完全整合（内部研发）、完全合同（如技术购买）以及"混合"治理模式的组合，表现为内部研发，混合组织模式，内部研发与市场购买，内部研发与混合组织模式，混合组织模式与市场购买，

---

① Abel Lucena, "The production of complementarities among R&D activities and external collaboration: a knowledge-based view", *Academy Winter 2005 PhD Conference*, *Aalborg University*.

② Lee, Mushin, Om, Kiyong, "A conceptual framework of technological innovation management", *Technovation, A Feb msterdam*, vol. 2, No. 1, 1994, p. 7–16.

③ Kenta Nakamura and Hiroyuki Odagiri, "R&D boundaries of the firm: an estimation of the double-hurdle model on commissioned R&D, joint R&D, and licensing in Japan", *Economics of Innovation & New Technology*, vol. 14, No. 7, 2005, p. 583–615.

④ Chesbrough, H. W, "Why companies should have open business models", *Mit Sloan Management Review*, 48, 2, 2007, p. 22–28.

⑤ Cassiman B. And Veugelers R, "search of complementarity in the innovation strategy: internal r&d and external knowledge acquisition", *Management Science*, 52, 2006, p. 68–82.

内部研发、混合组织模式、市场购买等不同类型①。

研发模式的多分法是在三分法基础上,学者们因研究目的不同,对市场购买和混合组织形式的不同程度的细分;其中,有代表性是维托利奥(Vittorio)·基耶萨等在1998年和2000年的研究,他们把外部研发模式分成如表3-2所示的若干类型。从表中可以看出,外部研发模式在一体化水平方面并不相同,从而其在管理、组织与战略方面的意义并不一样。因此,多样化的外部研发模式类型使得企业研发边界呈现多样化特征。

表3-2 外部研发模式类型与一体化水平

一体化		外部研发模式类型
高	混合组织模式	收购(Acquisitions):为了获得技术或技术能力,企业购买另一企业
高	混合组织模式	合并(Mergers):为拥有一定技术或技术能力,企业与另一企业合并从而产生一个新企业
中等	混合组织模式	少数产权(Minority equity):企业购买另一企业产权,旨在获取技术或技术能力,但是没有管理控制
中等	混合组织模式	合资(Joint ventures):企业以产权投入形式建立一个正式的合资企业,这个第三方企业具有明确的技术创新目标
低	混合组织模式	联合研发(Joint R&D):企业同意与他方基于一项具有明确定义的技术或技术领域联合进行研发,但并没有产权投入
低	混合组织模式	联盟(Alliances):企业分享其他企业技术资源获取技术创新目标,但是没有产权投入
低	混合组织模式	网络化(Networking):企业为了跟上技术领域内发展并把握技术机会和演化趋势而建立的关系网络
低	混合组织模式	协会(Consortium):几个企业与公共机构共同努力以获取技术创新目标,但没有产权投入

---

① Abel Lucena, "The production of complementarities among R&D activities and external collaboration: a knowledge-based view", *Academy Winter 2005 PhD Conference*, *Aalborg University*.

续表

一体化	外部研发模式类型	
接近零	市场购买	外包（Outsourcing）：企业外部化技术活动，仅仅获取相对产出
		研发合同（Research contracts）：企业为了定义清楚的技术同意为研究机构或大学或小的创新企业支付研发成本
		研究基金（Research funding）：企业在研究机构或大学或创新性小企业中资助探测性研究以获取创新机会与思想
		许可（Licensing）：企业为了特定技术而获取许可

资料来源：笔者基于维托利奥·琪莎等（Vittorio Chiesa, et al）（1998，2000）研究归纳整理①。

（二）外部研发模式特征与治理

中等到高的一体化水平的外部研发模式是以产权为基础的。无论是技术并购、合资还是通过少数股权投资，都是企业之间建立起来的一种资本纽带，这种产权上的关系增强了企业间的相互依赖性。在产权为基础的外部研发模式中，因为彼此之间利益息息相关，因而协调相互行为的意愿也得到了强化，许多矛盾和冲突都可以通过彼此协调方式得到解决。另外，相对稳固而持久的企业之间关系能够从战略的角度考虑自身发展，进行一些重大的合作技术创新。

当然，产权为基础的外部研发模式也带来了较高的管理成本和协调成本。一些研究表明大约有一半的研发合资企业最终并没有实现预期的合作目标。其中失败的原因是多方面的，例如，企业之间在战略上难以达成一致；在设计规范和合作治理政策上的彼此不一致；经验性技术知识或者隐性技术知识共享使企业面临失去核心竞争力的风险；参与外部研发的某一个企业对合作事项的控制企图等。

另外，为了让企业研发合作运作起来，通常需要较高的启动费用。产权研发合作关系的建立，需要对特定的技术创新进行专门投资，也需要建立一套行之有效的运行规则；但是，一旦企业研发合作解散，这些用于创新的投资一般难以收回。这些额外的投资使企业研发合作的退出壁垒增高，减少了企业研发

---

① 在一些研究中，外包、研究合同、研究基金以及许可这些模式归入合作或者技术联盟模式类型。本书采纳欧洲集团创新调查观点，根据企业参与程度看，在这些模式中研发活动，企业没有实质上参与；因此，把它们归入了市场购买。显然，本书中所指的市场购买实质上是一体化程度最低的技术联盟形式。

合作的灵活性。在一些高速发展的产业或者行业，产品和技术的生命周期越来越短，创新竞赛日趋激烈，企业不得不对外部环境的变化做出迅速反应，此时产权研发合作模式就显得难以适应。

非产权基础的外部研发模式是两个或两个以上的企业主要通过协议而不是筹措股本的方法建立合作或者市场关系。非产权协议是一种相对松散的组织模式，企业之间的关系是一种合约联盟。尽管成功的研发创新要求企业间严格遵守合约中规定的权利和义务，但由于不存在产权联系，企业间的相互依赖性比产权合作协议时要低。如果某项研发计划的实施结果不理想，企业可以相对容易地终止合约，而不像产权合作协议那样，造成较大的投资损失。

表3-3 外部研发模式特征与治理差异性

外部研发模式		治理特征			组织特征				
		对对方控制与影响	彼此依赖	治理目标分歧	组织灵活性	组织松散性	组织集成度	管理协调成本	退出成本
产权模式	收购	高↑	高↑	低↑	低↑	低↑	高↑	高↑	高↑
	合并								
	合资								
	少数产权								
非产权模式	联合研发								
	联盟								
	网络化								
	协会								
	外包								
	研发合同								
	研究基金								
	许可	低↓	低↓	高↓	高↓	高↓	低↓	低↓	低↓

鉴于非产权研发模式中没有新企业这样的实体产生，大部分研究开发活动仍保留于企业成员内部，需要投入的创新启动费用较低。企业成员只需按照研发合同执行自己的义务，企业间松散的组合避免了产权研发合作时较高的管理成本。因此非产权协议模式比产权合作具有更大的灵活性。在高技术领域，这种灵活的组织模式增强了企业对外部环境的适应能力。但是在另一方面，由于

在非产权外部研发模式中，企业之间缺乏产权纽带，因此，对企业之间关系的控制和影响能力较差，利益关联性的降低也使得机会主义行为频繁出现。另外，例如研究开发合约等一些短期的协议很难对承担合约方的完成效果进行评估，此时也会出现较为严重的逆向选择和道德风险问题。技术外包还会增强企业在相关技术领域的依赖性，因此，非产权研发模式更适合非核心技术的研究开发。

根据上述分析，我们把外部研发模式特征及其治理差异性总结如表3-3。

（三）技术并购边界选择与企业创新绩效

与企业内部与外部研发选择逻辑不同，本书研究的技术并购边界选择事实上是在内部研发基础上，对外部研发模式的选择；如果从研发模式三分法看，就是对合作研发和市场购买模式的选择；而如果从研发模式的多分法看，事实上是对表3-2或者表3-1中所列示的外部研发模式的选择。显然，在外部研发模式多样化条件下，技术并购边界呈现多样化特征；这种多样化特征给技术并购边界研究带来了相应难度。

在本书看来，技术并购边界之间差异在于其构成中的外部研发模式差异，而后者本质上是组织间关系紧密程度差异，或者说是一体化程度差异；这种差异体现为组织特征与治理特征上的不同；因此，技术并购边界选择等价于其外部研发模式组织特征与治理特征的一般水平的选择。

从组织特征上看，随着一体化水平提高，技术并购边界的组织分散度降低、集中度提高，或者说，组织间关系紧密程度增加；另一方面，管理协调成本和退出成本也在增加，组织灵活性在降低。

在本书看来，组织间关系紧密度提高有利于研发活动进行，并提升知识绩效。从自主研发中外部研发模式交易性质看，组织间关系紧密度提升更有利于意会性高、语境依赖性强的知识转移和获取，也是与企业核心技术知识更具互补性的知识获取更为有利的组织模式；而从研发模式学习性质上看，其原因主要如下。

（一）从仅交易收益到交易与学习收益获取

当企业间关系紧密度低到市场关系水平时，外部研发仅作为获取外部研发知识方式在起作用。而随着市场关系转变为伙伴关系，学习成分在上升；企业实质性参与了外部研发，或者说，此时的外部研发已经在中间组织中进行。借鉴卡恩纳等人（1998）的研究，此时，企业能够获取到私人收益，并分享到共同收益。私人收益指企业通过从它的伙伴那里学习知识并将其运用于自己与伙伴不相关的领域所能获得的单方面利益；而共同利益指伙伴关系中成员都可以享有的、通过对伙伴间学习的集体应用所获得的利益，这些利益是伙伴间的中间组织研发活动成果。私人利益体现为企业间交易收益,而共同利益体现为企业间学习收益。正如企业优势不是"买来"的,而是学习或者说知识创造与运用的结果,仅市场关系的收益应低于伙伴关系的收益,表现为前者的知识绩效低于后者。然而,伙伴关系也存在亲疏程度差异,从而,在技术并购边界一体化水平上存在差异。在本书看来,不仅市场关系与伙伴关系技术绩效存在差异,而且存在于一体化水平不同的以伙伴关系为特征的技术并购边界中。

2. 正式治理与非正式治理结合有利于关系风险规避与学习意愿提升

随着一体化水平提升,外部研发活动中的治理特征也发生了相应变化,表现为企业间依赖性、治理目标趋同程度以及对伙伴的控制、影响程度的增加。这些变化反映了对企业间研发活动的治理机制的变化,以及这种变化对关系风险规避与学习的影响。

根据德艾斯等（Das, et al）[1]的观点,关系风险是关于伙伴之间的一个伙伴企业不以所需求的方式服务于或致力于合作的可能性和结果。关系风险涉及伙伴间关系,反映了决策制定者担心伙伴间合作水平。除了前文指出的存在机会主义行为外,关系风险主要来源还有以下几个方面。

（1）彼此目标的非兼容性。参与研发合作的企业目标兼容性能使参与者获取自身利益的过程与获取对方利益的过程融为一体,也能使参与者在达到研发合作目标的同时,达到个体目标,从而构成维持研发合作关系的基础。而目标非兼容,则必然导致研发合作基础的丧失,甚至导致冲突的发生。

（2）文化的非兼容性,这包括参与研发创新的企业之间运作原则、相应制度以及规范的非兼容性。文化的非兼容性首先容易导致参与研发的企业之间沟通产生障碍,从而难以建立彼此间信任与承诺。其次,文化的非兼容性容易导致研发合作中的相关规范与原则不统一,从而产生冲突,破坏研发合作关系。

如前文所述,正式治理机制有利于遏制机会主义行为和解决技术创新中的协调问题。从这个角度看,正式治理机制能够解决企业之间在研发中目标、文化非兼容性问题,从而有利于规避利益冲突,以及建立起信任和承诺关系;鼓励伙伴间沟通,消除彼此规范、原则不统一带来的不适应性。也就是说,正式治理机制的存在也有利于非正式治理机制的存在和发挥作用。事实上,技术创新所需求的任务冲突、异质性以及身份重新定义的学习环境在关系风险降低的条件下更能够得到维持。正式治理机制与非正式治理机制结合也是企业伙伴关

---

[1] Das T K&Teng B., "A risk perception model of alliance structuring", *Journal of International Management*, 7, 2001, p.1-19.

系中知识边界复杂性增加的要求，如组织认同、共同语言、角色定位、授权等正式、非正式治理机制结合满足了学习效率的要求。

企业间研发合作中关系治理机制则是保证彼此研发合作有序和研发合作绩效提高的基础，是在非正式的规范、准则与惯例的制约与调节下的企业间合作成员、企业之间的结构及其行为过程的总和。企业间关系治理机制是对企业的单边治理与共同治理的扩展，是企业间各种关系安排方式和过程的总和，是使企业间合作相互冲突的或不同的利益得以调和，并采取联合行动的持续的过程；这个过程既包括企业间合作中各个成员企业自觉遵循正式制度、界面规则和惯例的过程，更包括符合企业间研发合作的总体利益的各种非正式的制度安排。企业间关系的非正式制度安排包括信任、权力、合作伙伴的满意度、习俗、伦理道德和价值观[1]。根据斯特法尔在（Westphal）1999 年的研究观点，企业间合作成员之间的相互信任，同样是确保企业间研发合作成员企业通过合作网络获取收益的一种重要制度安排。

总体上看，企业之间研发合作的伙伴关系治理目标是使关系成员共享企业间网络资源和网络资本。相对于市场治理的"价格机制"和科层治理的"命令机制"，伙伴关系治理有着显著的特点。

（1）企业间研发合作关系具有无边界的特征。从企业间关系来看，技术信息扩散速度的加快，研发合作中关系日益紧密使得企业间研发活动和过程往往是世界性的。在开放式创新背景下，单个企业传统边界已经被打破。企业应善于利用彼此间合作网络整合外部研发资源，特别是借助其他企业核心能力，采用柔性的资源整合以及跨组织的流程整合，以形成整体技术竞争优势。这样，单个企业在关注获得基于资源优势的李嘉图租金的同时，也应关注获得基于企业间研发合作资源和合作资本的累积所产生的关系租金[2]。

（2）企业间研发合作中包含着跨组织合作、信息分享和彼此关系交换的特性。在开放式创新下，企业间研发关系既包含了所有参与成员的合作与承诺，又涉及企业间复杂的经济与商业关系。由于组成企业间研发合作网络的单个独立的企业本身具备高度灵活性和流动性，其通常只保留最核心和最关键的业务，而把其他业务外包给企业间研发合作的其他参与企业。因此，对于参与企业间

---

[1] 罗珉、何长见：《组织间关系：界面规则与治理机制》，《中国工业经济》2006 年第 5 期，第 87－95 页。

[2] 罗珉、徐宏玲：《组织间关系：价值界面与关系租金的获取》，中国工业经济 2007 年第 1 期，第 68－77 页。

合作研发的单个企业而言，企业间协调和关系治理的重要性要大于内部科层协调和内部治理。如何保证企业间研发合作中成员之间的有效协调，是建立企业间关系治理机制面临的主要问题。

（3）企业间研发合作中关系治理机制是一种包含着市场治理的"价格机制"和科层治理的"命令机制"的协调机制。企业间研发合作是处于企业与市场之间的一种中间组织形态，企业间研发合作关系的一个重要特点就是企业边界变得日益不清，彼此间关系更加复杂，企业与市场、企业与环境之间的关系错综复杂。

因此，在研发中企业间关系治理机制上必然要整合市场机制和科层制的协调机制。这种机制的特征表现为既鼓励企业之间的竞争，更注重企业间的合作，既鼓励单个独立研发的企业实现核心业务专长化，更注重企业间技术创造、信息分享、关系交换与战略协同。这种关系治理机制不仅使企业间长期重复的研发合作能够实现，而且也支持有限次的重复研发合作；这种关系治理机制是通过一系列的关系合同在企业间研发合作成员间建立起联结机制与运作机制；企业间关系合同更多地是一种默会契约，企业对关系合同的履行更多地依靠自我履约机制①。

应该指出，有利于关系风险规避和学习意愿提升的治理机制对企业间控制与影响、彼此依赖以及治理目标的趋同程度影响应该说是有差异的；在本书看来，企业间控制与影响、彼此依赖以及治理目标的趋同程度增加与企业间关系紧密程度提升方向相一致，共同作用于企业间研发活动以获取知识绩效，特别是共同利益的创造。考虑到知识绩效表现在工艺与产品两个方面，因此，可以提出如下假设：

假设5a：企业技术并购边界一体化水平影响知识创造，随着技术并购边界一体化水平增加，企业产品创新也会上升。

假设5b：企业技术并购边界一体化水平影响知识创造，随着技术并购边界一体化水平增加，企业工艺创新也会上升。

应该注意的是，这一假设与创新悖论中"一体化与反一体化"并不矛盾。有如下原因。（1）技术并购边界一体化水平是企业在自主研发中，外部研发模式类型的一体化一般水平。由于外部研发模式的多样性，从而一体化水平彼此并不相同；存在亲疏程度差异。（2）按照组织网络化观点，存在组织内部网络化与外部网络化之分。技术并购边界事实上是在内部研发基础上，研究研发活

---

① 同①。

动向企业外部拓展问题,是组织外部网络化层次上问题。企业为了追求创新效率,可以内部网络化,也可以外部网络化,也可以用内部网络化方法应对外部网络化过程中关系风险与学习问题。(3)技术并购边界选择对知识创造的影响包括吸收能力、独占机制的作用;这一作用的存在,抵消了一体化增加对知识创造可能带来的负面影响。

二、吸收能力、独占机制对技术并购边界选择影响

(一)技术并购边界选择在吸收能力对创新绩效影响中作用

1. 吸收能力相对性、跨组织性与技术并购边界桥梁作用

从技术并购边界选择活动中吸收能力作用看,吸收能力的内涵更重要的是内含的关系要素,即吸收能力是一种基于互动企业双方对偶关系的相对能力,是一种嵌入在企业间关系背景中的跨企业能力;而不是局限于识别、获取、内化和利用知识的学习过程,也不再仅涉及企业自身的知识与结构。

在动态开放式创新中,技术知识的扩展速度明显加快,且变得越来越复杂,这使得单个企业难以拥有和利用所有的相关知识,技术资源已经超出了企业的边界。格拉斯魏克奇等(Galaskiewicz, et al)在1999年研究指出,企业正不断嵌入更为硕大和相互重叠的网络中。事实上,吸收能力存在于企业间关系与学习互动之中,对吸收能力的研究应当结合企业间一一对应的学习对偶(learning dyad)来进行扩展,并在吸收能力的概念中引入关系维度(relational dimension)。在这种视角下,吸收能力实际上是企业自身吸收能力与企业间对偶关系的函数,是一种基于企业间关系的相对能力,一种嵌入企业间环境中的跨组织能力。

戴尔等[1]认为,一家企业识别、吸收和运用其他企业知识的能力是建立在社会性互动、合作过程和伙伴间关系的基础之上的。他们将吸收能力视为一种交换的重复过程,并能创造关系租金。这样的超额利润由参与合作研发的企业共同产生、共同分享。企业在建立与提升吸收能力时不能只考虑自身的因素,还应该针对特定的研发合作伙伴建立一种伙伴专属性吸收能力。

莱恩等[2]也注意到了吸收能力的伙伴专属性。他们认为,对吸收能力应该

---

[1] Dyer, J. H. And Singh, H., "The Relational View: Cooperative Strategy And Sources Of Interorganizational Competitive Advantage", *Academy Of Management Review*, vol. 23, No. 4, 1998, p. 660 – 679.

[2] Lane, P. J., Lubatkin, M., "Relative absorptive capacity and interorganizational learning", *Strategic Management Journal*, 19, 1998, p. 461 – 477.

在学习对偶（"学生"企业与"老师"企业）的层次上进行衡量。吸收能力与"老师"企业的水平密切相关。他们提出并通过实证证明了相对吸收能力的概念，即"学生"企业从"老师"企业那里吸收并运用新知识的能力取决于"老师"企业知识的独占性、"学生"企业与"老师"企业在补偿措施与组织结构之间的相似性以及"学生"企业对"老师"企业的熟悉程度。

因此，从研发角度看，吸收能力的相对性具体表现为企业双方的技术知识基础、组织措施和组织结构等方面的相似性。

第一，技术知识（集成）系统的相似性。企业内部的技术知识（集成）系统决定着获取、储存和转移技术知识的方式。当企业双方具有相似的技术知识（集成）系统时，企业内化技术知识的能力就会大大增强。拉巴特克恩等（Lubatkin, et al）在2001年研究中指出，合作伙伴现有的技术知识基础必须有所重叠，否则就没有吸收能力可言。

第二，企业政策的相似性。例如，企业的补偿措施或者政策会对职能部门和业务单元的创新行为产生很大的影响，补偿措施或者政策的相似性使企业能够更加容易地吸收外部知识。

第三，企业组织结构的相似性。相似的企业组织结构会促进企业对外部技术知识的吸收，如解决创新问题的相似行为会促进交流，尤其是隐性技术知识和复杂技术知识的交流。莱恩等在1998年研究认为，这些变量比研发投入更能解释吸收能力的重要性与局限性。

基于对企业间关系的强调，吸收能力在本质上是嵌入进特定背景（specific context embedded）之中的。吸收能力一旦脱离企业间研发合作网络，就会退化为企业内部的能力，或者将不复存在。吸收能力是一种基于企业间关系的跨企业能力。范丹波士等[1]强调了环境的影响作用，指出企业必须根据不同的技术知识环境来采取相应的组织整合方式，并建议将在吸收能力的反馈循环（吸收能力——学习——新的吸收能力）中加入环境这个中介变量。

佐拉等在2002年研究认为，潜在的吸收能力（potential capacity）针对企业可能获取并利用的外部技术知识，而现实的吸收能力（realized capacity）则针对企业已经获取并利用的外部技术知识。其中，潜在吸收能力观点与范丹波士等在1999年研究提出的能力在环境中演进的观点是一致的。企业在特定的环境中

---

[1] Van den Bosch, F. A. J., Volberda, H. W., & De Boer, M., "Coevolution of firm absorptive capacity and knowledge environment: Organizational forms and combinative capabilities", *Organization Science*, 10, 1999, p. 551–568.

对外部技术知识进行吸收与利用的能力就是一种环境特定型现实吸收能力。处于研发合作环境中的企业必须利用研发伙伴、"边界"人员和企业政策来提升自己的吸收能力①，并通过这些作为桥梁，对创新产出做贡献。

可以看出，吸收能力侧重于容纳能力（capacity），基于企业整体层面，强调一种包容外部技术知识、利用外部技术知识的能力。吸收能力是一种边缘性（periphery）能力，关注企业之间的合作研发关系与合作情景，是一种情景嵌入性能力，是存在于研发合作关系中的跨企业能力。吸收能力具有动态性，随着企业间关系的变化而变化。企业为建立吸收能力而进行的投资往往是一种关系独占性（relational specific）投资，基于对偶关系的技术知识互动而具有伙伴专属性，能提高吸收和利用技术知识的效率②。

（二）吸收能力、技术并购边界与创新绩效

企业获取的外部技术知识特征影响技术并购边界选择，并影响企业创新绩效水平。首先，获取的外部技术知识与企业现有技术知识具有互补性。根据第二章研究，企业技术能力分布和研发中技术知识具有互补性。与企业技术核心能力互补程度越高的研发中技术知识，越应该内部研发或者选择高一体化水平的外部研发模式。其次，获取的外部技术知识具有语境依赖性与意会性。那些高语境依赖性和高意会性的技术知识使得企业为了获取这些技术知识，必须选择非市场交易方式。

由于通过一体化程度高的外部研发模式获取的外部技术知识具有高意会性、与核心技术互补程度高的技术知识，因而，有理由认为，这种技术知识的运用对企业技术绩效带来正向影响。

有研究显示，权益式联盟比契约式联盟在复杂技术知识的转移方面更为有效③，即权益式联盟更有利于技术知识的转移，多边联盟比双边联盟转移层次低。这一解释也与以下统计相一致：在各种联盟中，权益式联盟占23%，研发合约占4%，合资开发协议占22%，许可证协议占19%，交叉许可和技术分享占8%，消费者—供应商合伙协议占6%，混合方式占13%，其他占5%，前三

---

① Steensma, H. K., & Corley, K. G., "On the performance of technology – sourcing partnerships: The interaction between partner interdependence and partner attributes", *Academy of Management Journal*, 43, 2000, p. 1045 – 1067.

② 罗珉：《组织间关系理论最新研究视角探析》，《外国经济与管理》2007年第1期，第25 – 32页。

③ Mowery, D. C., Oxley, J. E., Silverman, B. S., "Strategic alliances and interfirm knowledge transfer", *Strategic Management Journal*, 17, 1996, p. 77 – 91.

项合计占49%，基本上属于广义的权益式联盟。

在我们看来，获取外部技术渠道很多，并不一定借助于外部研发模式；即使借助于特定的外部研发模式，其一体化程度也只有与复杂性知识获取有关。况且一体化程度高的研发模式也能够起到弥补企业潜在吸收能力不足的作用。因此，以获取能力为主的潜在吸收能力与技术并购边界或者不存在相关关系，或者存在比较微弱的负相关关系。此处，我们针对后者提出以下假设：

假设6a：企业潜在吸收能力对企业创新产品影响中，以技术并购边界为中介：潜在吸收能力越弱，越易选择一体化程度高的技术并购边界，并对企业产品创新产生正向影响。

假设6b：企业潜在吸收能力对企业创新产品影响中，以技术并购边界为中介：潜在吸收能力越弱，越易选择一体化程度高的技术并购边界，并对企业工艺创新产生正向影响。

其中，含有一个假设：

假设6c：潜在吸收能力越弱，越易选择一体化程度高的技术并购边界。

在本书看来，现实吸收能力对创新绩效影响需要研发中学习场的构建与知识边界复杂性的有效治理。

首先，一体化水平高的技术并购边界中关系风险低，而不乏学习意愿。其次，一体化程度高的技术并购边界中技术边界复杂性大大地得到提升，因而适应学习场构建与规避技术边界复杂性对创新效率的影响的正式、非正式治理机制便有了用武之地。这些治理机制通过增加对伙伴控制、影响和对彼此依赖性增强来降低关系风险水平，并通过治理目标趋同来追求学习效率的提升。

在我们看来，现实吸收能力本质上是基于内部技术与外部技术整合基础上的知识创造能力。技术并购边界选择过程是学习场的构建过程，而组织间学习场治理目的在于学习成分提升，而关系风险的降低。在研发中，组织间保持密切关系，一方面有利于互补、意会性高的技术交流与吸收；另一方面，在技术共享基础上，促进技术创造的螺旋，激发创新的产生[1]。在允许任务冲突、身份重新定义与异质性同时，这种企业间关系有利于学习的特征还包括：[2]

（1）彼此愿景兼容。企业愿景是技术吸收的驱动要素。这种愿景可以被定

---

[1] 参看竹内弘高、野中郁次郎：《知识创造的螺旋》，知识产权出版社2006年6月，第66页。

[2] Joan E. Ricart, "Appropriating value from external technology: absorptive capacity dimensions and innovation strategy", *working paper*, *wp no*669, 2007, 1.

义为企业对其目标的渴望①。实现企业愿景通常是以战略形式表现的,而企业的战略实质上是开发那些能够获得、消化、创造与利用技术的企业能力。

企业的愿景为判断技术知识的方向提供了最重要的基准。如果没有企业的愿景,若想察觉技术知识或者创造技术知识或者对技术知识的价值做出判断,是不大可能的。

(2) 员工自主管理。在企业的个体层面,只要条件允许,应该让企业的每个成员都自主行动。源自自主性个人的独创性想法在团队中传播,然后就变成了团队的技术,然后就变成了企业的技术。作为自组织(minimal critical specification)原则的系统,企业要保持很大的灵活性②。

(3) 导入波动并引发创造性混沌。波动(fluctuation)与创造性混沌能促进企业与外部环境的互动,增强吸纳技术。波动与完全无秩序不同,其特征是"无重复的有序"。

在企业中导入波动,可能"瓦解"(breakdown)成员在既有惯例、认识、行为上的模式。其主要是通过企业成员对当前假设进行质疑和重新思考的"连续"过程,培育企业的创造性。环境方面的波动常常触发企业内部的震荡,由此可以为新技术知识的创造提供条件。这就是所谓的"从噪音中创造有序"或"从混沌中产生有序"③。

总的来说,企业中的波动可能促发创造性的混沌,这类模糊所引起的作用是企业成员改变思考方式的起点,有助于对暗默或者隐性技术知识的编码化。

(4) 信息冗余。冗余是企业员工在工作中非即刻需要的信息,如对业务活动、管理流程或者其他方面的信息、技术有目的的重叠。在这种意义上讲,冗

---

① 奈瑟尔(Neisser (1976))认为:只有在有目的的活动背景下,作为"认识"(knowing)和"理解"(understanding)的认知过程才能进行。此外,韦克(Weick)(1979)从组织理论的角度指出,组织对环境信息的解读具有自我实现式预言的因素,因为组织对其自我成就具有强烈的意志。韦克将这种现象称之为环境的"制定"(enactment)。
② 从西蒙学派的"有限理性"观点以及组织目标是有效的处理信息的观点来看,自治只是"噪音"的一种来源。如果我们从人类具有获得及创造知识的无限潜力观点审视这个问题,人类在体验和积累暗默知识方面很显然并不存在极限。而构成暗默知识积累的基础正是目的和自主性存在的意义。人类时常可以制造一些"噪音",以便战胜自我。
③ 按照"从噪音到有序"的原则,范·福斯特(Van Foerster)(1984)提出自组织系统可以通过有目的地在组织内引进噪音来增加自身的生存能力。自然界的有序不仅包括熵为零的稳定和结晶形成的有序,还包括"不稳定"的、由物质与能量运动所形成的新结构。后者在普利高津和斯唐热(Prigogine & Stengers)的结构耗散理论中被称为"从混沌中产生的有序"。

余能够促进技术的共享，促进技术知识的创造。当企业成员的信息冗余"侵入"职能领域，就会以不同的方式提供意见或者新观点。此外，冗余为企业提供了一种自我控制的机制。

（5）企业内部与外部必要多样性。阿什比（Ashby）在1956年撰文指出，如果企业要适应变化，其内部多样性必须与环境的多样性及复杂性匹配。如果一个企业具有必要多样性，它就能处理许多不测，提高对信息的敏感度，敏捷地对信息进行综合，并使得企业成员能够平等地获取信息。为了让必要多样性达到最大化，企业应该确保各个成员以最快的方式，通过最便捷的途径，获取最广泛的必要信息[①]。在企业内部或者内外存在差异时，企业成员能够迅速对信息进行解读，对必要的信息进行吸纳。

在我们看来，以整合能力为主的现实吸收能力集中体现了吸收能力跨组织特点，因此，可以提出以下假设：

假设7a：企业现实吸收能力对企业创新产品绩效影响中，以技术并购边界为中介：现实吸收能力越强，越易选择一体化程度高的技术并购边界，并对企业产品创新产生正向影响。

假设7b：企业现实吸收能力对企业创新工艺影响中，以技术并购边界为中介：现实吸收能力越强，越易选择一体化程度高的技术并购边界，并对企业工艺创新产生正向影响。

上述假设中，含有以下假设：

假设7c：现实吸收能力越强，越易选择一体化程度高的技术并购边界。

（二）技术并购边界选择在独占机制对创新绩效影响中作用

1. 法律机制、技术并购边界与创新绩效

根据蒂斯的理论，独占性制度的强弱，是对创新可模仿性的度量。同样地，价值独占性取决于对一项创新的模仿和复制的预防。

关于模仿难度方面的研究，一部分集中于避免模仿的法律机制及其相对效率。在这些文献中，"完全专用"（perfect appropriability）等同于"对发明的垄断"（monopoly of the invention）；对独占性机制的研究包括专利、商业秘密、商标、版权；以及其他的一些因素如订货至交货的时间。在这个领域的学者认为，这些机制的有效性随着产业以及产品和流程创新的不同而变化。

---

① Numagami, T., T. Ohta and I. Nonaka., "Self-renewal of Corporate Organizatios: Equilibrium, Self-sustaining, and Self-renewing Models", *Working Paper*, *University of California at Berkeley. No. OBIR*, 1989, p.43.

另一部分将目光投向了影响蒂斯的"独占制度"（appropriability）的第二个因素：潜在技术的特性。创新背后的新技术的知识特性能够防止模仿。特别地，一项创新的可模仿性取决于它的社会和/或技术复杂性，资源或内容的特殊性；取决于其潜在知识是隐性的（tacit）或者显性的（codified），在使用中是可见的还是不可见的，以及其配置是否需要有形资产。

如第二章研究指出，在企业间紧密合作研发条件下，知识保护措施中，非法律机制，如薪酬制度、保密措施以及其他人力资源政策更有用武之地。企业拥有强的独占制度，可能意味着有能力对其知识进行审计，能够区分核心与辅助知识，从而划定技术保护与共享的边界；在此基础上，利用法律、非法律机制，如设计复杂性等以增加模仿难度。通过限制模仿，有能力做到合理地知识保护与共享，也有利于知识学习场的构建与知识的创造活动。由此，我们能够提出以下假设：

假设8a：如果企业越有能力通过法律提高知识模仿难度，就越有利于选择有利于创新的一体化程度高的技术并购边界，从而促进企业产品创新提升。

假设8b：如果企业越有能力通过法律提高知识模仿难度，就越有利于选择有利于创新的一体化程度高的技术并购边界，从而促进企业工艺创新提升。

这两个假设含有一个假设：

假设8c：企业越有能力通过法律提高知识模仿难度，就越有利于选择有利于创新的一体化程度高的技术并购边界。

2. 战略机制、技术并购边界与企业创新绩效

技术特性除了防止模仿之外，尚具有互补性、稀缺性等特性，这些特性在技术创新中的作用似乎远比法律保护机制重要。

丹尼尔斯（Danneels）在2002年研究将技术的发展视为企业内技术和顾客能力的"连接点"。类似地，我们将技术创新概念化为资源和能力结合的产物，包括企业内或企业间的新技术，技术和市场能力，以及企业的其他资源。换句话说，包含新技术的产品生产需要至少下列独特资源和能力的结合：新技术，企业技术能力，企业市场能力，以及企业的其他资源或能力。这些资源或能力可能会因为企业的不同而存在不同程度的差异，并可能会因为其是企业从其边界之外学习或获得的而被放大。琼E·里查德等在2007年研究中利用图3-2总结了这种观点。

如图3-2所示，技术创新包含了对从其他企业资源获得的新技术的结合。这种整合要求利用企业的技术和市场能力。因此，根据亨德森等（Henderson, et al）在1994年的研究，一个企业产品创新所产生的价值，也要依赖于价值创

造过程中所利用的技术和市场能力的质量。

在对一个"半渗透性"企业边界的描述中，基于外部源的技术创新可以被视为一个更普遍的技术创新现象的一个特例。但是，不管新技术来自企业内部还是外部，内部的资源和能力仍然是关键的。

最后，图3-2中虚线的反箭头反映了企业通过从内部和外部源进行学习从而提高其产量的能力。成功的创新导致更好的学习，因为一些必需的技术或市场能力可能必须从企业外部获得，并且随着时间的推移，企业可能在原有的技术和/或市场领域内发展其专门技术。

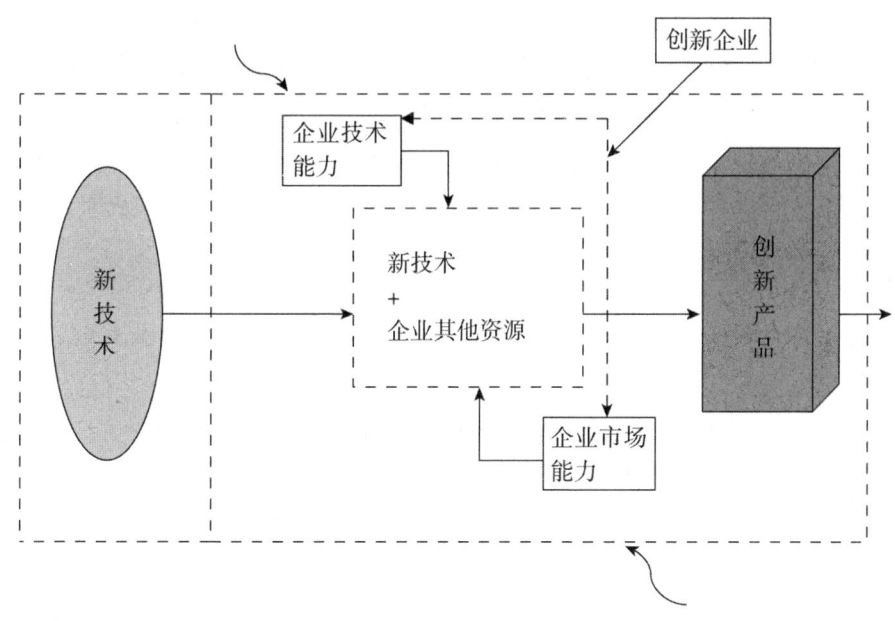

图3-2 基于资源观的技术创新模型

这个模型说明，新技术和企业其他资源间不同程度的互补，意味着当企业利用同样的技术进行创新时，各种专业化资源和能力的不同组合可能会创造不同数量的价值。

根据阿德葛柏萨（Adegbesan）的2005年与托姆科等（Thomke, et al）的2002年研究，当资源之间存在某种程度的共同独占性（互补性）时，它们的结合就具有了附加的价值，$V(R_1 \cup R_2) = V(R_1) + V(R_2) + \triangle V$（$\triangle V > 0$）。创造的剩余价值（$\triangle V$）的大小是与资源间互补性的程度成比例关系的。它并不属于任何资源，但是来源于这些资源的结合，因此，将这些资源分离的方式就构成了不确定的预付成本。由此，如果资源R_2的所有者能够从剩余价值

△V 中享有正的份额，他就会意识到尽管他必须支付 V（R_1）的价值以得到 R_1 的服务，他仍然还是能从交易中受益。

阿德葛柏萨在 2005 年研究中，基于议价的视角认识到：创新中各个参与者获取的剩余价值的部分大小取决于买卖群体的相对供给/需求、购买个体与目标资源的互补性的相对程度、购买个体相对于资源供给个体讨价还价的能力这三个方面的综合效应。

琼 E·里查德等[①]利用图 3-3 对这种观点进行了说明，表示的是 j 企业运用从 i 供应商获得的新技术进行的技术创新。创造的剩余价值（$\triangle V_{ij}$）在企业与供应商之间进行分割，由此有 $\triangle V_{ij} = u_i + v_j$。阿德葛柏萨在 2005 年研究指出剩余价值的一部分（δ_0）将会由拥有更稀缺资源的所有者拥有；剩余价值的一部分（$\triangle V_{ij} - \delta_1$）为具有的较高的互补性资产所有者获得；剩余价值的最后一部分（$\delta_1 - \delta_0$）在双方之间进行分割，取得多少取决于双方的相对讨价还价能力。因此，在所有其他条件相等情况下，一方参与者的相对稀缺性越大、互补性越高或者相对讨价还价能力越强，占有的价值量也就越大。

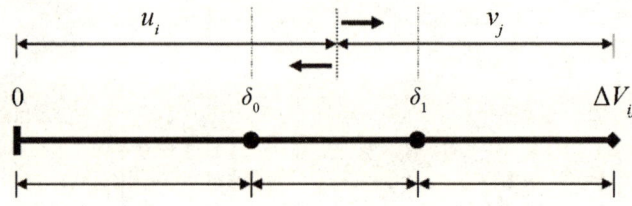

图 3-3　价值占有中的竞争和讨价还价

因此，企业 i 利用从外部获得的技术创造了盈余 V_i，企业 j 利用同样的技术创造了盈余 V_j，V_j 可能大于 V_i，因为企业 j 的专业化资源的集合同新技术的互补性更高。

可以说，基于外部技术源的创新，应该追求内外技术知识互补效应。吸收与企业内部知识互补的外部知识体现了技术并购边界选择中外部研发模式交易性质。事实上，如第二章研究指出，与核心知识互补性越强的知识，应该采用内部研发或者一体化程度高的研发模式进行创造。显然这种知识获取或者有效控制能够促进企业创新和创新租的获取与占用。

如第二章研究指出，知识意会性、语境依赖性导致的知识黏滞性越强，更

[①] Joan E. Ricart, "Appropriating value from external technology: absorptive capacity dimensions and innovation strategy", *working paper*, *wp no*669, 2007, 1.

应该采用非市场模式来获取这类型知识；这说明，如果企业拥有这类型知识，只有在组织间关系很密切的条件下才有可能转移给对方企业。同时，可编码的知识与不可编码的知识相比较，后者也更为稀缺。

由此，我们提出以下假设：

假设9a：企业以拥有意会性越高、与创新知识越高互补性的资产为基础的强战略机制，就越可能选择有利于创新的一体化程度高的技术并购边界，从而促进企业产品创新提升。

假设9b：企业拥有意会性越高、与创新知识越高互补性的资产为基础的强战略机制，就越可能选择有利于创新的一体化程度高的技术并购边界，从而促进企业工艺创新提升。

在这两个假设中含有一个假设：

假设9c：企业拥有意会性越高、与创新知识越高互补性的资产为基础的强战略机制，就越可能选择有利于创新的一体化程度高的技术并购边界。

总体上看，更好的知识保护有利于企业间更好的知识共享，从而保证组织间研发活动合理的知识投入和理想的共同利益获取；更好的创新租专用，更有利于企业从事基于外部技术源的技术创新活动。

# 第四章

研究设计

第一节 变量定义与度量

一、被解释变量

企业创新绩效包括创新财务绩效与创新绩效,其中,创新绩效是本书的被解释变量。对于创新绩效的度量,一般不能采用单一指标,因为单一指标不能综合反映总体的创新绩效。在第一章详细回顾国内外学者研究,综合比较后以经合组织的创新调查委员会(CIS)所用的指标为基础,本书采用6个题项用以度量企业创新绩效,6个题项采用的是5级李克特度量方法,用以测量创新活动的结果可能对企业的影响,即在2004年以来,特别是2004—2005年承担的创新活动在2006年底的影响度。这些问题分别为:(1)提高了产品质量;(2)增加了产品品种;(3)增加了产品适应性;(4)增加了产品生产能力;(5)降低了单位产成品的人工成本;(6)降低了单位产成品的原料和能耗。

二、中介变量

本书以技术并购边界中外部研发模式一体化水平来测度技术并购边界。事实上,不同的一体化水平具有多方面的表现[1][2],具体包括五个方面(如图4-1)。

---

[1] Vareska Van De Vrande, et al, "Choosing governance modes for external technology sourcing", *R&D Management*, vol. 36, No. 3, 2006, p. 347–363.
[2] Vittorio Chiesa, et al, "Selecting sourcing strategies for technological innovation: an empirical case study", *International Journal of Operations & Production Management*, vol. 20, No. 9, 2000, p. 1017–1037.

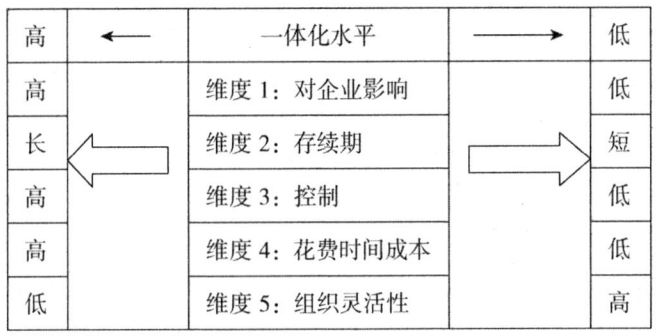

图 4-1　构成技术并购边界的外部研发模式一体化水平

(1) 外部研发模式对企业的影响。这种影响主要体现在三个方面。一是对企业组织结构的影响。根据罗伯茨等（Roberts，et al）在 1985 年研究，并购显著改变企业的组织结构，而外包对企业的影响很小。这是因为整个企业（或者企业一部分）并入并购企业，由此可能设立新的单元或职能部门；被并购企业的资源与相关研发活动必须与并购企业已有资源与研发活动整合，人员责任与作用通常需要重新定义。二是根据查特吉（Chatterji）在 1996 年研究，对企业有形与无形资源的影响。并购意味着被并购企业资产与债务内部化，相反，外包仅仅当获取专利或者许可时才对企业资产产生有限的影响。再者，并购意味着能够接近更大量的财务与非财务资源。三是对人力资源影响。购买企业意味着人力资源必须整合进现存组织，因而共同的企业文化、语言与行为、共享的行为准则与价值观都可能会被打破。更多的情形是，人们对并购预期是消极的，他们害怕规模减消和结构重组；这些在某些程度上造成他们动机减退，效率下降，从而体现在人们身上的能力与技能难以得到利用。程度低一些的是，合资形式也存在类似的问题，特别是文化、语言与价值观的不兼容问题。外包并不存在这些困难。综合上述三点，可以认为，如果一定时点上企业外部研发模式一体化水平高，也就是并购等一体化水平高的研发模式占主导时，外部研发模式对企业影响程度高。

(2) 外部研发模式的存续期。一方面，外包模式存续期短，时间定位明确；许可、研究基金与研究合同存续期通常很明确；存续期结束，必须重新签订合同。另一方面，并购通常没有时间长短定位问题，因为只有当合作破裂后被并购企业将会被解散，才会涉及终止时间；因此，根据黑基杜穆的 1993 年与查特吉的 1996 年研究，这些外部研发模式本质上是长期定位的。这样，当外部研发模式总体上存续期很长时，一体化水平高。

（3）企业对外部研发活动的控制。包括对人、研发活动、组织以及信息流等方面的控制。当一个企业外包一项活动，它对这项活动没有控制，至多做些合作者资源和产出的评价。相反，根据切萨布鲁夫等的1996年与米尔森等的1996年研究，购买某一企业意味着控制它的资源与相应活动。因此，如果在一定时点上企业对外部研发模式中人、研发活动以及信息流等方面控制程度高时，外部研发模式一体化水平高。

（4）建立外部研发模式所需的成本与时间。产权形式的外部研发，特别是购买企业需要深入而正式的分析，比如采用折现现金流技术来评价被并购企业价值和购买价，这个分析需要时间和资源。而且，产权形式的外部研发最终决定权在高管手中，因而决策过程通常漫长而复杂。根据查特吉在1996年研究，而外包模式，即使采用深入而正式分析技术，也只是在有限的范围和时间内；合同目标使得分析更为容易和快捷。因此，如果在一定时点上企业建立其外部研发模式所需时间和成本较高时，外部研发模式一体化水平高。

（5）外部研发模式的灵活性，也就是外部研发模式的特征能够被改变的程度。根据米尔森等在1996年研究，外包合同和联盟相当灵活，改变它们的目标、时间、合作者、组织等方面特征需要相对短的时间和较低成本；相反，并购和合资并不灵活。因此，如果在一定时点上企业的外部研发模式的特征能够被改变的程度越低，那么其外部研发一体化水平高。

上述五个方面能够涵盖本书第二、三章对技术并购边界组织特征与治理特征的阐述。以此研究为基础，采用五个题项用以度量企业技术并购边界一体化程度，五个题项采用的是5级李克特度量方法，测量企业在2004—2006年间研发活动除了内部研发外，存在产权联盟、非产权联盟等外部组织形式时，外部研发模式一体化水平程度，这些题项具体是：（1）外部模式的灵活性，也就是外部模式的特征能够被改变的程度；（2）企业建立外部模式所需的成本与时间多少；（3）企业对外部研发活动的控制，包括对人、研发活动、组织以及信息流等方面的控制程度；（4）外部模式的存续期长短；（5）外部模式对企业人力资源、组织结构与资产的影响程度等。

三、解释变量

现有文献通常用以下指标来测量吸收能力：（1）将吸收能力视为一种知识

基础，即企业以前所拥有的知识①②。（2）将吸收能力视为研发，将研发预算、存量和密度等作为实证研究的替代变量③。（3）将吸收能力视同组织因素，如引索仁逊等（Sorenson, et al）在2000年与饶·德拉津等（Rao Drazin, et al）在2002年研究中"企业存在的时间"与穆魏野特等（Moweryet, et al）在1996年研究中的"企业规模"。引索仁逊等学者认为，规模越大、历史越久的企业其吸收能力也越强；又如莱恩等在1998年与莱恩等在2001年与米乌斯等（Meeus, et al）在2001年研究中用补偿政策、主导逻辑以及知识共享管理、动机和胜任能力等变量来研究吸收能力。其他变量还包括范丹波士等在1999年、金鼎在2000年与莱诺克斯等（Lenox, et al）在2004年用组织的激励系统、人力资源与知识管理等。这种具体化的构建往往由于只见树木不见森林而降低了构建的有效性。例如，绝大多数的研究基于与研发相关的背景（R&D related contexts），把吸收能力视为研发密度，或是把研发作为吸收能力与创新的促进因素。狭窄的研究视野限制了吸收能力概念的普适性和研究的广度。本书运用多题项（指标）来测量吸收能力，能够提高测量的信度与效度水平。

（一）潜在吸收能力

潜在吸收能力包括获取能力与消化能力，前者指通过知识获取，企业可以增加知识库的知识单元，知识获取主要包括外部（如顾客、供应商、科研院所、中介机构、相关企业和政府部门等）获取；而知识消化目的在于公司能否赋予知识获取阶段获得或产生的知识以意义，并达成一致理解。知识消化包括对知识价值评价、知识过滤，进行编码（Codification）、存储（Storage）以利于组织成员检索（Retrieval）知识的过程。为保证组织的知识库中的知识有价值，对知识的维护同样是知识消化的一个重要活动。

---

① Mowery, D. C., Oxley, J. E., Silverman, B. S., "Strategic alliances and interfirm knowledge transfer", *Strategic Management Journal*, 17, 1996, p. 77 – 91.

② Ahuja, G., & Katila, R., "Technological acquisitions and the innovation performance of acquiring firms: A longitudinal study", *Strategic Management Journal*, 22, 2001, p. 197 – 220.

③ Cassiman B. And Veugelers R, "search of complementarity in the innovation strategy: internal r&d and external knowledge acquisition", *Management Science*, 52, 2006, p. 68 – 82.

本书采用5级李克特打分法，结合①②达罗克等（Darroch, et al）的研究，通过2个题项对企业知识获取的能力进行了度量，这2个题项分别为：（1）企业主动与客户、供应商、伙伴企业、政府等进行沟通，以获取必要的市场信息、经验和知识；并定期或不定期地获取竞争对手的经验和知识；（2）企业内部应用了外部网、专家系统、企业"黄页"等技术方法，以方便员工找到组织外部的知识或联系相关专家。

结合③格尔斯与多罗西（Ruggles&Dorthy）的研究，通过4个题项对企业知识消化的能力进行度量，这4题分别为：（1）企业有专门的人员对获取的知识进行补充和完善和适当的解释，使其更利于员工的理解和符合员工需求；（2）企业鼓励员工借鉴部门以外或企业以外的知识；（3）企业中有专门的人员对组织中的新知识的价值进行评估并过滤；（4）企业中采用了数据库等技术来保存组织中研究报告、营销资料等显性知识，定期剔除没有价值的、过时的和重复的知识。对每个题项从1到5分别表示从最不同意到最同意。

（二）现实吸收能力

现实吸收能力包括知识转换能力和知识应用能力。这是一个组织开发有价值的新思想、新方案的能力，是开发新知识替换旧知识的过程。通过社会化和协同过程以及个人的认知过程，组织中的隐性知识和显性知识被创造、共享、增强、放大和证明。知识应用就是企业能够利用现有已经获得的知识和已经转换后的知识提升现有的竞争优势或制造出新的竞争优势。知识应用可以理解将企业员工所获取、消化的新知识和已有知识进行整合后的知识运用到工作流程中以解决问题或制定决策的过程。知识绩效更为关注于知识创造，因而知识整合运用或者学习能力是现实吸收能力的核心。本书参考"SECI模型"，并结合野中郁次郎、利博维茨（Liebowitz）以及阿拉维（Alavi）的研究，采用5级李克特打分法，通过6个题项对企业现实吸收能力进行了度量，这6题如下。（见

---

① Darroch, J., "Developing A Measure of Knowledge Management Behaviors and Practices", *Journal of Knowledge Management*, vol. 7, No. 5, 2003, p. 41 – 54. Argote, L., *Organizational Learning: Creating, Retaining, and Transferring Knowledge*, Norwell, MA: Kluwer Academic, 1999.

② Dorthy, Leonard – Barton, *Wellsprings of Knowledge: Building and Sustaining The Sources of Innovation*, Boston: Harvard Business School Press, 1995.

③ Ruggles, R., *Knowledge Management Tools*, Oxford: Butterworth – Heinemann, 1997. Alavi, M., &Leidner, D., "Knowledge Management and Knowledge Management Systems: Conceptual Foundations and Research Issues", *Mis Quarterly*, vol. 25, No. 1, 2001, p107 – 136.

表4-1）

表4-1　知识整合的6个题项来源及其描述

序号	问题描述	文献来源
A	社会化维度	
1	创造了一个工作环境，适合员工通过示范和实践等方法来学习、理解专家经验和技能。	野中郁次郎（1991，1994，1998）
B	外化维度	
1	企业鼓励员工经常交流不同的思想和观念	阿拉维（2001）
2	企业鼓励员工在交流中使用归纳、演绎等方法来思考问题，使用比喻、类比等方法来形象化描述新产生的概念	野中郁次郎（1998）
C	综合化维度	
1	企业在员工中积极传播新产生的概念和思想。	利博维茨（1998） 野中郁次郎（1998）
D	内化维度	
1	企业采用团队模式来实施各种项目，并在整个组织中分享成果。	达文波特（1997）
2	企业鼓励员工通过不断沟通来理解并分享组织愿景和企业价值。	

对每个题项从1到5分别表示从最不同意到最同意。

（三）独占制度

独占制度下的独占机制包括法律和战略机制（Legal & Strategic instruments）。法律机制包括专利、商标、版权；战略机制包括秘诀和领先对手时间或者产品设计相对复杂程度、技术特性本质等。莱文等在1987年研究中指出，在一些产业中战略机制是研发成果专用的有效手段。

法律、战略保护机制量表参考了布鲁诺·卡斯曼等[1]以及阿贝尔·卢塞拉[2]的研究，并结合欧洲集团创新调查问卷相关部分设计。本书采用5级李克特打

---

[1] Cassiman B. And Veugelers R, "search of complementarity in the innovation strategy: internal r&d and external knowledge acquisition", *Management Science*, 52, 2006, p. 68-82.

[2] Abel Lucena, "The production of complementarities among R&D activities and external collaboration: a knowledge-based view", *Academy Winter 2005 PhD Conference*, Aalborg University.

分法，采用3个题项来测量法律机制在创新保护中的作用：(1) 注册设计样本；(2) 注册商标；(3) 版权。而根据前文研究，构成知识独占与知识价值专用的技术特性包括知识意会性、语境依赖性以及互补性。技术特性专用的量表源自皮亚·惠米丽娜等①的研究，并根据2005年12月国务院国资委、科技部等部门联合承担"企业知识产权战略和管理指南研究"的专题研究问卷相关部分进行了中国化处理。本书采用5级李克特打分法，采用4个题项来测量战略机制在创新保护中作用：(1) 保密措施；(2) 构成产品的关键技术间相互依存度高；(3) 构成产品或者工艺的技术复杂程度高；(4) 产品规格标准化度高。这些问题是针对企业主要产品与工艺的特征进行评价，1～5按照不赞同到非常赞同过渡评分。

四、调节变量

而塔什曼等（Tushman, et al）②在文章中指出市场、技术动态性两者直接关系到行业主导设计（dominant design）或行业标准的变换，同时，随着动态性程度的提高，它们均可能会对企业的学习、知识的吸收和企业绩效的关系产生影响。

（一）技术发展动态性的衡量

对于技术发展和市场需求我们重要参看的文献是贾沃斯基等③在1993年的研究。所谓的技术环境动态性主要指公司产品技术发展的变动性，我们仍然采用5级李克特打分法，根据贾沃斯基等，通过4个题项对企业面临的技术环境动态性进行度量，这4题分别为：(1) 公司的业务领域内的技术变化速度；(2) 技术变化给公司的业务发展提供的机会；(3) 能否预测什么样的技术将成为五年以后公司现有业务领域的主导技术；(4) 在公司的业务领域一系列的新业务是否有可能出现。对每个题项从1到5分别表示从最不同意到最同意。

（二）市场需求变化的衡量

所谓的市场需求动态性指顾客构成和顾客偏好的变化速度，主要用于说明公司产品市场竞争的变动性。对于市场环境动态性的测量我们仍然采用5级李克特打分法，根据贾沃斯基等在1993年研究，本书通过3个题项对市场需求变

---

① Pia Hurmelinna, Kalevi Kyläheiko, Tiina Jauhiainen, "The Janus face of the Appropriability Regime in the Protection of Innovations: Theoretical re-appraisal and empirical analysis", *Technovation*, vol. 27, No. 3, 2007.

② Tushman, M., & Anderson, P., "Technological discontinuities and organizational environments", *Administrative Science Quarterly*, 31, 1986, p. 439–465.

③ Jaworski, B. J., & Kohli, A. K., "Market orientation: antecedent and consequences", *Journal of Marketing*, 57, 1993, p. 53–71.

化程度进行度量,这3题分别为:(1)许多新的顾客正对公司的产品形成需求;(2)公司新顾客的出现主要来源于公司产品和服务的改善;(3)公司的资源配置主要倾向于满足已有顾客的需求。对每个题项从 1 到 5 分别表示从最不同意到最同意。

五、控制变量

除了上述解释变量和调制变量之外,尚有一些控制变量可能对被解释变量企业创新绩效和中介变量技术并购边界产生影响。本书中的控制变量主要是企业规模、行业属性。企业规模越大,企业的规模效应可能越明显,企业创新绩效就可能越好[1]。波特在 1980 年研究指出,在进行企业战略研究时候,进行了行业分析,发现不同的行业利润率并不相同,因此,不同的行业可能会对企业的创新绩效产生影响。将企业规模、行业属性作为控制变量的研究也可见布鲁诺·卡斯曼等在 2006 年以及阿贝尔·卢塞拉在 2005 年的相关研究。

考虑到规模和行业可能对企业创新绩效产生的影响,本研究将企业的注册资本作为企业规模的代理变量,将其作为控制变量代入模型进行分析。另外,我们将软件、电子和医药业等作为高技术行业,而将服装、纺织等其他行业作为非高技术企业,设置虚拟变量来区分行业对企业知识绩效的影响,当样本企业属于上述高技术行业时,令该行业虚拟变量为 1,否则为 0。

第二节 数据收集

一、研究量表设计

本研究属于企业层面研究,所需数据无法从公开资料或者出版物中获得,因此本研究的数据收集采用了问卷调查的方式。由于单个题项一般只能度量较小的概念,因而测量复杂的企业现象通常需要设计多个题项。在变量的测量题项具有一致性的情况下,多个题项比单个题项更能提高信度[2]。因此,在问卷中我们通

---

[1] Lee, K., & Lim, C., "Technological regimes, catching-up and leapfrogging: findings from Korean industries", *Research Policy*, 30, 2001, p. 459–483.

[2] Churchill, G., "A paradigm for developing better measures of marketing constructs", *Journal of Marketing Research*, vol. 16, No. 1, 1979, p. 64–73.

过设计多个题项对研究中所涉及的变量进行了测量，以提高度量的信度和效度。

根据许多学者①的建议，测量题项应采取以下流程开发：（1）题项通过文献回顾和与企业界的经验调查/访谈形成；（2）与学术界专家讨论；（3）与企业界专家讨论；（4）通过预测试对题项进行纯化，最终问卷定稿。依此建议，本研究的问卷设计经历了以下阶段。（1）大量的国内外文献研究。特别是基于欧洲集团创新问卷（Community Innovation Survey）数据研究的文献。（2）征求学术团队的意见。在文献阅读之后，设计了问卷初稿，之后将该问卷在笔者所在的学术团队（包括数位教授、副教授以及10多位博士生、硕士生）进行学术交流活动时，向团队中的各位专家和相关研究者征求了对初步问卷的题项设计、题项措辞和问卷格式等方面的意见。根据团队专家对问卷初稿的意见进行了修改，形成调查问卷二稿。（3）对一些企业的技术主管进行实地访谈。笔者与技术主管进行了深入交流，征求他们对本研究重要问题的意见；（4）预测试。将问卷发给5位技术主管进行预测试，根据他们的反馈和建议，对这些测量题项的语言和表达方式进一步修改，在此基础上形成了调查问卷的最终稿。

二、样本与数据收集程序

本书采用问卷调查的方法收集样本。我们遵循国际相关研究样本选取惯例，以制造业企业为样本；并以企业技术研发主管、总经理或董事长为填答问卷人。在问卷中，我们详细介绍调查的目的、对象以及每一项问题所代表的含义，以保证相关人员对调查表选项的准确理解，提高问卷的有效性。

样本选择标准为：（1）制造业企业；（2）鉴于本书数据涵盖区间为2004—2006年，因此，要求样本企业至2006年年底成立至少三年及以上时间；（3）集中在经济水平发达的地区；（4）企业规模为统计规模以上。我们采用了关键被调查人（key informant）的技术，主要通过以下方式与渠道对问卷进行了发放和回收。第一种为结合相关部门制定政策和课题需要，委托江苏证监局向符合样本条件的上市公司和拟上市公司发放电子档问卷。第二种方式为利用南京大学校董通信系统，选取符合样本条件的企业，通过挂号信邮寄和回收问卷。为了保证回收率，对一个月以上尚未收到填答问卷的企业再次邮寄问卷以提请对方填答。第三种方式为利用南京大学高级工商管理硕士（EMBA）、国际工商管理硕士（IMBA）学员通信系统，从历届学员中选择合适的样本企业和填答人，在

---

① Dunn, S. C., Seaker, R. F., et al, "Latent variable in business logistics research: Scale development and validation", *Journal of Business Logistics*, vol. 15, No. 2, 1994, p. 145 – 172.

电话、电子邮件（Email）等方式确认接受问卷调查后，以挂号信邮寄、电子邮件以及传真方式发放问卷和回收问卷。为了保证回收率，我们采用了定期发信问候、电话联系等方式提醒，并再次邮寄问卷方式。第四种方式是从博士、工商管理硕士（MBA）通信系统中抽取合适样本，在电话确认可以接受调查之后，主要以电子邮件方式发放和回收问卷。为了保证回收率，我们采用定期短信提示和再次发放电子问卷方式。

通过第一种方式回收104份，其中有效问卷101份，虽然没有确切的发放问卷份数，但是由于是向被委托单位直接管辖的企业发放，估计回收情况良好。第二种方式共发出问卷60份，前后共收回问卷26份，其中有效问卷22份。第三种方式共发出问卷200份，收回问卷44份，其中有效问卷38份。第四种方式共发出问卷40份，收回问卷25份，有效问卷18份。总体上看，问卷回收率和有效问卷率分别为33.67%和26%①。

从回收的有效问卷来看，本研究所得样本涵盖的制造业中行业若干产业，包括制药、电器制造、电子制造和新材料业等高新技术企业97家，也包括纺织和服装等传统行业82家。此外，从企业设立的年限来看，样本既包括了设立时间较短的企业（至2006年年底大于3年而小于等于6年）37家，也包含了设立时间较长的企业（至2006年年底大于6年）142家；从公司规模来看，按照统计上口径，即根据从业人数、资产总额、销售总额三项指标划分，大型企业85家，中型企业51家，小型企业43家，因此，本研究样本覆盖范围较为广泛，具有较好的代表性（表4-2）。

表4-2 样本的基本特征

特性	分类	样本	百分比（%）	特性	分类	样本	百分比（%）
产业	高技术	97	54.19	统计规模	大	85	47.48
	其他	82	45.81		中	51	28.49
成立年限	3-6	37	20.67		小	43	24.03
	7-9	30	16.76	地域分布	江苏	157	87.71
	10-12	41	22.90		上海	14	7.81
	13-15	35	19.55		浙江	5	2.79
	>15	34	20.12		其他	3	1.69

① 扣除没有从事内部研发的样本，本书研究样本总数为179家。

三、数据收集的可靠性和有效性

本书所采取的调查问卷主要由选择题构成，另外包括若干填空题。选择题全部采用李克特五点量表来表示，根据安德鲁斯①的建议，基本上用20个字左右。由于调查本身的特点决定了回答者大体上出于主观上的判断，结果出现偏差势所难免。福勒（Fowler）②在文章中指出问卷填写过程中主要存在四个基本原因可能导致问卷应答者对题项做出非准确性的回答。他所描述的四个原因是：（1）回答者不清楚问题的明确含义；（2）回答者对问题答案感到模棱两可；（3）回答者对于有些问题，不想回答或者不想透露自己真实的想法；（4）回答者不能准确记忆问题所要求的信息。正是因为这些原因的存在使得调查可能会出现不应有的偏差，本书试图通过以下一些措施尽量降低它们对获取准确答案的负面影响。（1）结合本问卷涉及内容实际情况，本问卷的发放对象为熟悉企业研发的主管研发的高层管理人员或总经理、董事长等人员来填写。（2）本调查问卷的设计经过初期测试，听取来自相关领域专家和调查问卷对象企业相关人员的意见，对问卷的表达方式和遣词造句进行了斟酌修改，以尽量排除题项难以理解或模棱两可的可能性。（3）为了激发回答者的回答积极性，凡答卷者可得到经典畅销书的电子版作为礼物。同时，问卷的开始就开宗明义：本问卷纯属学术研究目的，内容不会涉及企业的商业机密问题，所获信息也不会用于任何商业目的。回答者若对研究结论感兴趣，我们承诺把研究成果用电子邮件回复给他（她）一份，以期为其所在企业管理实践提供参考。另外，为考察应答者的答题意愿，我们在问卷中设计了一个全局题项，以判断应答者答卷的自愿程度，并将该题答案值小于50%的问卷从有效问卷中排除。

另外，因为调查对象集中于企业技术专家及部分高管，为了判定是否存在由于应答者的单一可能带来的较大偏差，本书还采用了多种检测手段对这些偏差进行了检测，以确认问卷答案的可靠性和有效性。这些检查手段或措施包括：（1）按照李·K. 等（Lee, K., et al）③避免一致性动机问题的建议，本书在问卷设计中，并未明确题项所度量的变量，防止答卷者在填写问卷时形成自己的填写惯性，降低问卷的可靠性；（2）从回收的问卷中随机抽样10份，登陆问

---

① Andrews, structural F. M., "Construct validity and error components of survey measures: A modeling approach", *Public Opinion Quarterly*, 48, 1984, p. 409-442.

② Fowler, F. J., *Survey research methods*, Newbury Park, CA, Sage, 1988.

③ Lee, K., & Lim, C., "Technological regimes, catching-up and leapfrogging: findings from Korean industries", *Research Policy*, 30, 2001, p. 459-483.

卷应答者写明的公司网址，从网站上查询公司的注册资本和员工人数，与问卷中应答者填写的信息进行比较，结果表明应答者对公司注册资本和员工人数的回答与网上数据一致，不存在偏差问题；(3) 由于本研究中解释变量和被解释变量数据来自单一被调查人 (single informant)，所以可能存在共同方法方差 (common method variance) 问题①。本书按照凯斯勒等 (Kessler, et al)②，普德萨科福等 (Podsakoff, et al) 和莱恩在 2001 年的方法对共同方法方差的存在与否进行了检验，检验方法即哈曼因果单因子测试 (Harman's post-hoc single factor test)。检查结果中如果出现单一因子，或者将会出现一个综合因子，且此因子将能解释大部分的变量方差，那么就说明存在共同方差问题。本书对与本研究中的 7 个变量所涉及的所有题项进行了因子分析，未经旋转的因子分析结果表明，存在 7 个特征值大于 1 的因子，它们一共解释了全部方差的 71.45%，多个因子的存在以及单个因子相对较低的方差解释力（解释力最强的因子，即第一个因子解释了方差的 18.89%）说明不存在单一主因子，也不存在一个综合因子可以解释大部分的变量方差，因此，我们认为，不存在由于较大的变量共同的系统方差而引起的测度有效性问题。

齐克蒙德 (Zikmund) 在 2002 年研究认为，敏感性 (sensitivity) 检验是量表开发需要考虑的另一个重要指标。由于本研究采用 5 级李克特量表，对于所有问题，1-5 分别代表"完全不符合""完全符合"之间的程度，因此该问卷对于回答者的态度变化将是敏感的。另外，对于每个变量，都有多道问题进行测量，这也可以提高问卷的敏感性。

第三节　主要分析方法

本研究以问卷调查方式收集数据，对于回收的问卷数据，将进行描述性统计、信度与效度检验、相关分析、多元回归分析以及结构方程模型检验等分析工作。本研究所使用的分析软件为统计产品与服务解决方案 (SPSS for windows) 15.0 版和结构方程分析 (AMOS) 7.0 软件。

---

① Podsakoff P. M., & Organ, D. W., "Self-reports in organizational research: Problems and prospects", *Journal of Management*, 4, 1986, p. 531-544.

② Kessler, E. H., &Bierly, P. E., "Is faster really better? An empirical test of the implications of Innovation speed", *IEEE Transactions on EnBering Management*, 1, 2002, p. 2-12.

一、描述性统计分析

描述性统计主要对样本基本资料,包括企业的规模、所属行业、成立时间等进行统计分析,说明各变量的均值、百分比、次数分配表等,以描述样本的类别、特性以及比例分配状况。这一分析以显示样本代表性是否符合预期要求。

二、信度和效度检验

信度是指衡量效果的一致性和稳定性,利用克伦巴赫阿尔法(Cronbach's alpha)值来衡量。本研究将针对每个变量所对应的问卷题项,计算克伦巴赫阿尔法值评价信度。效度是指测量工具能正确测量出想要衡量的性质的程度,即测量的正确性。效度可分为内容效度(content validity)、构建效度(construct validity)和准则相关效度(criteria – related validity)三类。本研究中的各测量题项都是直接测量,在同一时期内很难找到其他标准资料作辅助,无法进行准则相关效度的分析,因此仅讨论内容效度和构建效度。内容效度旨在检测衡量内容的合适性,本研究为达到内容效度,以相关理论为基础,参考现有实证研究的问卷设计,并加以修订。问卷初稿完成后,多次与相关领域学者和企业界人士讨论修正,因此,确信应有相当的内容效度。所谓构建效度指测量出理论的概念和特征的程度,因子分析有时被用来检测构建效度。本研究针对研究的变量进行验证性因子分析,以确定其是否具有构建效度。

三、相关分析

本研究以皮尔森(Pearson)相关分析研究企业吸收能力、独占机制各维度与技术并购边界、企业创新绩效及技术发展变化、市场需求等调制变量间的相关系数,考察各研究变量间是否有显著相关,作为下一步分析变量间相互作用的基础。

四、多元回归分析

本书首先采用多元线性回归(MLR, multiple linear regression)方法对假设进行检验,同时考虑控制变量、调节变量的影响。以样本中控制变量的均值为划分标准,将样本划分为两部分,分别为低水平子样本和高水平子样本,对这两个子样本分别进行多元线性回归,然后利用 z 检验验证假设关系是否受到调节变量作用。

本书将采用线性回归的方式知识吸收能力与企业创新绩效之间的关系,为了保证正确地使用模型并得出科学的结论，需要研究回归模型是否存在多重共线性、序列相关和异方差三大问题。所以我们将分析本研究模型是否存在多重共线性等三大问题，在不存在这些问题的前提下，对模型进行回归分析。

多重线性问题，是应用回归模型研究经济与管理问题时候时常遇到的问题。对此必须恰当解决，方能得出正确的结论。多重共线性指解释变量（包括控制变量）之间存在严重的线性相关，可以用方差膨胀因子（variance inflation factor，简称 VIF）指数衡量是否存在多重共线性，经验判断方法表明：当 $0 < VIF < 10$，不存在多重共线性；当 $10 < V1F < 100$，存在较强的多重共线性；当 $VIF \geqq 100$，存在严重多重共线性。通过对后面将介绍的回归模型的 VIF 计算显示，在所有模型中 VIF 值均处于 0 – 10 之间，因此，这些解释变量之间不存在较强的多重共线性问题。

序列相关指回归模型中的不同的残差项之间具有相关关系，在本研究中，由于样本是截面数据，因此不可能出现不同期的样本值之间的序列相关问题，通过计算回归模型中的德宾沃森（Durbin Watson，简称 DW）值显示，所有的回归模型的 DW 值均接近 2，因此，在本研究的模型中也不存在不同编号的样本值之间的序列相关现象。

异方差指回归模型中的不同的残差项之间具有不同的方差，可以利用散点图判断回归模型是否具有异方差现象，如果出现异方差，则回归分析的结果不再具有无偏、有效的特点，我们对后文各个回归模型进行了残差项的散点图分析，结果显示，散点图呈无序状态，因此，在本研究的所有回归模型中均不存在异方差问题。

五、结构方程模型

基于多元回归分析的结果，运用结构方程模型（Structural Equation Modeling，SEM）整体上检验研究模型和假设，探讨吸收能力、独占机制、技术并购边界与企业创新绩效关系。

第五章

实证分析

第一节 研究变量信度和效度检验

信度和效度问题即指模型的构建和各变量包含题项的设计以及数据收集是否可靠和准确。由于本书的模型构建和问卷的设计与数据的收集均建立在大量的文献研究、专家意见以及检测工具之上，前面章节已经对此做了详细说明，因此，本书的总体研究结构及数据获取不存在明显的信度和效度问题。尽管如此，为了进一步提高本论文研究的信度和效度水平，以利于下文的分析，我们仍然需要对变量内部的题项进行信度和效度分析。

一、信度检验

信度检验即可靠性（reliability）检验，是指不同测量者使用同一测量工具的一致性水平，用以反映相同条件下重复测量结果的近似程度，可靠性一般可通过检验测量工具的内部一致性（Internal Consistency）来实现。本研究主要通过克伦巴赫阿尔法来检验测量工具的内部一致性，该指标已经被证实是检验多维度量表可靠性的有效指标。通过信度检验，得到一致性的指数（克伦巴赫阿尔法值）将用来判断变量测度的各题项之间在多高频率上保持得分的相同，根据琼然（Truran）在2001年研究观点，只有较高的一致性指数值才能保证变量的测度符合信度要求，按照经验判断方法（role of thumb），保留在变量测度题项中的题项对所有题项（item to total）的相关系数应大于0.35，并且测度变量的克伦巴赫阿尔法值应该大于0.7036（Nunnally，1978）。一般而言，阿法（alpha）值在0.6以上即可接受，0.7以上为较高的信度，而大于0.8则表示信度非常好。本书根据上述标准，对创新绩效、技术并购边界、吸收能力、独占机制等变量的测量进行了信度分析，如表5-1至表6-5所示。所有变量测量都达到了较高或者非常好的水平。从题项占总体得分（item to total）值看，市场动态第三个题项"在企业的业务领域，技术发展对于企业的重要程度高"和战略机制第四个题项在0.4~0.5之间，而其他题项相应值都在0.6以上，这说明本书变量测量具有良好信度水平。

表5-1 创新绩效信度分析

量表题项	题项与量表总分相关系数	删除题项后量表阿法值	信度系数
一、产品创新			.834
1. 提高了产品质量	.661	.803	
2. 增加了产品品种	.668	.796	
3. 增加了产品适应性	.759	.704	
二、工艺创新			.899
1. 增加了产品生产能力	.729	.915	
2. 降低了单位产成品的人工成本	.834	.826	
3. 降低了单位产成品的原料和能耗	.842	.820	

注：相关系数指该题项与量表总分（item to total）的相关情况，如果相关系数太低，可以考虑删除；删除该题项后的量表的阿法（Alpha）系数（Alpha If Item Delete），如果此值突然变得太大，说明删除此题项后，可以提高量表的阿法（Alpha）系数；信度系数（Cronbach's）。

表5-2 技术并购边界信度分析

量表题项	题项与量表总分相关系数	删除题项后量表阿法值	信度系数
技术并购边界			.932
1. 外部模式的灵活性，也就是外部模式的特征能够被改变的程度	.779	.925	
2. 企业建立外部模式所需的成本与时间多少	.838	.914	
3. 企业对外部研发活动的控制，包括对人、研发活动、组织以及信息流等方面的控制程度	.836	.914	

续表

量表题项	题项与量表总分相关系数	删除题项后量表阿法值	信度系数
4. 外部模式的存续期长短	.867	.908	
5. 外部模式对企业人力资源、组织结构与资产的影响程度	.784	.923	

注：相关系数指该题项与量表总分（item to total）的相关情况，如果相关系数太低，可以考虑删除；删除该题项后的量表的阿法（Alpha）系数（Alpha If Item Delete），如果此值突然变得太大，说明删除此题项后，可以提高量表的阿法（Alpha）系数；信度系数（Cronbach's）。

表 5-3　吸收能力信度分析

量表题项	题项与量表总分相关系数	删除题项后量表阿法值	信度系数
一、潜在吸收能力			.872
1. 企业主动与客户、供应商、伙伴企业与政府进行沟通，以获取必要的市场信息、经验和知识，定期或不定期地获取竞争对手的经验和知识	.646	.854	
2. 企业内部应用了外部网、专家系统、企业"黄页"等技术方法，以方便员工找到组织外部的知识或联系相关专家	.630	.857	
3. 企业有专门的人员对获取的知识进行补充完善和适当的解释，使其更利于员工的理解符合员工需求	.720	.843	
4. 企业鼓励员工借鉴部门以外或企业以外的知识	.640	.856	
5. 企业中有专门的人员对组织中的新知识的价值进行评估并过滤	.698	.846	
6. 企业中采用了数据库等技术来保存组织中研究报告、营销资料等显性知识，定期剔除没有价值的、过时的和重复的知识	.713	.843	

续表

量表题项	题项与量表总分相关系数	删除题项后量表阿法值	信度系数
二、现实吸收能力			.936
1. 创造了一个工作环境，适合员工通过示范等方法来学习、理解专家经验和技能	.838	.921	
2. 企业鼓励员工经常交流不同的思想和观念	.811	.924	
3. 企业鼓励员工在交流中使用归纳、演绎等方法来思考问题，使用比喻、类比等方法来形象化描述新产生的概念	.863	.918	
4. 企业在员工中积极传播新产生的概念和思想	.805	.925	
5. 企业采用团队模式来实施各种项目，并在整个组织中分享成果	.744	.933	
6. 企业鼓励员工通过不断沟通来理解并分享组织愿景和企业价值	.805	.925	

注：相关系数指该题项与量表总分（item to total）的相关情况，如果相关系数太低，可以考虑删除；删除该题项后的量表的阿法（Alpha）系数（Alpha If Item Delete），如果此值突然变得太大，说明删除此题项后，可以提高量表的阿法（Alpha）系数；信度系数（Cronbach's）。

表5-4 独占机制信度分析

量表题项	题项与量表总分相关系数	删除题项后量表阿法值	信度系数
一、法律机制			
1. 注册样品	.821	.754	.871
2. 注册商标	.640	.901	
3. 版权	.810	.769	
二、战略机制			.759
1. 保密措施	.521	.717	
2. 相互依存度	.573	.689	

续表

量表题项	题项与量表总分相关系数	删除题项后量表阿法值	信度系数
3. 复杂程度	.633	.656	
4. 标准化程度	.491	.733	

注：相关系数指该题项与量表总分（item to total）的相关情况，如果相关系数太低，可以考虑删除；删除该题项后的量表的阿法（Alpha）系数（Alpha If Item Delete），如果此值突然变得太大，说明删除此题项后，可以提高量表的阿法（Alpha）系数；信度系数（Cronbach's）。

表 5 – 5　技术与市场动态信度分析

量表题项	题项与量表总分相关系数	删除题项后量表阿法值	信度系数
一、技术动态			.795
1. 企业业务领域内的技术变化速度快	.506	.795	
2. 技术变化给企业的业务发展提供的机会多	.749	.673	
3. 能预测什么样的技术将成为五年以后企业现有业务领域的主导技术	.624	.736	
4. 在企业的业务领域，一系列的新业务有可能出现	.563	.765	
二、市场动态			.700
1. 许多新的顾客正对企业的产品形成需求	.522	.606	
2. 企业新顾客的出现主要来源于企业产品和服务的改善	.606	.485	
3. 企业的资源配置主要倾向于满足已有顾客的需求	.434	.719	

注：相关系数指该题项与量表总分（item to total）的相关情况，如果相关系数太低，可以考虑删除；删除该题项后的量表的阿法（Alpha）系数（Alpha If Item Delete），如果此值突然变得太大，说明删除此题项后，可以提高量表的阿法（Alpha）系数；信度系数（Cronbach's）。

二、效度检验

效度是指研究量表的量测结果是否确实衡量到原来想要衡量的概念。效度包括内容效度（Content validity）、效标关联效度（Criterion-related validity）与建构效度（Construct vahdity）。内容效度是指是否包含主要领域与具代表性的题项，可依据以前学者研究成果与相关领域的专家学者参与讨论确认；效标关联效度是指量表与外在效标间关联程度，如果测验与外在效标间相关性愈强，表示量表的效标关联效度愈高。本研究以验证性研究为主，有关效标关联效度的分析可以略之。建构效度指量表结果与原来理论架构的契合程度，可通过收敛效度（Convergent validity）与区分效度（Discriminant validity）来评估。

（一）收敛效度

收敛效度是指同一构面（概念维度）的题项具有高度相关性。本研究利用验证性因素分析来检验研究问卷的收敛效度。

验证性因素分析是以衡量模式进行模式的适合度评估。本研究模式的适合度指标判断标准为：比较拟合指数（CFI）、规范拟合指数（NFI）、拟合优度指数（GFI）在 0.80－0.89 被认为是合理的，高于 0.90 则被认为是理想配适的证据，近似误差均方根（RMSR）则越小越好。

表 5－6 至 11 为本研究各个构面的验证性因子分析结果。其中，因素负荷量表示题项对潜在变量的贡献度。根据安德森等（Anderson, et al）的 1998 年研究，一般而言，所有题项的因素负荷量应大于 0.5，且具有统计显著性。组成信度表示构面的内部一致性，数值越高显示一致性越高。根据弗梅尔等（Formell, et al）在 1981 年研究，一般建议组成信度在 0.6 以上较为理想。本研究信度都在这个数值以上，说明具有良好的内部一致性。萃取共变量为构面内所有题项对该构面的变异解释力，弗梅尔等建议该数值应该大于 0.5；本研究所有构面，除了战略机制构面稍低于这一数值外，其余萃取量均高于这一数值，显示本研究具有良好的变异解释力。

表 5－6 创新绩效验证性因素分析

量表题项	因素负荷量	衡量误差	组成信度	萃取变异量
产品绩效			.856	.665
1. 提高了产品质量	.779***	.332		
2. 增加了产品品种	.736***	.392		
3. 增加了产品适应性	.867***	.231		

续表

量表题项	因素负荷量	衡量误差	组成信度	萃取变异量
工艺绩效			.867	.686
1. 增加了产品生产能力	.781***	.558		
2. 降低了单位产成品的人工成本	.904***	.274		
3. 降低了单位产成品的原料和能耗	.922***	.212		

注：适配度：RMSR = 0.168，GFI = 0.922，NFI = 0.929，CFI = 0.920，因素负荷量为标准化之后数值，***表示 $p<0.001$。

表 5-7　技术并购边界验证性因素分析

量表题项	因素负荷量	衡量误差	组成信度	萃取变异量
技术并购边界			.867	.563
1. 外部模式的灵活性，也就是外部模式的特征能够被改变的程度	.807***	.747		
2. 企业建立外部模式所需的成本与时间多少	.875***	.493		
3. 企业对外部研发活动的控制，包括对人、研发活动、组织以及信息流等方面的控制程度	.864***	.614		
4. 外部模式的存续期长短	.908***	.377		
5. 外部模式对企业人力资源、组织结构与资产的影响程度	.833***	.625		

注：适配度：RMSR = 0.173，GFI = 0.928，NFI = 0.958，CFI = 0.964，因素负荷量为标准化之后数值，***表示 $p<0.001$。

表 5-8　吸收能力验证性因素分析

量表题项	因素负荷量	衡量误差	组成信度	萃取变异量
一、潜在吸收能力			.852	.506
1. 企业主动与客户、供应商、伙伴企业与政府进行沟通，以获取必要的市场信息、经验和知识，定期或不定期地获取竞争对手的经验和知识	.695***	.609		

续表

量表题项	因素负荷量	衡量误差	组成信度	萃取变异量
2. 企业内部应用了外部网、专家系统、企业"黄页"等技术方法，以方便员工找到组织外部的知识或联系相关专家	.673***	.681		
3. 企业有专门的人员对获取的知识进行补充和完善和适当的解释，使其更利于员工的理解和符合员工需求	.817***	.340		
4. 企业鼓励员工借鉴部门以外或企业以外的知识	.711***	.444		
5. 企业中有专门的人员对组织中的新知识的价值进行评估并过滤	.735***	.653		
6. 企业中采用了数据库等技术来保存组织中研究报告、营销资料等显性知识，定期剔除没有价值的、过时的和重复的知识	.744***	.593		
二、现实吸收能力			.923	.699
1. 创造了一个工作环境，适合员工通过示范等方法来学习、理解专家经验和技能	.874***	.252		
2. 企业鼓励员工经常交流不同的思想和观念	.851***	.282		
3. 企业鼓励员工在交流中使用归纳、演绎等方法来思考问题，使用比喻、类比等方法来形象化描述新产生的概念	.906***	.223		
4. 企业在员工中积极传播新产生的概念和思想	.826***	.349		
5. 企业采用团队模式来实施各种项目，并在整个组织中分享成果	.773***	.419		
6. 企业鼓励员工通过不断沟通来理解并分享组织愿景和企业价值	.824***	.313		

注：适配度：RMSR = 0.110，GFI = 0.880，NFI = 0.898，CFI = 0.927，因素负荷量为标准化之后数值，*** 表示 $p < 0.001$。

表 5-9 独占机制验证性因素分析

量表题项	因素负荷量	衡量误差	组成信度	萃取变异量
一、法律机制			.835	.633
1. 注册样品	.934***	.197		
2. 注册商标	.668***	.816		
3. 版权	.910***	.234		
二、战略机制			.758	.447
1. 保密措施	.591***	.655		
2. 相互依存度	.714***	.546		
3. 复杂程度	.785***	.371		
4. 标准化程度	.561***	.668		

注：适配度：RMSR = 0.060，GFI = 0.965，NFI = 0.959，CFI = 0.983，因素负荷量为标准化之后数值，＊＊＊表示 $p<0.001$。

表 5-10 技术动态验证性因素分析

量表题项	因素负荷量	衡量误差	组成信度	萃取变异量
技术动态			.842	.590
1. 企业业务领域内的技术变化速度快	.646***	.484		
2. 技术变化给企业的业务发展提供的机会多	.910***	.124		
3. 能预测什么样的技术将成为五年以后企业现有业务领域的主导技术	.682***	.462		
4. 在企业的业务领域，一系列的新业务有可能出现	.589***	.424		

注：适配度：RMSR = 0.25，GFI = 0.933，NFI = 0.904，CFI = 0.909，因素负荷量为标准化之后数值，＊＊＊表示 $p<0.001$。

表 5-11 市场动态验证性因素分析

量表题项	因素负荷量	衡量误差	组成信度	萃取变异量
市场动态			.751	.514
1. 许多新的顾客正对企业的产品形成需求	.652***	.389		
2. 企业新顾客的出现主要来源于企业产品和服务的改善	.869***	.215		
3. 企业的资源配置主要倾向于满足已有顾客的需求	.501***	.752		

注：适配度：RMSR = 0.440，GFI = 0.998，NFI = 0.990，CFI = 0.989，因素负荷量为标准化之后数值，＊＊＊表示 p < 0.001。

2. 区分效度测试

区分效度主要检验相同概念的多个构面相互之间是否具有区别性，依据安德森与格宾（Gerbing）[①] 的建议，将两个构面的相关系数设定为1，然后将此限定模式与未限定模式之原始衡量模式进行卡方检验。如果限定模式之卡方值较未限定之原始模式之卡方值大且达到了显著性水平时，则表示两个构面具有区别效度。本研究各个构面之区别效度分析结果如下：

从表 5-12 至 5-14 可以看出，将各个构念中构面两两相关系数限定为1时，限定模式的卡方值较未限定模式的卡方值为大且达到了显著性，显示研究架构各构面之间具有区别效度。

表 5-12 创新绩效构面区别效度分析

模式	卡方值	自由度	卡方值差异	P 值
知识绩效原始衡量模式	48.004	8	—	—
产品与工艺绩效相关为1	159.8	9	111.796	0.000

---

① Anderson, P., & Tushman, M. L., "Technological discontinuities and dominant designs: A cyclical model of technological change", *Administrative Science Quarterly*, 35, 1990, p.604-633.

表 5-13　吸收能力构面区别效度分析

模式	卡方值	自由度	卡方值差异	P 值
吸收能力原始衡量模式	167.142	53	—	—
潜在吸收能力与现实吸收能力相关为 1	242.90	54	75.758	0.000

表 5-14　独占机制构面区别效度分析

模式	卡方值	自由度	卡方值差异	P 值
独占机制原始衡量模式	21.469	13	—	—
法律与战略相关为 1	172.6	14	151.131	0.000

在此基础上，本书利用因子分析将同一变量的不同测度题项合并为较少的因子，以简化数据的基本结构①。对于本论文来说，就是要通过因子分析，判断同一变量的不同测度题项是否比较准确地反映了被测度变量的特性，以至可以将这些题项合并为一个因子（命名为该被测度变量），在此基础上，利用变量的因子得分值进行多元线性回归，以检验论文的研究假设是否成立。根据斯蒂恩坎普等（Steenkamp, et al）在 1991 年研究，按照经验判断方法，当取样适切性量数（Kaiser-Meyer-Olkin，简称 KMO）值≥0.7，各题项的载荷系数均 > 0.50 时，可以通过因子分析将同一变量的各测试题项合并为一个因子进行后续分析。通过本书上述信度、效度分析的变量，都能够合并成单一因子（非旋转），后续研究建立在这些因子基础上。

第二节　基于变量之间关系局部分析与假设检验

一、基于相关分析的变量两两关系初步判断

在具体进行回归分析之前，我们先来说明被解释变量、解释变量、调制变量、中介变量和控制变量的描述性统计（包括均值和标准离差）和它们之间的两两简单相关系数（bivariate correlation），结果见表 5-15。

---

① 马庆国著：《管理统计-数据获取、统计原理、SPSS 工具与应用研究》，北京科学出版社 2002 年。

从表 5-15 可以看出，潜在吸收能力和企业产品、工艺绩效之间具有正向并且是统计上显著的相关系数，两两简单相关系数（Pearson 相关系数）r 分别为 0.512，0.187，显著性水平 P 均小于 0.01，这一结果初步说明潜在吸收能力或水平有利于企业绩效的提高；法律机制和企业产品、工艺绩效之间具有正向并且是统计上显著的相关系数，两两简单相关系数（Pearson 相关系数）r 分别为 0.472，0.226，显著性水平 P 均小于 0.01，这一结果初步说明法律机制专用水平有利于企业绩效的提高；战略机制和企业产品绩效之间具有正向并且是统计上显著的相关系数，两两简单相关相关系数（Pearson 相关系数）r 分别为 0.176，显著性水平 P 均小于 0.05，这一结果初步说明潜在战略机制专用水平有利于企业绩效的提高；技术并购边界一体化水平和企业产品绩效之间具有正向并且是统计上显著的相关系数，两两简单相关相关系数（Pearson 相关系数）r 分别为 0.231，显著性水平 P 均小于 0.01，这一结果初步说明技术并购边界一体化水平有利于企业绩效的提高。另外，从表 5-15 我们也可以发现，技术发展动态、行业特征与企业工艺绩效具有正向并且是统计上显著的相关系数；技术发展动态、市场需求动态与企业产品绩效具有正向并且是统计上显著的相关系数；这初步说明，在吸收能力、独占机制对创新绩效影响中，这些变量的控制、调节作用是存在的。

就吸收能力、独占机制对技术并购边界一体化水平影响看，现实吸收能力与技术并购边界相关系数为 0.235，在 0.01 水平上显著；法律机制与技术并购边界相关系数为 0.293，在 0.01 水平上显著；另外，技术发展动态、市场需求动态与技术并购边界的相关系数分别为 0.202 和 0.253，在 0.01 水平上显著；这些关系初步说明，吸收能力、独占机制对技术并购边界选择的影响是存在的，这一影响也受到了技术发展和市场需求动态的影响。

整体上看，技术并购边界作为中介在吸收能力、独占机制对创新绩效影响中起作用也初步得到反映。此外，相关系数关系表明，潜在吸收能力、现实吸收能力之间相关性很低，法律机制与战略机制相关性也很低；而潜在吸收能力与法律机制相关性达到了显著水平，现实吸收能力与战略机制的相关程度也达到了显著水平，这初步说明，一方面，具有强潜在吸收能力的企业也善于运用法律机制保护创新，而具有强的现实吸收能力的企业也善于运用战略机制保护自身创新；另一方面，吸收能力与独占机制具有相互调节作用。

二、吸收能力、独占机制、并购边界对创新影响的检验

在这一部分，先检验技术并购边界一体化水平与创新绩效关系、吸收能力

与创新绩效影响关系、独占机制对创新绩效影响关系的假设。为了对这些假设做出验证，我们需要对这些变量根据因果关系，建立回归模型进行回归分析，表5-16和表5-17列示了验证这些假设的各种回归模型的运算结果。

从表5-16中模型的回归结果中可以得到如下结论。（1）包含知识获取和知识转换的潜在吸收能力对企业产品创新的提升具有显著的作用，在总体模型中，其回归系数为0.351，且p值小于0.001。技术发展动态、市场需求动态对这一影响关系具有调节作用，这一点可以得到模型6和7、模型8与9的验证；其中，市场动态调节更为显著。因此，假设1a得到了验证。（2）包含知识整合和知识运用的现实吸收能力对企业产品创新的影响作用，在总体模型和考虑市场需求动态模型中，其回归系数低，且不显著。而技术发展动态对这一影响关系具有显著的调节作用，使得从不显著的正向影响转化为显著地负向影响关系（模型6与7）。因此，整体上看，有关现实吸收能力与产品创新关系假设2a没有支持。（3）法律机制对企业产品创新的提升具有显著的作用，在总体模型中，其回归系数为0.256，且p值小于0.001。技术发展动态、市场需求动态对这一影响关系不具有显著的调节作用，这一点可以从模型6和7、模型8与9中看出。因此，假设3a得到了验证。（4）战略机制对企业产品创新的提升不具有显著的作用，在总体模型中，其回归系数为0.136，而p值大于0.05。市场需求动态对这一影响关系具有显著的调节作用，这一点可以从模型8与9中看出，但是回归系数仍然不显著。因此，假设4a没有得到验证。（5）技术并购边界一体化水平对企业产品创新的提升具有显著的作用，在总体模型中，其回归系数为0.171，且p值在0.05水平时回归系数具有统计上显著性。而技术发展动态、市场需求动态对这一影响关系不具有显著的调节作用，这一点可以从模型6和7、模型8与9中看出。因此，假设5a得到了验证。

从表5-17中模型的回归结果中可以得到如下结论。（1）包含知识获取和知识转换的潜在吸收能力对企业工艺创新的提升不具有显著的作用，在总体模型中，其回归系数为0.094，且p值在0.05水平上不显著。技术发展动态、市场需求动态对这一影响关系不具有显著的调节作用，这一点可以得到模型6和7、模型8与9的验证。因此，假设1b没有得到验证。（2）包含知识整合和知识运用的现实吸收能力对企业工艺创新的影响作用，在总体模型中系数为-0.073，且不显著；考虑市场需求动态和技术发展动态调节时，在技术发展、市场需求动态低水平下（模型6、模型8），其回归系数为负值，且在0.01水平上显著从，Z值检验看，这两个变量的调节作用也显著。因此，整体上看，有关现实吸收能力与工艺创新关系假设2b没有支持。（3）法律机制对企业工艺创新的

表 5-15 描述性统计和相关系数

变量	MEAN	SD	1	2	3	4	5	6	7	8	9	10	11
1. 产品创新	0.00	1.00											
2. 工艺创新	0.00	1.00	0.000										
3. 潜在吸收能力	0.00	1.00	0.512**	0.187*									
4. 现实吸收能力	0.00	1.00	-0.061	-0.11	0.000								
5. 法律机制	0.00	1.00	0.472**	0.226**	0.531**	0.111							
6. 战略机制	0.00	1.00	0.176*	0.108	0.116	-0.425**	0.000						
7. 技术并购边界	0.00	1.00	0.231**	0.014	0.056	0.235**	0.293**	-0.051					
8. 技术发展动态	0.00	1.00	0.540**	0.205**	0.597**	-0.022	0.487**	0.272**	0.202**				
9. 市场需求动态	0.00	1.00	0.498**	0.041	0.552**	0.034	0.517**	0.018	0.253**	0.591**			
10. 企业规模	1.41	0.58		-0.012	0.055	-0.059	-0.041	-0.14		-0.029	0.029		
11. 所处行业	0.500	0.540		-0.068	0.208**	-0.020	0.012	0.072	0.183*	-0.127	0.222**	0.040	-0.110

注:1. 本书对企业规模的描述采用虚拟变量,大规模标识为1,其他为0;高新技术企业的标识为1,其他为0;具体参考国民经济行业分类编号,高技术行业分类。
2. * *表示在显著性水平 p<0.01(双尾检测)显著;*表示显著性水平 p<0.05(双尾检测)显著。
3. 企业所处的行业采用的是虚拟变量。

表 5-16 最小二乘法（OLS）模型回归结果：以产品绩效为因变量

变量	总体模型 模型1 (N=179)	中介（吸收能力情形） 模型2 (N=179)	中介（吸收能力情形） 模型3 (N=179)	中介（独占机制情形） 模型4 (N=179)	中介（独占机制情形） 模型5 (N=179)	技术发展动态调节模型 模型6 (N=77)	技术发展动态调节模型 模型7 (N=98)	技术发展动态调节模型 |Z|值	市场需求动态调节模型 模型8 (N=98)	市场需求动态调节模型 模型9 (N=68)	市场需求动态调节模型 |Z|值
潜在吸收	0.351*** (0.075)	0.510*** (0.067)	0.499*** (0.065)			0.497*** (0.141)	0.164* (0.079)	2.080*	0.399*** (0.109)	0.057 (0.116)	2.14**
现实吸收	-0.073 (0.072)	-0.070 (0.067)	-0.122 (0.066)			0.140 (0.132)	-0.246** (0.077)	2.57**	-0.033 (0.103)	-0.085 (0.095)	0.37
法律机制	0.256*** (0.077)			0.484*** (0.066)	0.449*** (0.069)	0.076 (0.127)	0.166 (0.095)	0.560	0.225* (0.102)	0.080 (0.126)	0.91
战略机制	0.136 (0.07)			0.198** (0.066)	0.207* (0.066)	-0.019 (0.121)	-0.002 (0.082)	0.110	0.197 (0.104)	-1.109 (0.098)	9.33***
技术并购边界	0.171* (0.067)		0.238*** (0.066)	0.034 (0.047)	0.120 (0.069)	0.211 (0.124)	-0.157* (0.071)	0.386	0.14 (0.093)	0.19* (0.088)	0.38
企业规模	0.019 (0.044)	0.006 (0.047)	-0.003 (0.046)	0.034 (0.047)	0.027 (0.047)	0.049 (0.050)	-0.207 (0.139)		0.037 (0.047)	-0.227 (0.178)	
所处行业	-0.241 (0.128)	-0.108 (0.133)	-0.173 (0.130)	-0.258 (0.135)	-0.289* (0.136)	-0.309 (0.238)	-0.559*** (0.148)		-0.324 (0.180)	-0.179 (0.165)	
R^2	0.369	0.263	0.315	0.270	0.282	0.264	0.378		0.335	0.148	
调整的 R^2	0.343	0.246	0.295	0.253	0.261	0.189	0.330		0.283	0.062	
F	13.957***	15.162***	15.563***	15.695***	13.297***	3.531**	7.820***		6.469***	1.711	

注：括号内为系数标准误，**表示在 $p<0.01$（双尾检测）显著；*表示平 $p<0.05$（双尾检测）显著。

表 5-17 最小二乘法模型回归结果：以工艺绩效为因变量

变量	总体模型 模型1 (N=179)	中介(吸收能力情形) 模型2 (N=179)	中介(吸收能力情形) 模型3 (N=179)	中介(独占机制情形) 模型4 (N=179)	中介(独占机制情形) 模型5 (N=179)	技术发展动态调节模型 模型6 (N=77)	技术发展动态调节模型 模型7 (N=98)	技术发展动态调节模型 |Z|值	市场需求动态调节模型 模型8 (N=98)	市场需求动态调节模型 模型9 (N=68)	市场需求动态调节模型 |Z|值
潜在吸收	0.094 (0.088)	0.203** (0.074)	0.204** (0.074)			0.274 (0.147)	-0.012 (0.120)	1.500	0.293* (0.127)	-0.034 (0.144)	1.72
现实吸收	-0.146 (0.084)	-0.133 (0.074)	-0.131 (0.076)			-0.389** (0.138)	0.003 (0.118)	2.170**	-0.342** (0.120)	0.018 (0.118)	2.12**
法律机制	0.210* (0.090)			0.229** (0.073)	0.257*** (0.076)	0.110 (0.132)	0.201 (0.145)	0.455	0.331** (0.119)	0.036 (0.156)	1.48
战略机制	-0.008 (0.082)			0.074 (0.073)	0.066 (0.074)	-0.102 (0.127)	0.072 (0.126)	0.967	-0.201 (0.121)	0.127 (0.122)	1.93
技术并购边界	-0.062 (0.078)		-0.008 (0.076)		-0.096 (0.077)	0.012 (0.129)	-0.064 (0.108)	0.447	-0.125 (0.108)	0.025 (0.109)	1.00
企业规模	0.076 (0.052)	0.059 (0.052)	0.060 (0.052)	0.077 (0.052)	0.082 (0.052)	0.075 (0.052)	0.076 (0.212)		0.102 (0.055)	0.225 (0.220)	
所处行业	0.399** (0.15)	0.409** (0.147)	0.411** (0.149)	0.348* (0.149)	0.373* (0.151)	0.494 (0.249)	0.410 (0.226)		0.691*** (0.210)	0.06 (0.204)	
R^2	0.130	0.101	0.101	0.100	0.108	0.226	0.059		0.291	0.03	
调整的R^2	0.093	0.08	0.075	0.079	0.082	0.147	-0.014		0.236	-0.069	
F	3.559***	4.795***	3.815**	4.706***	4.091***	2.873*	0.811		5.285***	0.300	

注：括号内为系数标准误，** 表示在 p<0.01(双尾检测)显著；* 表示平 p<0.05(双尾检测)显著。

提升具有显著的作用，在总体模型中，其回归系数为 0.210，且 p 值小于 0.05。技术发展动态、市场需求动态对这一影响关系不具有显著的调节作用，这一点可以从模型 6 和 7、模型 8 与 9 中看出。因此，假设 3b 得到了验证。(4) 战略机制对企业工艺创新的提升不具有显著的作用，甚至具有负向作用；在总体模型中，其回归系数为 -0.008，而 p 值大于 0.05。技术发展动态、市场需求动态对这一影响关系不具有显著的调节作用，这一点可以从模型 6、7、8 与 9 中看出。因此，假设 4b 没有得到验证。(5) 技术并购边界一体化水平对企业工艺创新的提升不具有显著的作用，甚至具有一定的负面影响；在总体模型中，其回归系数为 -0.062，且 p 值在 0.05 水平时回归系数不具有统计上显著性。同时技术发展动态、市场需求动态对这一影响关系也不具有显著的调节作用，这一点可以从模型 6 和 7、模型 8 与 9 的看出。因此，假设 5b 没有得到验证。

需要指出的是，在调节作用研究中，我们使用了如下的技术：利用均值分离技术，按照技术发展动态性和市场需求动态性因子值的均值（因为在因子分析过程中经历了标准化处理，所以这两个均值为0）分别将整个样本分为高低动态性的两个子样本，然后对这些子样本进行多元线性回归，在回归结果的基础上，利用 z 统计检验，判断子样本同一解释变量的回归系数之间是否存在显著的差异①。在回归分析中，存在部分方程拟合系数偏低甚至不合理的方程，特别是表 5 - 17 中考虑技术与市场动态调节的模型 7 与 9；然而，正是基于从不合理到合理的拟合系数变化，使得我们可以判断调节作用存在。

我们把上述变量关系及其相应假设检验结果归纳在表 5 - 18 中。

表 5 - 18　吸收能力、独占机制、技术并购边界与创新绩效假设检验结果

创新绩效		技术并购边界	潜在吸收	现实吸收	法律机制	战略机制
总体模型	产品	H_{5a} (√)	H_{1a} (√)	H_{2a} (×)	H_{3a} (√)	H_{4a} (×)
	工艺	H_{5b} (×)	H_{1b} (×)	H_{2b} (×)	H_{3b} (√)	H_{4b} (×)
技术动态显著调节	产品	无	有	有	无	无
	工艺	无	无	有	无	无
市场动态显著调节	产品	无	有	无	无	无
	工艺	无	无	有	无	无

① Kessler, E. H., &Bierly, "P E. Is faster really better? An empirical test of the implications of Innovation speed. IEEE Transactions on En?", *Bering Management*, 1, 2002, p. 2 - 12.

三、技术并购边界中介作用检验

温忠鳞、候杰泰、张雷①提供了中介效应检验方法。考虑自变量 X 对因变量 Y 的影响，如果 X 通过影响变量 M 来影响 Y，则称 M 为中介变量。Y、M、X 存在如下关系：

$Y = cX + e_1$

$M = aX + e_2$

$Y = dX + bM + e_3$

检验过程如图所示（图 5 – 1）：

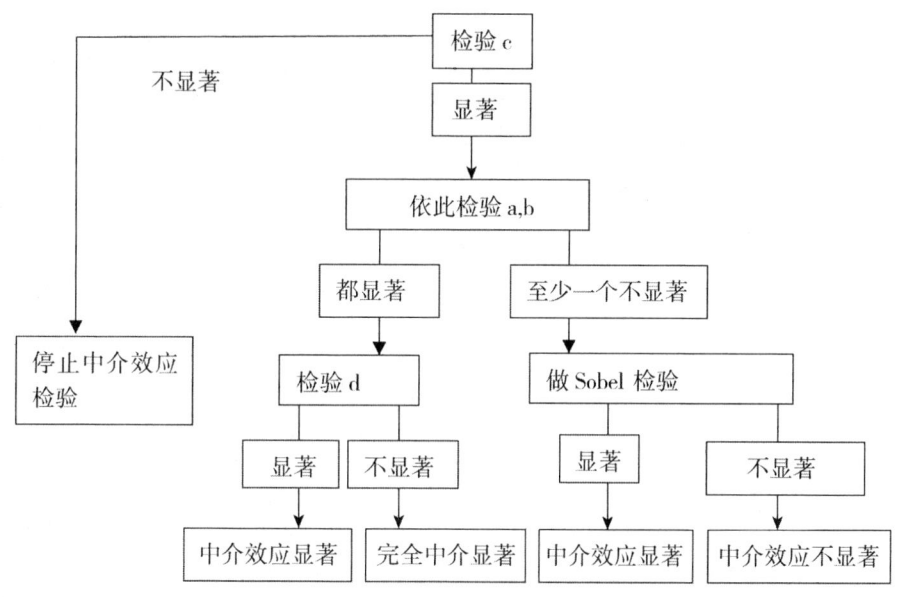

图 5 – 1　中介效应检验程序

吸收能力、独占机制对产品创新影响中，依据上述程序，根据表 5 – 16 模型 4 与 5，以及表 5 – 19 中模型 1，可知就总样本而言，技术并购边界作为法律机制对产品绩效的中介相应显著。潜在吸收能力在表 5 – 16 中显示显著影响产品绩效，而在表 5 – 19 中，其对技术并购边界影响不显著；因此，需要进行索贝尔（Sobel）检验。Z 绝对值为 1.47，这表明技术并购边界在潜在吸收能力对

---

① 温忠鳞、候杰泰、张雷：《调节效应与中介效应的比较和应用》，《心理学报》2005 年第 2 期，第 268 – 274 页。

表 5-19 最小二乘法模型回归结果：以技术并购边界为因变量

变量	总体模型 模型1 (N=179)	中介(吸收能力情形) 模型2 (N=179)	中介(吸收能力情形) 模型3 (N=179)	中介(独占机制情形) 模型4 (N=179)	中介(独占机制情形) 模型5 (N=179)	技术发展动态调节模型 模型6 (N=77)	技术发展动态调节模型 模型7 (N=98)	|Z|值	市场需求动态调节模型 模型8 (N=98)	市场需求动态调节模型 模型9 (N=68)	|Z|值
潜在吸收	-0.138 (0.086)	-0.153 (0.086)	-0.151 (0.086)			-0.19 (0.135)	-0.1 (0.116)	0.5	-0.142 (0.122)	-0.267 (0.155)	0.63
现实吸收	0.190* (0.081)			0.225** (0.084)	0.121 (0.086)	0.199 (0.125)	0.026 (0.115)	1.02	0.235* (0.114)	0.140 (0.128)	0.56
法律机制	0.343*** (0.085)	0.369*** (0.085)	0.362*** (0.086)			0.251* (0.119)	0.479*** (0.132)	1.27	0.271* (0.112)	0.48** (0.162)	1.05
战略机制	0.024 (0.081)			0.018 (0.084)	0.105 (0.084)	0.141 (0.116)	-0.116 (0.122)	1.51	0.088 (0.117)	-0.081 (0.134)	0.04
法律潜在			-0.054 (0.076)								
现实战略					0.177*** (0.048)						
企业规模	0.063 (0.051)		0.060 (0.052)	0.037 (0.053)	0.03 (0.051)	0.063 (0.048)	0.125 (0.206)		0.061 (0.053)	0.095 (0.242)	
所处行业	0.215 (0.147)		0.206 (0.147)	0.265 (0.152)	0.362* (0.149)	0.688*** (0.215)	-0.155 (0.219)		0.387 (0.2)	-0.019 (0.224)	
R^2	0.150	0.118	0.121	0.065	0.136	0.282	0.181		0.169	0.154	
调整的 R^2	0.119	0.097	0.095	0.043	0.110	0.221	0.127		0.114	0.082	
F	4.924***	5.695***	4.644***	2.94	5.303***	4.586***	3.355***		3.085**	2.128	

注：括号内为系数标准误。** 表示在 $p<0.01$（双尾检测）显著；* 表示平 $p<0.05$（双尾检测）显著。

产品创新影响中中介效应不显著。战略机制对产品绩效影响显著（表 5-16 模型 4、5），而考虑技术并购边界变量时，其对技术并购边界影响不显著，因此需要进一步检验，索贝尔检验表明，Z 值为 0.29，因而，战略机制对产品创新影响时，技术并购边界中介效应也不显著。与此相类似，现实吸收能力对产品创新影响中，技术并购边界中介作用也不显著。

吸收能力、独占机制对工艺创新影响中，根据表 5-17 模型 4 与 5，以及表 5-19 中模型 1，可知就总样本而言，技术并购边界作为法律机制对工艺绩效的中介相应需要检验。索贝尔检验，Z 值为 1.19，这说明技术并购边界在法律机制影响工艺创新中中介作用不显著。潜在吸收能力在表 5-17 中显示显著影响工艺绩效，而在表 5-19 中，其对技术并购边界影响不显著；因此，需要进行索贝尔检验。Z 绝对值为 0.11，这表明技术并购边界在潜在吸收能力对工艺创新影响中中介效应不显著。而战略机制和现实吸收能力对工艺创新不构成影响。

应该指出的是，上述关于技术并购边界的中介作用检验，一是基于总样本数据，而没有根据控制或调节变量分组检验；从表 5-19 中可以初步判断一些变量调节作用是存在的。二是仅进行部分变量关系分析而没有考虑其他变量影响。此外，方程拟合系数偏低也影响了假设检验结果信度。因此，这些检验结论只是初步的，我们把它汇总在表 5-20 中。

表 5-20 基于总样本数据技术并购边界中介作用假设检验结果

创新绩效		自变量			
		潜在吸收	现实吸收	法律机制	战略机制
总体模型	产品	H_{6a}（×）	H_{7a}（×）	H_{8a}（√）	H_{9a}（×）
	工艺	H_{6b}（×）	H_{7b}（×）	H_{8b}（×）	H_{9b}（×）

第三节 基于变量之间整体关系的假设检验

基于回归方程检验假设的初步性，本节研究运用结构方程技术，从变量之间整体关系着手，来检验研究假设。应该看到，回归方程研究一方面指出了变量之间影响关系与大致程度；另一方面，指出了研究变量受到控制或者调节变量的可能影响，从而为结构方程研究变量整体关系提供了方向。

结构方程模型（SEM）是一种综合运用多元回归分析、路径分析和验证性因子分析方法的数据统计分析工具。它可用来解释一个或多个自变量与一个或多个因变量之间的关系，能够测量自变量对因变量的直接和间接影响，目前已广泛应用于心理学、经济学、社会学和行为科学等领域的研究中。因此，本研究采用结构方程模型方法进一步验证研究假设。

结构方程模型主要具有验证性功能，研究者通过一定的统计方法对复杂的理论模型加以处理，并依据模型与数据关系的一致性程度适当评价所构建的理论模型，由此证实或证伪研究者所建立的模型。结构方程模型可分为测量模型（measurement model）分析或称验证性因子分析（CFA）与结构模型（structural model）分析。

安德森等在1988年以及威廉姆斯等在1986年建议结构方程模型应该以两阶段法进行：第一阶段先针对各研究构面及其衡量题项进行克伦巴赫系数分析以及验证性因素分析，以了解各个构面的信度与效度；第二阶段将多个衡量题项缩减为少数衡量指标，再运用结构方程模型加以分析，以验证研究中的各项假说。采用两个阶段分析法的优点在于可以将衡量模式与结构模式加以区分，以避免研究者在检验结果不显著时，无法判断是衡量模式的问题或是构念之间关系问题。第一阶段，我们在信度、效度分析部分已经讨论过。所有变量测量信度和效度都在可接受范围内，因此，本部分可以直接进入变量之间关系的结构模式检验研究。

另外，考虑到吸收能力、独占机制之间的可能存在的相互作用，本书按照均值分离技术，在研究吸收能力相关假设时考虑独占机制影响，而在独占机制相关假设检验时考虑了吸收能力的影响。

一、吸收能力、技术并购边界与创新绩效

（一）总样本情况下理论模式路径系数与假设检验

整体模型用来检验整体模式与观察数据的拟合程度，一般将适合衡量标准分为三种类型，包括：绝对拟合指数，相对拟合指数；简约拟合指数。模型拟合指数如表5-21所示，综合各项指标的判断，本书理论模式的整体模型拟合度较好，可以检验本书提出的理论假设。

理论模式的路径系数和假设检验结果如表5-22所示：假设 H_{5a}、H_{1a}、H_{1b} 和 H_{7c} 的P值都小于0.05，可见这些假设都获得了支持，而假设 H_{5b}、H_{2a}、H_{2b} 和 H_{6c} 的P值都大于0.05，均未获得支持。也就是技术并购边界在现实吸收能力对产品创新正向影响中起完全中介作用；潜在吸收能力对创新产品、工艺绩效具有显著的正向影响作用。

表 5-21 吸收能力模型拟合指数

	拟合指标	模型估计	解释
绝对拟合指标	卡方值	3.316	
	拟合优度指数（GFI）	0.993	很好，大于 0.90
	调整拟合优度指数（AGFI）	0.945	很好，大于 0.90
	残差均方根（RMR）	0.028	非常好，小于 0.05
	近似误差均方根（RMSEA）	0.061	很好，小于 0.08
相对拟合指标	比较拟合指数（CFI）	0.984	非常好，大于 0.9 接近 1
	增值拟合指数（IFI）	0.985	非常好，大于 0.9 接近 1
	规范拟合指数（NFI）	0.963	非常好，大于 0.9 接近 1
	相对拟合指数（RFI）	0.817	大于 0.8，可以接受
	非规范拟合指数（TLI）	0.918	非常好，大于 0.9 接近 1
简约拟合指标	赤池信息准则（AIC）理论模式值	29.316	理论模式赤池信息准则值小于饱和模式合独立模式。
	赤池信息准则饱和模式值	30.000	
	赤池信息准则独立模式值	100.473	
	简效规范拟合指数（PNFI）	0.193	一般，要求大于 0.5
	简效比较拟合指数（PCFI）	0.197	一般，要求大于 0.5
	卡方值与自由度比值	1.658	在 1-3 之间

表 5-22 吸收能力理论模式的路径系数与假设验证

变量间关系	路径系数	P 值	对应假设	检验结果
潜在能力 ——→技术并购边界	0.056	0.444	H6c	不支持
现实能力 ——→技术并购边界	0.235***	0.001	H7c	支持
技术并购边界 ——→产品绩效	0.230***	0.000	H5a	支持
技术并购边界 ——→工艺绩效	0.031	0.676	H5b	不支持
潜在能力 ——→产品绩效	0.500***	0.000	H1a	支持
潜在能力 ——→工艺绩效	0.186*	0.011	H1b	支持
现实能力 ——→产品绩效	-0.115	0.070	H2a	不支持
现实能力 ——→工艺绩效	-0.117	0.075	H2b	不支持

注：路径系数为标准化值，***表示 P<0.000，**表示 P<0.01，*表示 P<0.05。

(二) 考虑其他变量影响

本书进一步研究了假设及其检验结果在考虑不同变量调节下可能的影响，其结果在表 5-23 至 26 中列示。

1. 技术动态影响

如表 5-23 所示，在低技术动态下，潜在吸收能力对创新绩效具有影响作用并没有变化；但是，现实吸收能力仅对技术并购边界一体化水平选择产生影响，而后者对知识绩效并不产生影响。在表 5-23 中，高技术动态下理论模式拟合指数显示模型需要进一步修正。我们逐步删除最大 P 值的路径，最终得到的一个有关潜在、现实吸收能力、技术并购边界与产品绩效的模型，这个模型在卡方、自由度、拟合优度指数、残差均方根、近似误差均方根、调整拟合优度指数、规范拟合指数、比较拟合指数、增值拟合指数、非规范拟合指数等指数显著得到了改善。在这个模型中，潜在吸收能力对产品绩效提升正向影响，在 0.01 统计水平上显著，而技术并购边界一体化水平选择也显著影响产品绩效。

2. 市场动态影响

如表 5-24 所示，在低市场动态下，潜在吸收能力对创新绩效具有影响作用并没有变化；技术并购边界作为中介，在现实吸收能力对产品绩效影响中起显著正向作用。我们对高市场动态下模型进行了必要修正，修正模型是在原模型基础上剔除了工艺知识创新绩效变量，卡方值、显著性水平、拟合优度指数、残差均方根、近似误差均方根、调整拟合优度指数、规范拟合指数、比较拟合指数、增值拟合指数等显著得到了改善，并达到非常好水平。在这个模型中，技术并购边界对产品绩效正向影响在 0.01 水平上显著，而现实吸收能力对产品绩效正向影响在 0.05 水平上不显著（P=0.061）。

3. 法律机制强度影响

如表 5-25 所示，在低法律机制专用水平下，潜在吸收能力对创新绩效具有影响作用并没有变化；但是，现实吸收能力仅对技术并购边界一体化水平选择产生影响，而后者对知识绩效并不产生影响。此外，现实吸收能力对工艺知识创新具有显著的负向影响。我们对高水平的法律机制模型进行了必要修正，修正模型是在原模型基础上剔除了技术并购边界中介作用，卡方值、显著性水平、拟合优度指数、残差均方根、近似误差均方根、调整拟合优度指数、规范拟合指数、比较拟合指数、增值拟合指数等显著得到了改善，并达到可接受水平。在这个模型中，技术并购边界对产品绩效正向影响在 0.01 水平上显著，而潜在吸收能力对产品绩效正向影响在 0.001 水平上显著；此外，还发现现实吸收能力在 0.05 水平水平上显著正向影响工艺创新绩效。

表5-23　理论模式的路径系数与假设检验（高低技术发展动态的比较）

变量间关系		低技术动态(n=79)			高技术动态(n=100)		
		路径系数	P值	检验结果	路径系数	P值	检验结果
潜在能力	→技术并购边界	-0.106	0.395	不支持	0.088	0.422	不支持
现实能力	→技术并购边界	0.320**	0.006	支持	0.175	0.059	不支持
技术并购边界	→产品绩效	0.166	0.114	不支持	0.227***	0.001	支持
技术并购边界	→工艺绩效	0.156	0.172	不支持	-0.040	0.685	不支持
潜在能力	→产品绩效	0.524***	0.000	支持	0.175	0.059	不支持
潜在能力	→工艺绩效	0.315*	0.013	支持	-0.010	0.924	不支持
现实能力	→产品绩效	0.076	0.500	不支持	-0.044	0.634	不支持
现实能力	→工艺绩效	-0.241	0.051	不支持	-0.193**	0.003	支持

注：路径系数为标准化值，***表示P<0.000，**表示P<0.01，*表示P<0.05。
低技术动态组：Chi-square = 2.440, Degrees of freedom = 2, Probability level = .295, GFI = .988, RMR = .039, RMSEA = .053, AGFI = .908, NFI = .940, CFI = .986, IFI = .989, TLI = .928。
高技术动态组：Chi-square = 11.980, Degrees of freedom = 2, Probability level = .003, GFI = .956, RMR = .062, RMSEA = .225, AGFI = .671, NFI = .715, CFI = .688, IFI = .750, TLI = -.561。

表 5-24 理论模式的路径系数与假设检验(高低市场需求动态的比较)

变量间关系		低市场需求动态 (n=100)			高市场需求动态 (n=79)		
		路径系数	P值	检验结果	路径系数	P值	检验结果
潜在能力	→技术并购边界	-0.011	0.921	不支持	-0.034	0.795	不支持
现实能力	→技术并购边界	0.261*	0.05	支持	0.222	0.058	不支持
技术并购边界	→产品绩效	0.178*	0.041	支持	0.219	0.06	不支持
技术并购边界	→工艺绩效	0.042	0.702	不支持	0.02	0.837	不支持
潜在能力	→产品绩效	0.519***	0.000	支持	0.111	0.227	不支持
潜在能力	→工艺绩效	0.365*	0.02	支持	-0.056	0.618	不支持
现实能力	→产品绩效	-0.119	0.155	不支持	-0.044	0.634	不支持
现实能力	→工艺绩效	-0.155	0.139	不支持	-0.193**	0.003	支持

注:路径系数为标准化值,*** 表示 $P<0.000$,** 表示 $P<0.01$,* 表示 $P<0.05$。
低市场动态组:Chi-square = .870, Degrees of freedom = 2, Probability level = .647, GFI = .997, RMR = .022, RMSEA = .000, AGFI = .974, NFI = .982, CFI = 1.000, IFI = 1.024, TLI = 1.147。
高市场动态组:Chi-square = 12.545, Degrees of freedom = 2, Probability level = .002, GFI = .944, RMR = .056, RMSEA = .260, AGFI = .577, NFI = .500, CFI = .302, IFI = .544, TLI = -2.491。

表5-25 理论模式的路径系数与假设检验(高低法律机制专用水平的比较)

变量间关系		低法律机制水平(n=78)			高法律机制水平(n=101)		
		路径系数	P值	检验结果	路径系数	P值	检验结果
潜在能力	→技术并购边界	-0.063	0.632	不支持	-0.088	0.384	不支持
现实能力	→技术并购边界	0.200*	0.037	支持	0.123	0.300	不支持
技术并购边界	→产品绩效	0.171	0.091	不支持	0.208**	0.010	支持
技术并购边界	→工艺绩效	0.032	0.757	不支持	0.012	0.905	不支持
潜在能力	→产品绩效	0.567***	0.000	支持	0.276***	0.000	支持
潜在能力	→工艺绩效	0.295*	0.013	支持	0.095	0.892	不支持
现实能力	→产品绩效	-0.146	0.096	不支持	-0.179	0.061	不支持
现实能力	→工艺绩效	-0.345***	0.000	不支持	0.284*	0.023	支持

注:路径系数为标准化值,***表示P<0.000,**表示P<0.01,*表示P<0.05。
低法律机制组:Chi-square=1.278,Degrees of freedom=2,Probability level=1.528,GFI=.993,RMR=.028,RMSEA=.000,AGFI=.951,NFI=.974,CFI=1.000,IFI=1.015,TLI=1.092。
高法律机制组:Chi-square=12.058,Degrees of freedom=2,Probability level=.002,GFI=.955,RMR=.062,RMSEA=.224,AGFI=.665,NFI=.691,CFI=.653,IFI=.728,TLI=-.734。

表5-26 理论模式的路径系数与假设检验(高低战略机制专用水平的比较)

变量间关系		低战略机制水平 (n=95)			高战略机制水平 (n=84)		
		路径系数	P值	检验结果	路径系数	P值	检验结果
潜在能力 → 技术并购边界		0.044	0.624	不支持	0.078	0.497	不支持
现实能力 → 技术并购边界		0.182	0.068	不支持	0.248*	0.024	支持
技术并购边界 → 产品绩效		0.171	0.091	不支持	0.188*	0.019	支持
技术并购边界 → 工艺绩效		-0.005	0.969	不支持	0.072	0.418	不支持
潜在能力 → 产品绩效		0.496***	0.000	支持	0.528***	0.000	支持
潜在能力 → 工艺绩效		0.196	0.078	不支持	0.234*	0.012	支持
现实能力 → 产品绩效		-0.060	0.546	不支持	-0.165*	0.046	不支持
现实能力 → 工艺绩效		0.094	0.431	不支持	-0.296**	0.01	不支持

注：路径系数为标准化值，*** 表示 $P<0.000$，** 表示 $P<0.01$，* 表示 $P<0.05$。

低战略机制组：Chi-square = 8.844, Degrees of freedom = 2, Probability level = .012, GFI = .965, RMR = .073, RMSEA = .191, AGFI = .735, NFI = .814, CFI = .818, IFI = .850, TLI = .090。

高战略机制组：Chi-square = 3.447, Degrees of freedom = 2, Probability level = .071, GFI = .984, RMR = .073, RMSEA = .093, AGFI = .880, NFI = .941, CFI = .971, IFI = .974, TLI = .851。

表5-27 不同条件下的理论模式的路径系数与假设验证

变量间关系	对应假设	检验结果								
		总样本	技术低	技术高	市场低	市场高	法律低	法律高	战略低	战略高
潜在能力——→技术并购边界	H_{6c}	不支持	不支持	不支持	不支持	不支持	不支持	不支持	不支持	不支持
现实能力——→技术并购边界	H_{7c}	支持	支持	不支持	支持	支持	支持	不支持	不支持	支持
技术并购边界——→产品绩效	H_{5a}	支持	不支持	支持	支持	支持	支持	支持	支持	支持
技术并购边界——→工艺绩效	H_{5b}	不支持	不支持	支持	不支持	不支持	不支持	支持	不支持	不支持
潜在能力——→产品绩效	H_{1a}	支持	支持	支持	支持	不支持	支持	支持	支持	支持
潜在能力——→工艺绩效	H_{1b}	支持	支持	不支持	支持	不支持	支持	不支持	不支持	支持
现实能力——→产品绩效	H_{2a}	不支持	不支持	不支持	不支持	支持	不支持	不支持	不支持	不支持
现实能力——→工艺绩效	H_{2b}	不支持	不支持	不支持	不支持	不支持	不支持	支持	不支持	不支持

注：在战略机制高专用水平下，现实吸收能力对产品、工艺绩效具有显著负向影响。

4. 战略机制强度影响

如表 5-26 所示,在高战略机制专用水平下,潜在吸收能力对创新产品、工艺绩效具有显著影响作用,现实吸收能力对技术并购边界产生正向显著影响,而技术并购边界对产品创新也产生显著影响;此外,现实吸收能力对产品和工艺绩效均具有显著的负向影响。我们对低水平的战略机制模型进行了必要修正,修正模型是在原模型基础上剔除了技术并购边界、现实吸收能力直接对工艺绩效路径以及现实吸收能力直接对产品绩效的影响路径,这一模型在卡方值,显著性水平,拟合优度指数,残差均方根,近似误差均方根,调整拟合优度指数,规范拟合指数,比较拟合指数,增值拟合指数等指标显著得到了改善,并达到可接受水平。在这个模型中,技术并购边界对产品绩效正向影响在 0.01 水平上显著,而潜在吸收能力对产品绩效正向影响在 0.001 水平上显著。

在此,我们把上述研究结果汇总在表 5-27 中。总体上看,除了潜在吸收能力与技术并购边界之间关系的假设没有支持外,对其他关系的假设均存在支持的情形。因此,本书关于吸收能力、技术并购边界以及创新绩效关系的理论模型关系受到技术、市场动态以及独占机制变量的影响。

二、独占机制、技术并购边界与创新绩效

(一) 总样本情况下理论模式路径系数与假设检验

独占机制、技术并购边界与创新绩效关系的模型拟合指数如表 5-28 所示,综合各项指标的判断,本书理论模式的整体模型拟合度较好,可以检验本书提出的理论假设。

表 5-28　独占机制模型拟合指数

	拟合指标	模型估计	解释
绝对拟合指标	卡方值	3.797	
	拟合优度指数	0.992	很好,大于 0.90
	调整拟合优度指数	0.937	很好,大于 0.90
	残差均方根	0.031	非常好,小于 0.05
	近似误差均方根	0.071	很好,小于 0.08
相对拟合指标	比较拟合指数	0.977	非常好,大于 0.9 接近 1
	增值拟合指数	0.979	非常好,大于 0.9 接近 1
	规范拟合指数	0.956	非常好,大于 0.9 接近 1
	相对拟合指数	0.782	接近 0.8,可以接受
	非规范拟合指数	0.883	接近 0.9,可以接受

续表

	拟合指标	模型估计	解释
简约拟合指标	赤池信息准则理论模式值	29.797	理论模式赤池信息准则值小于饱和模式合独立模式。
	赤池信息准则饱和模式值	30.000	
	赤池信息准则独立模式值	97.079	
	简效规范拟合指数	0.191	一般,要求大于0.5
	简效比较拟合指数	0.195	一般,要求大于0.5
	卡方值与自由度比值	1.894	在1-3之间

理论模式的路径系数和假设检验结果如表5-29所示:假设 H_{3a}、H_{4a}、H_{3b} 以及 H_{8c} 的P值都不大于0.005,可见这些假设都获得了支持,而假设 H_{5a}、H_{5b}、H_{4b} 和 H_{9c} 的P值都大于0.05,均未获得支持。也就是法律机制专用水平对创新产品、工艺绩效具有显著的正向影响作用,战略机制专用水平对产品绩效具有显著的正向影响;法律机制专用水平对技术并购边界一体化水平具有显著正向影响作用。

表5-29 独占机制理论模式的路径系数与假设验证

变量间关系		路径系数	P值	对应假设	检验结果
法律机制	——→技术并购边界	0.293***	0.000	H_{8c}	支持
战略机制	——→技术并购边界	-0.051	0.475	H_{9c}	不支持
技术并购边界	——→产品绩效	0.112	0.097	H_{5a}	不支持
技术并购边界	——→工艺绩效	-0.051	0.502	H_{5b}	不支持
法律机制	——→产品绩效	0.439***	0.000	H_{3a}	支持
法律机制	——→工艺绩效	0.241***	0.001	H_{3b}	支持
战略机制	——→产品绩效	0.182**	0.005	H_{4a}	支持
战略机制	——→工艺绩效	0.105	0.148	H_{4b}	不支持

注:路径系数为标准化值,***表示 $P<0.000$,**表示 $P<0.01$,*表示 $P<0.05$。

(二)考虑其他变量影响

本书进一步研究了假设及其检验结果在考虑不同变量调节下可能的影响,其结果在表5-30至33中列示。

表 5-30　理论模式的路径系数与假设检验（高低技术发展动态的比较）

变量间关系	低技术动态(n=79)			高技术动态(n=100)		
	路径系数	P值	检验结果	路径系数	P值	检验结果
法律机制→技术并购边界	0.174	0.129	不支持	0.452***	0.000	支持
战略机制→技术并购边界	0.138	0.249	不支持	-0.146	0.109	不支持
技术并购边界→产品绩效	0.085	0.439	不支持	0.16*	0.039	支持
技术并购边界→工艺绩效	0.008	0.941	不支持	-0.080	0.445	不支持
法律机制→产品绩效	0.265*	0.019	支持	0.260**	0.006	支持
法律机制→工艺绩效	0.243*	0.04	支持	0.148	0.249	不支持
战略机制→产品绩效	0.029	0.804	不支持	-0.044	0.634	不支持
战略机制→工艺绩效	0.075	0.54	不支持	-0.193**	0.003	支持

注：路径系数为标准化值，*** 表示 $P<0.000$，** 表示 $P<0.01$，* 表示 $P<0.05$。

低技术动态组：Chi-square = 2.122, Degrees of freedom = 2, Probability level = .346, GFI = .989, RMR = .038, RMSEA = .028, AGFI = .920, NFI = .866, CFI = .979, IFI = .991, TLI = .895。

高技术动态组：Chi-square = 15.383, Degrees of freedom = 2, Probability level = .000, GFI = .945, RMR = .075, RMSEA = .260, AGFI = .585, NFI = .712, CFI = .691, IFI = .739, TLI = -.544。

表 5−31　理论模式的路径系数与假设检验（高低市场需求动态的比较）

变量间关系		低市场需求动态 (n=100)			高市场需求动态 (n=79)		
		路径系数	P值	检验结果	路径系数	P值	检验结果
法律机制	→技术并购边界	0.273**	0.010	支持	0.388**	0.006	支持
战略机制	→技术并购边界	−0.024	0.796	不支持	−0.081	0.476	不支持
技术并购边界	→产品绩效	0.074	0.413	不支持	0.182*	0.026	支持
技术并购边界	→工艺绩效	−0.092	0.397	不支持	0.019	0.851	不支持
法律机制	→产品绩效	0.342***	0.000	支持	0.104	0.329	不支持
法律机制	→工艺绩效	0.396***	0.000	支持	0.010	0.942	不支持
战略机制	→产品绩效	0.278***	0.000	支持	−0.077	0.352	不支持
战略机制	→工艺绩效	0.116	0.248	不支持	0.099	0.328	不支持

注：路径系数为标准化值，***表示 P＜0.000，**表示 P＜0.01，*表示 P＜0.05。

低市场动态组：Chi-square ＝ .715, Degrees of freedom ＝ 2, Probability level ＝ .699, GFI ＝ .997, RMR ＝ .024, RMSEA ＝ .000, AGFI ＝ .978, NFI ＝ .983, CFI ＝ 1.000, IFI ＝ 1.033, TLI ＝ 1.206。

高市场动态组：Chi-square ＝ 12.612, Degrees of freedom ＝ 2, Probability level ＝ .002, GFI ＝ .943, RMR ＝ .057, RMSEA ＝ .261, AGFI ＝ .574, NFI ＝ .588, CFI ＝ .484, IFI ＝ .629, TLI ＝ −1.578。

表 5-32 理论模式的路径系数与假设检验（高低潜在吸收能力水平的比较）

变量间关系		低潜在水平（n＝88）			高潜在水平（n＝91）		
		路径系数	P 值	检验结果	路径系数	P 值	检验结果
法律机制	→技术并购边界	0.445***	0.000	支持	0.231	0.065	不支持
战略机制	→技术并购边界	0.082	0.429	不支持	-0.120	0.229	不支持
技术并购边界	→产品绩效	0.059	0.576	不支持	0.180*	0.025	支持
技术并购边界	→工艺绩效	-0.002	0.981	不支持	-0.107	0.336	不支持
法律机制	→产品绩效	0.377***	0.000	支持	0.241*	0.013	支持
法律机制	→工艺绩效	0.373***	0.000	支持	-0.029	0.827	不支持
战略机制	→产品绩效	0.207*	0.045	支持	0.081	0.290	不支持
战略机制	→工艺绩效	0.067	0.491	不支持	0.092	0.387	不支持

注：路径系数为标准化值，***表示 P＜0.000，**表示 P＜0.01，*表示 P＜0.05。
低潜在能力组：Chi-square＝2.532,Degrees of freedom＝2,Probability level＝.282,GFI＝.989,RMR＝.042,RMSEA＝.055,AGFI＝.914,NFI＝.947,CFI＝0.986,IFI＝0.988,TLI＝0.930。
高潜在能力组：Chi-square＝6.311,Degrees of freedom＝2,Probability level＝.043,GFI＝.973,RMR＝.054,RMSEA＝.155,AGFI＝.800,NFI＝.762,CFI＝.739,IFI＝.824,TLI＝-.303。

表5-33 理论模式的路径系数与假设检验(高低现实吸收水平的比较)

变量间关系		低现实水平(n=74)			高现实水平(n=103)		
		路径系数	P值	检验结果	路径系数	P值	检验结果
法律机制	→技术并购边界	0.336**	0.003	支持	0.214*	0.021	支持
战略机制	→技术并购边界	-0.123	0.216	不支持	0.107	0.329	不支持
技术并购边界	→产品绩效	0.161	0.103	不支持	0.074	0.427	不支持
技术并购边界	→工艺绩效	-0.013	0.902	不支持	-0.07	0.941	不支持
法律机制	→产品绩效	0.519***	0.000	支持	0.385***	0.000	支持
法律机制	→工艺绩效	0.022	0.842	不支持	0.470***	0.000	支持
战略机制	→产品绩效	0.224**	0.008	支持	0.152	0.146	不支持
战略机制	→工艺绩效	0.150	0.103	不支持	-0.132	0.237	不支持

注:路径系数为标准化值,*** 表示 P<0.000,** 表示 P<0.01,* 表示 P<0.05。

低现实能力分组:Chi-square = 1.386, Degrees of freedom = 2, Probability level = .50, GFI = .993, RMR = .047, RMSEA = .000, AGFI = .944, NFI = .971, CFI = 1.000, IFI = 1.013, TLI = 1.081。

高现实能力分组:Chi-square = 6.998, Degrees of freedom = 2, Probability level = .030, GFI = .974, RMR = .059, RMSEA = .155, AGFI = .807, NFI = .881, CFI = .897, IFI = .912, TLI = .487。

表 5-34 不同条件下的理论模式的路径系数与假设验证

变量间关系	对应假设	总样本	技术低	技术高	市场低	市场高	潜在低	潜在高	现实低	现实高
法律机制 ——→技术并购边界	H_{8c}	支持	不支持	支持	支持	支持	支持	不支持	支持	支持
战略机制 ——→技术并购边界	H_{9c}	不支持	不支持	不支持	不支持	不支持	不支持	不支持	不支持	不支持
技术并购边界——→产品绩效	H_{5a}	不支持	不支持	不支持	不支持	支持	不支持	支持	不支持	不支持
技术并购边界——→工艺绩效	H_{5b}	不支持	不支持	不支持	不支持	不支持	不支持	不支持	不支持	不支持
法律机制 ——→产品绩效	H_{3a}	支持	支持	支持	支持	不支持	支持	支持	支持	支持
法律机制 ——→工艺绩效	H_{3b}	支持	支持	不支持	支持	不支持	支持	不支持	支持	支持
战略机制 ——→产品绩效	H_{4a}	支持	不支持	不支持	支持	不支持	支持	不支持	支持	不支持
战略机制 ——→工艺绩效	H_{4b}	不支持	不支持	不支持	不支持	不支持	不支持	不支持	不支持	不支持

1. 技术动态影响

如表 5-30 所示,在低技术动态下,法律机制对创新产品、工艺绩效具有显著影响作用;但是,没有发现法律机制对技术并购边界一体化水平选择的显著影响,也没有发现战略机制对产品绩效显著影响。在表 5-30 中,高技术动态下理论模式拟合指数显示模型需要进一步修正。我们逐步删除最大 P 值的路径,最终得到的一个有关法律、战略机制、技术并购边界与产品绩效的模型,这个模型在卡方、自由度、拟合优度指数、残差均方根、近似误差均方根、调整拟合优度指数、规范拟合指数、比较拟合指数、增值拟合指数、非规范拟合指数等指数显著得到了改善,并达到了可接受水平。在这个模型中,法律机制专用水平对产品绩效提升具有正向影响,在 0.05 统计水平上显著,而法律机制对技术并购边界一体化水平也具有正向影响,且在 0.001 水平上显著;技术并购边界选择对产品绩效构成正向影响,但统计上并不显著 ($P=0.085$)。

2. 市场动态影响

如表 5-31 所示,在低市场动态下,法律机制、战略机制专用水平对创新绩效具有显著正向影响外,法律机制对技术并购边界一体化水平也具有显著的正向影响。我们对高市场动态下模型进行了必要修正,修正模型是在原模型基础上剔除了工艺知识创新绩效变量和战略机制直接影响产品绩效的路径,卡方值、显著性水平,拟合优度指数,残差均方根,近似误差均方根,调整拟合优度指数、规范拟合指数,比较拟合指数,增值拟合指数等显著得到了改善,并达到非常好水平。在这个模型中,技术并购边界对产品绩效正向影响在 0.05 水平上显著,而法律机制对技术并购边界一体化的正向影响在 0.01 水平上显著;从而验证了法律机制对创新产品绩效正向显著影响中,技术并购边界的完全中介作用。

3. 潜在吸收能力影响

如表 5-32 所示,在低潜在吸收能力水平下,法律机制对创新产品、工艺绩效具有显著正向影响;同时,法律机制也对技术并购边界一体化选择产生正向显著的影响;此外,战略机制对产品绩效也具有显著的正向影响。我们对高水平的现实吸收能力模型进行了必要修正,修正模型是在原模型基础上剔除了工艺绩效变量,卡方值、显著性水平、拟合优度指数、残差均方根、近似误差均方根、调整拟合优度指数、规范拟合指数、比较拟合指数、增值拟合指数等显著得到了改善,并达到可接受水平。在这个模型中,技术并购边界对产品绩效正向影响在 0.05 水平上显著,法律机制水平对产品绩效正向影响在 0.05 水平上显著;而法律机制对技术并购边界一体化水平选择正向影响并不显著($P=$

0.065)。

4. 现实吸收能力影响

如表5-33所示,在高现实吸收能力水平下,法律、战略机制对产品创新具有显著正向影响作用,法律机制水平对技术并购边界也产生正向显著影响。在高现实吸收能力水平下,法律机制专用水平不仅对技术并购边界一体化水平产生正向显著影响,而且对产品、工艺绩效提升都具有显著的正向作用。

在此,我们把上述研究结果汇总在表5-34中。总体上看,除了战略机制水平与技术并购边界之间、战略机制与工艺绩效,以及技术并购边界一体化水平与工艺绩效没有显著影响外,对其他关系的假设均存在支持的情形。因此,可以认为,本书关于独占机制、技术并购边界以及创新绩效关系的理论模型关系受到技术、市场动态以及吸收能力变量的影响。

第六章

结论与讨论

第一节 基本结论

根据莱温特和马奇（March）[1]的观点，企业总是在两大类活动中分配其注意力和资源：一类是探索活动，致力于寻求新知识、寻求将被认知的新事物；另一类是应用活动，致力于使用和开发已经知道的知识和事物。一个企业完全从事探索性活动将面临很难得到知识回报的风险；而一个企业完全从事应用活动，也会遭遇过时的危险。国内许多企业的创新困境在于总停留在引进和消化吸收阶段而没有进入自主研发阶段，结果导致了技术上的过时。

从技术产出看，进行探索性研发活动是突破内企创新困境的必然选择。从组织模式上看，企业探索性研发活动表现为在内部研发的同时，利用合作研发或/和市场购买进行外部知识获取与创造；研发活动已经延伸到企业与企业外的利益相关者网络中。这样，突破内企创新困境不仅仅是鼓励企业进行自主研发的问题，而是探寻如何进行自主研发，或者说在内部研发的同时，以什么组织方式杠杆外部知识问题，这事实上是技术并购边界选择问题。

在本书看来，低吸收能力和低独占能力不仅是导致内企陷入创新困境的因素，也是企业不进行内部研发，仅仅依靠合作研发或者市场购买获取技术的原因。因而，本书主要研究任务是理论论证吸收能力、独占机制、技术并购边界与创新绩效关系，并找到支持这些关系的经验证据。

---

[1] Levinthal D A and March J G., "The myopia of learning", *Strategic Mangement Journal*, 14, 1993, p. 95 – 113.

一、理论观点

在绪论基础上，第一章按照创新绩效、技术并购边界、吸收能力以及独占机制分别进行了文献综述，指出现有研究不足，主要有：（1）企业创新绩效分类并不统一，创新绩效影响因素研究缺乏比较基础；（2）缺少对多研发模式选择研究，缺少支持多研发模式选择的理论根据；（3）技术并购边界选择的中介作用尚未得到研究；（4）吸收能力、独占机制作用方向并不明确。这些研究不足为本书指明了研究重点，主要包括：（1）构建吸收能力、独占机制与创新：技术并购边界作用理论模型；（2）实证检验吸收能力、独占机制、技术并购边界与企业创新绩效关系。

在第二章理论模型构建部分，本书提出开放式创新下探索性活动中面临知识创造以牺牲知识独占为代价、强调规则与强调要素作用的一体化与反一体化悖论之后，分别论证了：（1）以研发为基础的核心技术动态更新模型；（2）技术并购边界的交易性质、学习性质；（3）技术并购边界选择中知识管理；（4）技术并购边界选择中组织间关系及其治理；（5）吸收能力、独占机制、技术并购边界与创新绩效关系框架等内容。

本书提出以下观点：

（1）知识创造以牺牲知识独占为代价的悖论在仅强调对外部知识获取和自身知识保护而没有组织间知识创造条件下比较严重，而在重视组织间知识创造的条件下，是一种合理学习现象；有效的知识保护有利于组织间知识共享，有效的外部知识获取有利于组织间知识创造；一体化与反一体化的组织悖论在仅存在内部研发的条件下张力比较大，而在内部研发的同时，进行外部研发活动，用外部网络化方式，可能既兼顾了内部研发中反一体化倾向的要求；又用外部网络化中一体化倾向兼顾了组织间创新关系中对规则的要求，即在其中存在一体化趋势。

（2）从动态能力看，以研发为基础的核心技术能力更新过程是通过合作、市场购买以获取技能、知识和诀窍和组织学习、组织间学习与管理过程；在这一过程中，吸收能力，跨组织知识资源获取、创造以及组织间关系有效治理是知识绩效的重要来源。

（3）技术并购边界具有交易与学习两种性质。从交易性质上看，技术并购边界是获取外部知识手段，随着外部知识与内部核心知识互补性提高，外部知识意会性、语境依赖性增加，作为获取外部知识的手段的技术并购边界一体化程度也应提升；从学习性质上看，技术并购边界是组织间学习的场所，学习效率有赖于知识管理和组织间关系的管理。

（4）组织间学习中，需要利用法律、战略（含技术特性）保护机制对存量知识进行保护，有效的知识保护有利于更为有效地知识共享；需要进行组织间知识获取活动与学习活动，充分利用边界人员作用，鼓励知识共享和交流，构建有利于知识创造的各种学习场，并保持内部、外部场的联结。

（5）外部研发模式体现了组织间关系、知识边界及其治理机制的选择。组织之间关系包含市场关系与伙伴关系，它们的特征存在差异，这种差异一方面反映了两种关系中知识边界的不同，从而导致治理机制的差异；另一方面反映在治理机构上差异，体现在组织模式上的不同。由于伙伴关系中知识边界复杂性提升，使得组织间学习成分较市场关系明显提高，从而使得正式、非正式治理机制结合以达到创新效率的要求；伙伴间关系也明显拉近组织间距离，从而导致一体化提升。

（6）根据对核心技术动态更新模型以及技术并购边界性质把握，特别是在技术并购边界选择中知识管理、组织间关系的剖析上，本书认为，吸收能力、独占机制对创新绩效影响中，技术并购边界起中介作用。

在理论模型建构基础上，本书第三章分别建立了：（1）吸收能力正向影响创新绩效，独占机制专用水平正向影响创新绩效；（2）技术并购边界一体化水平正向影响创新绩效；（3）吸收能力、独占机制对技术并购边界选择进而对创新绩效构成影响三类假设。

二、经验证据

在第四章研究方案设计之后，第五章首先进行了量表信度效度检验，在此基础上，先利用回归分析对变量局部关系进行了检验，为结构方程检验提供分析依据。在对变量关系整体检验中，本书得到如下经验证据。

（一）吸收能力、技术并购边界与创新绩效关系

1. 吸收能力与创新绩效关系

本书基于179家企业样本对潜在吸收能力、现实吸收能力与创新产品、工艺绩效进行了实证检验。在总样本中，潜在吸收能力对产品、工艺绩效具有显著的正向影响。这说明获取、消化外部知识有助于企业创新绩效提升。这一点与现有实证文献中吸收能力等同于外部获取能力的观点下的证据基本一致。从组织层面上看，科恩及其后继者认为，吸收能力有利于创新，包括提升创新绩效、新产品开发以及技术开发与利用。

考虑其他因素影响。第一，潜在吸收能力与创新绩效关系相对稳定，在技

术发展、市场需求动态以及法律机制相对低水平情况下，仍然能够支持正向显著影响关系；这一关系在具有高水平的战略机制样本企业中也保持稳定。然而，在技术、法律高水平以及战略机制的低水平下，潜在吸收能力对创新产品绩效的显著正向关系成立，潜在吸收能力与创新工艺绩效的显著的正向关系不再存在。第二，就现实吸收能力与创新绩效关系看，在市场需求动态高组，找到了现实吸收能力与产品创新显著正向关系；而在法律机制高组，现实吸收能力也正向显著影响工艺创新。这些结果说明，吸收能力对创新绩效的影响是有条件的；相对来说，潜在吸收能力对创新绩效，尤其是对产品绩效的影响似乎更为稳定，从而暗示企业对外部知识获取与消化具有提升产品技术含量的目的性。企业面临环境动态提高的情况下，也强化了其内外知识整合、运用能力对产品技术含量影响关系。

2. 技术并购边界的中介作用

在总样本中，本书发现了技术并购边界在现实吸收能力对产品创新正向影响中起完全中介作用的证据。这一完全中介作用在市场需求低动态组与战略机制高专用组也得到了证实。这一证据填补了这类研究的空白。

（二）独占机制、技术并购边界与创新绩效关系

1. 独占机制与创新绩效关系

在总样本中，本书发现，法律机制专用水平能够显著正向影响创新绩效，战略机制专用水平只正向显著影响产品绩效。因此，本书证据与专利作为创新利润的一种独占机制，与莱文等其作用有限的观点不同。专利等法律机制作用，与学习曲线和领先时间对产品创新保护一样有效，而在工艺创新保护方面，其作用可能更为显著。

考虑其他变量的影响。第一，在技术发展、市场需求动态、潜在吸收能力低水平下，法律机制与创新绩效正向显著影响关系并没有改变，在现实吸收能力高水平组中也能维持；而在技术发展、潜在吸收能力高和现实吸收能力低水平组，法律机制仅对创新产品绩效构成显著正向影响。第二，战略机制专用水平对产品绩效的正向显著影响在市场需求动态和吸收能力的低水平组得到维持。这些证据表明，一方面，独占机制专用水平对创新绩效影响是存在差异的，且受到一些变量影响；另一方面，独占机制专用水平对产品绩效影响相对稳定。本书没有发现科恩在2000年研究中声称的在更多行业中，专利保护并不是主要方式，秘诀、领先时间、互补能力通常被认为是更为重要的独占机制证据。

2. 技术并购边界的中介作用

虽然法律机制水平在总样本组、技术发展、市场需求动态高水平组以及潜

在吸收能力低水平组以及现实吸收能力高或低组都对技术并购边界构成正向显著影响,然而,仅在市场需求动态高水平下发现,技术并购边界在独占机制水平对创新绩效影响中起中介作用的证据。此外,本书没有发现战略机制对产品创新影响中,技术并购边界的中介作用。

第二节 进一步讨论

一、吸收能力与独占机制关系

我们进一步讨论吸收能力、独占机制之间关系对上述结论的影响。根据表5-18模型5可知,两者的交互作用是存在。那么,这种交互作用对技术并购边界选择进而对创新绩效意味着什么呢?

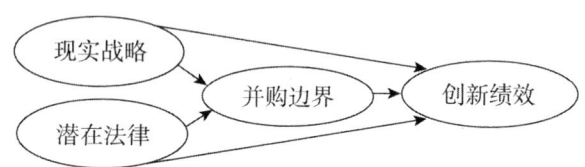

图6-1 吸收能力、独占机制交互作用下的技术并购边界中介作用

表6-1 交互作用变量路径系数与显著性水平计算结果

变量间关系		路径系数	P值
潜在法律	——→技术并购边界	-0.124	0.098
现实战略	——→技术并购边界	0.157***	***
潜在法律	——→产品绩效	-0.065	0.397
现实战略	——→产品绩效	-0.028	0.506
技术并购边界	——→产品绩效	0.238**	0.002

注:路径系数为标准化值,＊＊＊表示P<0.000,＊＊表示P<0.01,＊表示P<0.05。
Chi-square = 0.741, Degrees of freedom = 1, Probability level = .389, GFI = .998, RMR = .035, RMSEA = .000, AGFI = .979, NFI = .974, CFI = 1.000, IFI = 1.010, TLI = 1.081。

考虑到潜在吸收能力与法律机制的相关系数显著，而现实吸收能力与战略机制相关系数显著，我们以现实吸收能力与战略机制乘积作为一个新变量"现实战略"，把潜在吸收能力与法律机制乘积作为另一变量"潜在法律"，构建这两个新变量与技术并购边界、产品创新的关系模型（图 6-1）。

利用结构方程分析软件（AMOS）7.0 运算结果如表 6-1 所示。我们在总样本中发现，现实战略变量对创新绩效产生显著的正向影响，而技术并购边界一体化水平起完全中介作用。因此，虽然战略机制对创新绩效影响中，并没有发现技术并购边界起中介作用的证据，然而，我们发现了战略机制与现实吸收能力综合作用于创新绩效时的技术并购边界起中介作用的证据。

二、独占机制有效性的条件

在此，以诺西并购摩托罗拉无线设备部门的案例进行深入分析①，以进一步讨论独占机制在并购边界中的作用。诺西并购摩托罗拉无线网络基础设施业务案一度成为国内反垄断界"标本"和国内"华为们"悲情焦点。"标本"和"悲情"的两面性源于华为—诺西—摩托罗拉三者并购博弈中华为的独占机制有效性和并购边界选择的一般性。我们在案例基础上，探讨了法律机制有效性条件，联盟中战略机制运用以及跨国并购边界如何确定三个问题。我们研究价值在于从独占机制角度发展了并购边界选择理论，并对中国企业跨国经营中并购与联盟选择实践具有借鉴和指导价值。

（一）引言

诺基亚西门子通信公司并购摩托罗拉公司无线网络基础设施业务（下文简称"诺西并购摩托罗拉案"），已于 2011 年 4 月下旬通过了包括中国在内的所需的九个国家或地区的反垄断许可。这项交易一方面因为华为利用知识产权纠纷阻击诺西并购摩托罗拉行为而被国内反垄断界赋予了"标本"意义；另一方面，因为华为竞购目标方失败，而一度成为"华为们""悲情"的焦点。显然，"标本"意义源于华为成功运用法律机制，与独占机制相关；而"悲情"源于国内企业在跨国并购战略上屡屡失利，与并购边界选择相连。独占机制是企业赖以对其知识产权保护的方法，主要包括法律和战略机制两种；独占性指不同所有者获取创新利润份额的能力。根据张秋生观点，并购边界解决企业发展战略是否通过并购这种外部投资方式进行，即与新建投资和联盟等战略发展方式的比

---

① 于成永、施建军：《独占机制、跨国并购边界与企业绩效——基于诺西并购摩托罗拉案例研究》，《国际贸易问题》2012 年第 2 期，第 101-112 页。

选问题①。"标本"与"悲情"的两面性为华为—诺西—摩托罗拉三者并购博弈提出了研究问题，即为了获取相应的市场份额和绩效，华为在跨国经营中独占机制运用何以成功？华为的并购边界选择是否具有一般性？

我们认为，在以国家安全、技术标准等为手段的贸易壁垒丛生的跨国经营中，国内企业海外扩张以获取有价值资产和提升绩效时，并购可能不是一个必然选项。那么，选择原始设备制造等联盟方式时，企业必然存在与华为"以技术换市场"戛然而止的类似境遇的风险。这时，如何保护知识产权以防外泄？并对这种境遇做到先知先觉？显然，我们的研究为此提供了答案。从这一角度看，本案例价值至少有两点：一是从独占机制角度发展了并购边界选择理论；二是对中国企业跨国经营实践具有借鉴和指导价值。

（二）基本案情

1. 交易方与细节

2010年7月，诺基亚西门子通信公司宣布以现金12亿美元的价格收购摩托罗拉公司旗下的无线网络基础设施业务。交易完成后，诺基亚西门子通信将获得摩托罗拉既有的50多家运营商的关系，并加强与其他合作伙伴的联系，同时将提升诺基亚西门子通信在关键无线技术领域的地位，并扩大码分多址（CDMA）网络的全球覆盖。这一交易包括设在美国、中国和印度的研发团队，将有约7500名摩托罗拉员工被转移至诺基亚西门子。此外，摩托罗拉将保留集成数字增强型网络（iDEN）业务，以及与其无线网络基础设施业务相关的所有专利和其他有关资产（表6-2）。

表6-2 诺西并购摩托罗拉交易细节

交易金额		宣布并购时为12亿美元，最终以9.75亿美元成交
网络基础设施业务	无线城域网	摩托罗拉在全球市场保持领先，在21个国家签订了41份合同
	码分多址	在全球22个国家的30个现网中提供相应的设备和服务
	全球移动通信系统	摩托罗拉为66个国家的80多个现网提供设备
	长期技术演进（准4G技术）	摩托罗拉为中国移动建设了上海世博会TD-LTE试验网的全部室内基站

---

① 张秋生：《并购学》，中国经济出版社2010年第一版。

续表

交易金额	宣布并购时为12亿美元，最终以9.75亿美元成交
员工安排	将有7500名左右的员工调动到诺西公司。这些员工来自美国、中国和印度的大型研发中心
客户关系	接替摩托罗拉既有的50多家运营商的现有商业合作，这包括了中国移动、美国科维（Clearwire）、斯普林特（Sprint）和威瑞森（Verizon Wireless）、欧洲沃达丰（Vodafone）和日本第二电信运营商（KDDI）的既有合同和合作
保留业务	摩托罗拉将保留集成数据增强网（iDEN）业务，保留大部分与其无线网络基础设施业务有关的专利和其他特定资产

来源：根据通信世界相关专题整理（见http：//www.cww.net.cn/zhuanti/nsnmoto/index.htm）。

摩托罗拉的网络基础设施业务为无线网络提供产品与服务，包括全球移动通信系统（GSM）、码分多址、宽带码分多址移动通信系统（WCDMA）、无线城域网（WiMAX）与长期技术演进（LTE，准4G技术）。该公司是无线城域网的市场领导者，在21个国家签订了41份合约；在全球拥有强劲的码分多址业务，在22个国家拥有30个使用中的网络；具有稳定的全球移动通信系统客户群，在66个国家拥有80多个使用中的网络。

诺西于2007年4月由诺基亚和西门子将各自电信设备部门合并组成，双方各持股50%，同时承诺将向新公司增加各自的净资产，其中西门子为24亿欧元，诺基亚则为17亿欧元。诺西公司电信设备业务年营收规模约为171亿欧元，仅次于爱立信与阿尔卡特—朗讯合资公司。公司设立六个业务部门：无线接入、核心网及应用、运营支持系统、宽带接入、IP/传输和服务业务。

对于已经将全球采购中心和全球第三代合作伙伴项目（the 3rd Generation Partnership Project，简称3GPP）长期演进技术（LTE）研发中心搬至中国的诺西而言，中国的市场地位不言而喻；而诺西完成对摩托罗拉无线的收购后必定会在美国和日本市场上有一番作为。

2. 交易进程主要事件与阶段划分

在此，我们根据媒体相关报道，将诺西—摩托罗拉并购案进程中主要事件归纳如表6-3。

表6-3 诺西-摩托罗拉并购案中主要事件

主要事件	基本内容
1. 诺西宣布收购摩托罗拉，华为竞购落败	2010年7月，诺西宣布以12亿美元现金收购摩托罗拉的大部分无线网络基础设施资产，摩托罗拉将保留了集成数字增强型网络（iDEN）业务和无线专利。另据彭博社报道，两位匿名消息人士透露，华为未能就收购两项美国资产达成协议，尽管这家中国电信设备制造商为每项资产提供了至少高出1亿美元的价格
2. 部分国家、地区审批通过	至2011年1月，包括美国、欧盟、巴西、日本、中国台湾和土耳其等8个国家或地区已经审批通过了该交易
3. 华为诉诺西、摩托罗拉	2011年1月，华为起诉摩托罗拉解决方案和诺西，要求法院叫停这一交易，要求被告修改交易条款，保护该公司的商业机密和知识产权
	2011年2月22日，美国北伊利诺伊州地方法院初步裁定，来自中国的电信设备供应商华为在诉讼摩托罗拉案中获胜，禁止摩托罗拉向诺西转移任何华为知识产权和专利技术
4. 交易完成时间一拖再拖	2011年3月9日，中国商务部没有通过诺西收购摩托罗拉无线业务部门审批，致使交易将继续推迟
5. 摩托华为和解，华为获转让费和合同	2011年4月13日，华为与摩托罗拉发布联合声明，称摩托罗拉解决方案公司与华为双方已就所有未决诉讼达成和解，在摩托罗拉将向华为支付转让费后，将摩托罗拉与华为之间的商业合同转移给诺西
6. 中国批准	2011年4月20日，中国商务部批准诺西收购摩托罗拉无线部门的交易
7. 诺基亚西门子宣布完成收购	2011年4月30日，诺基亚西门子宣布完成以9.75亿美元现金收购摩托罗拉解决方案旗下无线网络基础设施资产，并着手整合

来源：根据有关媒体报道整理。

这些事件反映了诺西并购摩托罗拉案主要进程。一是2010年7月—2011年1月为进展期，诺西与摩托罗拉并购项目进展顺利，获得了除中国商务部外8个国家或地区的反垄断许可；华为竞购失败。二是2011年1月—3月为停顿期，诺西与摩托罗拉并购项目因知识产权纠纷受阻于美国北伊利诺斯州地方法院和中国反垄断机构。三是2011年4月为完成期，4月13日华为与摩托罗拉达成和解，摩托罗拉向华为支付转让费后，将摩托罗拉与华为之间的商业合同转移给诺西；4月20日，中国商务部无条件批准该项交易。

3. 并购博弈本质

不难看出，在这起并购中，华为—诺西—摩托罗拉构成了"三角关系"。一是作为"第三者"，民企典范的华为竞购摩托罗拉失利导致"华为们"悲情，而利用知识产权纠纷阻击竞争对手并购行为而成为"标本"。二是摩托罗拉与华为的知识产权纠纷是这个并购案的分水岭，双方达成和解是完成这一并购的关键。三是诺西完成对摩托罗拉的并购，华为与摩托罗拉原有商业合同转移给诺西，三者博弈达成一个多赢格局。

为了获取摩托罗拉无线网络设备市场，在跨国并购边界选择上：华为进行原始设备制造与并购战略选择的实质在于利用摩托罗拉品牌以获取受制于国家安全等贸易壁垒的市场进入；诺西选择并购战略在于获取摩托罗拉客户资源和相应技术资产，以及对应的市场份额；华为、诺西作为直接的竞争对手，在并购摩托罗拉时，其追求市场地位的目的并无差异。在独占机制运用上：一是本案中并购停顿期存在主要起因于华为利用知识产权纠纷阻击；二是联盟解体存在副作用。在本案中这个副作用具体表现为，一方面，华为一旦阻击诺西并购摩托罗拉失败，不仅失去原始设备制造业务，而且面临商业秘密等有价值资产流失；另一方面，华为与并购摩托罗拉后的诺西原始设备制造合作迟早会解体，除非最终由原始设备制造转化为并购，彼此知识外溢内部化，否则同样面临有价值资产流失风险。因而，联盟运行中应关注核心知识资产保护机制运用（图6－2）。

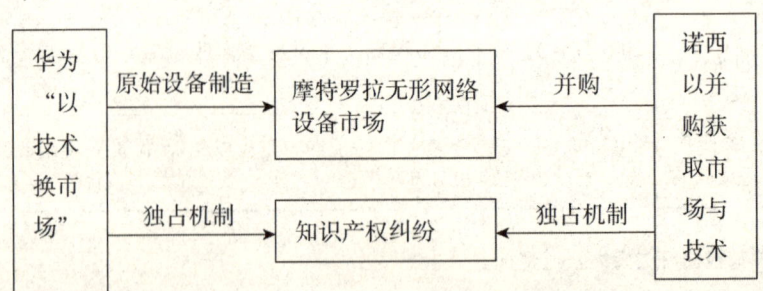

图6－2　并购博弈中独占机制与并购边界选择

这样，华为—诺西—摩托罗拉三方并购博弈本质在于为了获取相应的市场地位、技术资产以提升企业绩效，企业应尽力保持独占机制的有效性，并选择合适的并购边界；这也是本案中"标本"和"悲情"两面性的来源。创新盈利模式（Profiting from innovation，简称 PFI）框架为独占机制影响并购边界选择和企业绩效，以及并购边界选择影响企业绩效的研究提供了理论依据与经验证据。我们在此理论基础上，结合案例与华为实践，探讨以下三个问题：一是法律机制之所以能够力挽狂澜，既能让诺西—摩托罗拉并购停顿，又能让华为保住原始设备制造合同，是因为其具备哪些条件？二是在联盟中，如何运用独占机制以少"漏掉"核心资产，才能避免一旦联盟解体时大量有价值资产流失？三是华为竞购失败后，退而求其次，追求继续维持原始设备制造合同，这能不能作为国内企业跨国经营一个行之有效的战略选择模式？

（三）案例讨论

1. 法律机制有效性的条件

本案中，华为运用法律机制达到了三个方面好处：一是阻击诺西并购摩托罗拉，二是维系原先原始设备制造合同，三是获取了知识产权转让费。因此，华为在法律机制运用上是有效的。那么，法律机制有效性的条件是什么呢？理论上，已有研究主要包括考虑主导设计因素和考虑战略机制、互补资产匹配效应两个视角。

（1）考虑主导设计因素。

蒂斯在 1986 年提出创新盈利模式（PFI）框架指出，影响企业获取创新收益的因素有独占（Appropriability）、互补性资产（Complementary assets）、主导性设计三个因素。独占性最重要维度是技术的本质和专利、商标、著作权等法律保护机制的有效性。如果创新的核心知识难以模仿，能够得到专利或其他知识产权的有效保护，独占性就强；如果核心知识易被模仿，比如以编码形式存在，则不能得到法律的有效保护，独占性就弱。

独占性强弱即独占机制强度。一般而言，独占机制强度反映了企业能够在多长时间内维持创新先行者优势或者以多大比重独占创新租，从而激励企业从事研发活动，并创造技术知识。例如，专利、秘诀或者领先时间这些措施，能够使得某一成本为 c 的创新，在某一时间段为 $\triangle t$ 内使得企业保持价格为 p 稳定地获取创新收益 $\triangle t(p-c)$，显然时间长度体现了独占强度；事实上，多个独占措施的强度也反映在创新租多大程度上为创新者所有上，假定这种比例为 s，而创新总收益为 v，那么在创新成本为 c 时的创新者获取租为 $sv-c$。这说明，独占机制强度正向影响企业绩效，且法律机制（知识产权保护）与战略机制

(技术内在可复制性)在影响企业绩效上的地位是一致的①(表6-4)。

表6-4 收益占有框架(蒂斯,1994)

法律机制	战略机制	技术内在可复制性	
		容易	困难
知识产权保护	严格	适中收益占有	强收益占有
	宽松	弱收益占有	适中收益占有

在蒂斯的创新盈利模式(PFI)框架中,考虑企业拥有互补资产时,法律与战略机制影响企业绩效的地位也是一致的:独占、互补弱的企业一般在市场竞争中也处于不利地位;互补强、独占性低的企业在主导设计确立以后的创新中会处于优势地位,因为其强大的互补资产,如品牌、渠道和制造能力优势会保证以一个富有竞争力的价格将创新产品递送到最终用户手中——当然,在主导设计确立前,其获利能力是有限的;独占性高、互补弱的企业在主导设计确立前会享有市场优势,但在主导设计确立以后,要积极加强与互补资产拥有者的合作,才能获取创新所创造的价值;独占性程度高、互补强的企业在商业竞争中会处于强势地位。

(2)考虑战略机制与互补资产匹配效应。

与蒂斯的创新盈利模式框架在法律机制作用上认识不同,维诺德等(Vinod, et al)② 认为收益独占需要对创新活动产生技术知识进行保护,这取决于很多因素:一些是外生变量,如制度框架、法律系统、产业结构以及技术知识本身的特征;另一些因素如企业该采取什么方式进行保护的决策则是内生变量。饶·PM. 等(Rao PM., et al)③ 的创新盈利模式框架认为,知识产权保护和技术的可复制性联合起来决定了收益占有性的大小,但这二者对于企业都是外生变量,是企业难以控制的因素。与知识产权保护和技术可复制性不同,一个企业的营销资产是内生决定的,完全在企业的控制之下。因此,一旦创新完成,

---

① Teece, D. J., Pisano, G. and Shuen, A., "Dynamic Capabilities and Strategic Management", *Strategic Management Journal*, vol. 18, No. 7, 1997.

② Vinod H D, Rao P M., "R& D and Promotion in Pharmaceuticals: A Conceptual Framework and Empirical Exploration", *Journal of Marketing Theory and Practice*, vol. 8, No. 4, 2000.

③ Rao PM., "Sustaining Competitive Advantage in a High Technology Environment: A strategic marketing perspective", *Advances in Competitiveness Research*, vol. 13, No. 1, 2006.

在企业控制下的互补性营销资产就能决定技术创新的收益占有（表6-5）①。表6-5表明，在这一创新盈利模式框架下，企业拥有互补资产和战略机制（技术内在可复制性）时，法律机制对企业绩效影响似乎可有可无。可见，蒂斯与饶·PM.的创新盈利模式框架对法律机制有效性认识不同。

表6-5 收益占有的关键要素（饶，2006）

独占机制 / 互补资产		知识产权保护	
		宽松	严格
		技术内在可复制性	
		困难	容易
互补资产	强	强收益占有	弱-适中收益占有
	弱	适中收益占有	弱收益占有

20世纪80年代中期以来，在耶鲁调查、卡耐基麦隆（CMS）、派斯（PACE）调查②、共同体创新（CIS）调查等提供的企业层面数据为基础的一系列实证研究表明，不同行业之间，或同一行业的不同企业之间，甚至是同一企业的产品创新与工艺创新之间，从创新中获利的独占机制的作用具有很大差异。专利并非最重要的独占性手段，学习优势和销售及服务能力其实更为重要；专利除了在药品、医疗设备和特殊用途机器行业中作为保护产品创新的有效手段而排名较高以外，在其他绝大多数行业中排名较低甚至最后。在各种可用的独占机制中，对于工艺创新，专利是最无效的，领先时间、学习曲线优势等是优先选择的措施；对于产品创新，专利的作用稍好，高于商业秘密，但仍然在领先时间和学习曲线优势之后③。实证研究表明，法律机制往往不如战略机制有效，不支持蒂斯框架；但是其地位也不是可有可无的，也不支持饶·PM.框架。

（3）考虑法律机制的内生与外生双重性质。

我们认为，之所以在法律机制有效性理论认识和经验检验上出现差异，一个重要因素在于法律机制是内生变量，还是外生变量的判断不同。其实，饶·PM.提出知识产权保护是外生变量，企业难以控制的观点是不全面的。一方面，

---

① 周竺：《创新收益占有文献综述》，《研究与发展管理》2009年第10期。
② 指1995年开展的针对欧洲840家规模最大的制造企业的创新调查。
③ 吴辉凡、许治：《从创新中获利：国外创新独占性问题经验研究述评》，《管理学报》2010年第8期。

法律机制中存在外生变量，比如法律制度、司法体系方面在不同国别或者地区间存在差异。另一方面，体现为企业运用法律机制保护创新的能力和努力的变量，比如专利、版权申请、遇到纠纷是否提起诉讼则是企业所能控制的，这些在企业之间也会存在差异，因而是内生变量。

法律机制的外生性与内生性在诺西并购摩托罗拉案中得到了充分的体现，从中可以得到华为运用法律机制为什么能够充分发挥作用的前提条件。

一是华为为保护创新独占和阻击竞争对手诺西并购摩托罗拉，在美国就知识产权纠纷提起诉讼，最终胜诉的外部环境是美国存在完善的法律制度体系和执行力强的司法体系。美国在"世界经济自由度"排名中一直在10名以内。在2011年排名中，美国位居第10名，高于德国（第21名）、日本（第22名）、法国（第42名）、意大利（第70名）、俄罗斯（第81名）、中国（第92名）、印度（第94名）、巴西（第102名）等其他主要经济体的排名。法律结构和产权保护指标是这一排名指标体系的重要构成。可见，美国在知识产权法律制度、司法体系上为投资者经营提供了可靠的法制环境。这一环境为华为敢于提起知识产权诉讼提供了可预期的结果。

二是华为运用知识产权战略进行创新独占的能力和努力。根据相关研究和报道①，这一点体现在其价值观、战略以及实践行为三个层面上。

在价值观上，华为尊重他人知识产权，在核心领域积累自己的知识产权，通过交叉许可及合理付费，创造和谐商业环境，促进企业可持续发展。正因为通过尊重他人知识产权，保护和运用自有知识产权，增强了华为核心竞争力。

在战略上，华为积极参与国际标准的制定，推动自有先进技术方案纳入国际标准，为行业发展做贡献。同时积累自身基本专利，在产品的功能、特性上进行改进和集成能力的提升，实现技术进步，完成专利全球布局。这一战略使华为在保护和促进技术创新方面取得了显著成果。根据世界知识产权组织统计数据显示，近年来，华为专利合作条约（Patent Cooperation Treaty，简称PCT）专利在全球名列前茅。

在企业实践中，华为已与许多国外企业按照国际惯例达成有关知识产权谈判和交叉许可，在多个领域、多个产品与相应的厂商通过支付许可费的方式达成了交叉许可协议。华为始终以开放的态度学习、遵守和运用国际知识产权通行的规则来处理知识产权事务，通过协商谈判、产品合作、合资合作等多种途

---

① 杨阳腾：《华为技术有限公司：用知识产权制度保护和促进技术创新》，《经济日报》2010年12月29日第五版。

径解决知识产权问题。

2. 联盟中的战略机制运用

华为给摩托罗拉做原始设备制造的一个直接目的在于利用对方品牌优势，突破北美特别是美国对通信设备进口高筑的贸易壁垒，占据相应的市场份额。显然华为作为创新者，不拥有相应进入美国市场的品牌优势这一互补资产时，其与互补资产拥有者摩托罗拉以及并购后的诺西通过原始设备制造合同分享创新收益。

通过联盟形式获取互补资产，极易遭遇联盟解体"漏掉"有价值的资产，这突出了联盟运行过程中战略机制的作用。一方面，利用联盟进行互补资产获取为企业之间相互学习提供了一个平台，通过共同解决问题，企业能够从其竞争对手或伙伴那里学到知识。另一方面，联盟大大提高了将企业的低意会性核心知识暴露给合作伙伴的危险，因为有利于相互学习的知识共享机制同样也有利于企业核心知识的外溢。因此，联盟企业之间存在"试图学习和试图保护"的张力，联盟之间势必需要保持一种平衡，以确保双方既能相互学到知识，又不至于流失自己的核心知识。独占机制作用在于"试图保护"。在联盟成员自身核心资产保护中，战略机制相比于法律机制，更易于对非编码知识的保护。战略机制的有效性已经得到了理论与证据支持。理论上，蒂斯框架指出，战略机制与法律机制同等有效，而饶·PM.框架指出，战略机制与互补资产一起决定企业创新租占有（表6-4、表6-5）；经验上，以耶鲁调查、卡耐基麦隆调查、派斯调查、共同体创新调查为基础的研究表明，战略机制对创新租的占有更为有效[①]。由于联盟中学习与反学习行为并存，因而企业运用战略机制的目标是尽可能少"漏掉"核心资产。

我们认为，战略机制既是外生变量，也是内生变量。对技术知识本质，企业无法控制，因而是外生变量，即蒂斯与饶·PM.框架（表6-4、表6-5）中技术内在可复制性；而有关人力资源管理（沟通、流动性）、实际操作（密码、商业秘密以及接近限制）、领先时间（市场进入、连续发展）等变量[②]，取决于企业决策，因而是内生的。从战略机制的内生性角度看，华为技术管理中有关战略机制运用虽然比不上本案中法律机制"显山露水"的表现，但是有其独到

[①] 吴辉凡、许治：《从创新中获利：国外创新独占性问题经验研究述评》，《管理学报》2010年第8期。

[②] Hurme linna P, Puuma lainen K., "The dynamics of Appropriability Regimes," *DRUID Tenth Anniversary Summer Conference*, 2005.

之处。在张钢①有关研究基础上，结合华为技术管理实践②，我们认为，人力资源管理、实践操作为主体的战略机制在联盟中更为可行，国内企业在参与跨国联盟中应从流程、薪酬、工作设计以及人员调配四个层面强化其运用。

（1）在技术知识审计基础上建立内部规范。

为了避免低意会性核心技术知识的外泄，参与联盟的企业必须首先对自己所拥有的内部技术进行全面审计，明确界定核心技术知识和辅助知识的界限。对于那些易于外溢的低意会性的核心技术，企业必须建立起一套内部技术使用规范，以弥补联盟规范的弱化。这种内部技术使用规范的核心应该以部门、团队和个人的技术保密责任划分为基础，通过明确核心技术，特别是低意会性核心技术的拥有者的权利和责任，保证在联盟活动中企业核心技术使用的限度和范围。

华为将技术资产管理纳入企业业务流程，建立规范有效的技术资产管理制度，实行规范化管理。华为在公司规范化管理中和制定ISO9000等各种流程时，把技术资产管理环节加入进去，在不同的阶段，有不同的侧重点，使得整个技术产权工作渗透到研究、开发、生产、销售、服务等全过程。这样，一方面确定技术产权保护网，另一方面加强技术产权的利用，以防侵权行为发生。

（2）构建以技术知识资本为基础的人员薪酬制度。

当掌握着企业高意会性核心技术的人员离开企业或流动到竞争对手企业中去时，法律虽能保护企业的技术产权，但组织成员所拥有的高意会性技术和工作技能却随着人员的流动而流失于企业之外。同时，由于技术链的连续性，企业技术链中的某一个环节的活动者的离去也将会使整个技术链面临中断的危险，这将在相当程度上破坏技术链各环节的活动者在长期合作过程中所形成的认知共同体。因此，在一定程度上说，企业所拥有的高意会性技术知识的安全问题，主要表现为如何确保那些技术链中的主要活动者，如关键的技术获取者、技术内化者、技术创造者等能够对企业保持忠诚而不是背叛的问题。

企业保护高意会性核心技术知识的重要手段之一就是尽量提高企业员工的离开成本。通过延期个人获得其技术回报的时间安排或延期奖励制度来提高员工对未来的预期，使员工自愿为企业长期服务，从而达到保护企业高意会性核心技术的目的。例如，采用员工持股和优先购股权方案。例如，根据《华为基本法》，华为实行员工持股制度，通过股权和股金的分配来实现技术知识资本

---

① 张钢：《企业组织网络化发展》，浙江大学出版社2005年版。
② 袁娟、郑小静：《华为的知识资产管理能力建设》，《人力资源管理》2010年第10期。

化。公司的股权不是按照资本来分配，而是按照技术知识资本分配的。按技术知识分配股权使技术知识劳动者应得回报的一部分转化为股权，进而转化为资本，股金的分配使得由股权转化来的资本的收益得到体现，从而实现技术知识资本价值。

企业还可以在上市之前以低价或奖励形式分配给员工股票期权，仅当企业效益良好并且上市之后，员工才能够在股市或企业内部将股票期权兑现成现实的收益。这样，员工为获得股票期权的实现价值，将不得不留在企业内努力工作。

（3）分类和分散化工作设计。

在企业组织中，通过分散化工作设计，可以将一些复杂的、需要多种技术整合起来的任务分解成由不同员工分别完成的若干项任务，在完成这些次一级任务时，员工仅能获得部分技术，而这些部分技术的外溢并不影响企业核心技术的价值，从而达到对核心技术的保护，同时也避免了因为那些拥有不可替代的高意会性核心技术的员工的离开而对企业产生的巨大风险。

例如，华为对技术资产管理人才进行分层分类，设定了不同的职位，对各类人才的能力素质进行了界定。技术资产管理人才隶属于技术产权管理部门，根据经营发展战略，设计技术产权战略，开展企业内部的专利、商标、版权、商业秘密等技术产权管理。

（4）完善保密制度与恰当地进行人员调配。

技术的安全性也与知识源，也就是技术的拥有者或创造团队及成员同潜在获取者的距离直接相关。外界获取者可能会有意或无意地同技术源频繁接触，从而达到学习或获得企业那些本应该保密的低意会性核心技术的目的。在联盟过程中，双方人员为解决特定问题而共同工作、试验，如果企业员工缺乏保密意识，那些低意会的核心技术极易在双方人员互动的过程中泄漏给对方。因此，为了防止低意会性核心技术的外溢，企业除了要时刻注意对员工进行相关保密技术的教育和保密意识的培养外，更重要的是，在联盟组建和发展过程中，企业应该安排那些有联盟经验的员工进入联盟，与外部人员进行伙伴合作，同时也还要注意避免那些拥有核心技术的员工过多地与合作伙伴企业的成员直接接触，从而在合作中保持伙伴成员与本企业技术源总是具有一定的距离。这样，才有可能在联盟中，有效防止意会性程度低的核心技术外溢，进而避免企业核心能力受损。

根据《华为新员工入职时信息安全保密手册》，在合作中，华为要求接待人需经主管该区域的部门负责人批准后引领供应商/合作商等人员进入特定公司区域。供应商/合作商在上述区域活动时，接待人应全程陪同。来访人员携带便携机时，如不需要使用，可协助其将便携机存放于门卫处；如需携带便携机进入公司，应注意不让来访人员独自在办公区域使用便携机。供应商/合作商只能在经批准的办公区域进行本次业务相关的活动。在与合作方合作期间，接口部门应与其签署保密协议。即使是签署了保密协议，员工必须经过业务部门主管批准才可以将公司的保密文件发送给合作方。

3. 如何确定跨国并购边界

如前所述，本案例因为华为竞购目标方失败，一度成为"华为们""悲情"的焦点。"悲情"源于国内企业在跨国并购战略上屡屡失利。那么，华为竞购摩托罗拉失败后，退而求其次，追求继续维持原始设备制造合作。这能不能作为国内企业在跨国经营中一个行之有效的战略选择模式？我们认为，这个问题的答案是肯定的，主要有以下几方面原因。

一方面，在实践上，华为为了获取相应的渠道、品牌等市场进入有关的互补资产，更多是加强合作和合资经营等联盟战略运用。2007年以来，华为与国际企业的合作由浅到深，形成了多种层次：如日本电气公司（NEC）通过贴牌在日本市场销售华为的数据通信产品的单纯产品销售方式；日本京瓷为华为小灵通终端产品的原始设备制造厂商的产品制造方式；西门子与华为在中国成立了针对中国市场的即时分同步的码分多址技术（TD－SCDMA）合资公司，同时在欧洲帮助华为销售其数据通信产品的资本合作与研发、销售方式等。华为选择与日本电气公司、松下合资成立宇梦公司，使华为在日本快速实现了数据通信产品的销售，华为通过给摩托罗拉做原始设备制造成功打开美国市场，借助西门子成功打开欧洲市场[①]。

而华为采用的并购战略多遭遇贸易壁垒而落败。国内企业在跨国并购竞购阶段上屡屡失利而引发"华为们"悲情的焦点主要是贸易壁垒因素。如表6－6所示，国内企业跨国并购交易失败典型案例中，华为占据3/8。数据显示，过去两年，中国企业跨境收购失败率全球最高。知识产权专家指出，未来，西方国家以国家安全为名，行贸易保护之实的案例还会更多。

---

① 陈晓晟：《华为北美市场取得突破，国际化战略仍面临挑战》，《通信信息报》2008年第12期。

表6-6　国内企业近年来跨国并购失败典型案例

年份	事件
2005	中海油以185亿美元的价格大手笔展开收购美国优尼科石油公司,在与雪铁龙公司拉锯战、美国政府干预等情况下,最后撤回收购
2007	华为和美国贝恩资本试图以22亿美元联手收购三康(3Com)公司,但因美方担忧国家安全而流产
2009	中铝与澳大利亚力拓的195亿美元"世纪大交易"失败
2010	腾讯竞购全球即时通信工具鼻祖网络呼叫器(ICQ)失败
2010	中海油联合加纳国家石油公司出价50亿美元,竞购加纳朱比(Jubilee)油田23.5%股权交易失败
2010	中化集团与新加坡淡马锡联手用约500亿美元收购加拿大钾肥的计划失败
2010	华为竞购摩托罗拉业务失败,被诺基亚西门子公司以低于华为报价的12亿美元收购成功
2011	华为公司迫于压力,放弃了对美国三叶公司(3Leaf)的收购

来源：根据相关报道整理。

分析指出,在"337条款"无法生效的情况下,美国将外国投资委员会(CIFUS)审查作为新的干涉手段。华为迫于此压力,放弃了对美国三叶公司(3Leaf)的收购。近年来,美国对中国企业在美并购设置了多重防线,特别是在高科技领域,在传统手段无法奏效的情况下,已上升到采取"国家安全审查"手段来打压。一个无法掩盖的事实是：近几年,以华为为代表的中国企业在以并购方式走出去时屡屡受阻,大多数失败而归。

另一方面,理论上存在以下四个方面理由,可以推断在跨国经营中,并购不是必然选项。

(1) 并购优于联盟必须具备相应前提。

越倾向于选择并购,越有利于提升企业绩效的推断至少有两个前提条件[1]。一是学习效应大于溢出效应。采用并购获取外部互补知识的学习效率可能源于组织间学习竞赛效应足够抵消组织间的收益独占或者防止溢出效应。由于对外部互补资产控制的增强和不同组织间利益冲突的减少,并购在组织利益一致性

---

[1] 于成永、施建军：《产业升级视角下外部学习、技术并购边界与创新》,《国际贸易问题》2011年第6期。

和防止机会主义行为等方面要优于联盟,联盟最终发展趋势基本是并购。美国学者布利克等(Bleeke, et al)在1995年的研究表明,有近80%合资的结果都是被某个伙伴所购买①。

二是内部学习效率高于外部学习效率。兼并的"学习经济效应"可能源于内部学习的效率高于外部学习。企业之间知识转移扩散的学习与模仿会受到知识转出方的限制,兼并使双方成为一体,竞争关系不复存在,兼并方为强化自身的战略资源,会设法促进并购双方知识的交流和融合。同时,外部学习中企业间知识转移的困难来源于隐性知识自身的难以模仿性和路径依赖性。兼并让外部学习内部化,有组织、有意识地交流和沟通能够降低模仿的难度,使得知识转移的效率高于外部学习。

(2)跨国并购整合成功与否受制于多个因素。

在跨国并购整合中,文化冲突,组织利益冲突,吸收与独占能力,客户关系维系,如何有效使用对方有价值资产等,这一系列因素会导致并购优于联盟的条件很难得到满足。著名的"七七定律"指出,在跨国并购中,70%的并购没有实现期望的商业价值,而其中70%失败于并购后的文化整合,文化差异越大,失败的可能性越高。科加等在1988年发现,跨国并购多发生在文化相似、市场环境熟悉的国家之间;一些针对发达国家和发展中国家之间的跨国并购实证研究如苏克·帕克·永等(Yong Suhk Pak, et al)的2006年②与巴克马等(Barkema, et al)的1996年③研究,表明并购后如果企业需要适应双重文化,其持久性和绩效都明显更低。布朗鲁斯等(Brouthers, et al)2000年研究发现,发达国家在开辟文化差异大的发展中国家和新兴经济体市场时,会首先选择实施合资新建,只有随着外国投资者对东道国外部环境的了解加深,才会收购当地企业或合资企业股份。

一个例子是上汽并购韩国双龙,其失败原因至少有文化冲突和无法有效利用对方的技术资产两个重要因素:首先在于上汽与对方工会不能达成一致;双龙工会和上汽方面一直十分抵触,甚至在签约5天之前,双龙工会举行了总罢工。其次,上汽入主双龙后,更多的是考虑如何引出技术,双龙认为上汽试图

---

① 张秋生:《并购学》,中国经济出版社2010年第一版。
② Yong Suhk Pak and Ki Hyun Ryu, "The Determinants of China Cross – border M&As Performance: A Comparative Study between Overseas Sino and Anglo Firms", *Academy of International Business Conference Paper*, Beijing, 2006.
③ Barkema, H. G. and Vermeulen, F., "International Expansion through Start – up or Acquisition: A Learning Perspective", *Academic of Management Journal*, 41, 1998.

将核心技术和人才转移到中国总部,这会导致双龙未来会被上汽抛弃。这折射出如何对技术资产进行有效的转移是海外并购的一大难题。这说明,跨国并购失败风险除了并购竞购阶段贸易保护外,还来源于并购整合失利。

(3) 联盟和并购都适用于获取双独占互补资产。

一般来说,在弱独占性机制下,对创新利润的保护需要创新企业拥有强大的互补性资产。相反,在强独占性机制下,创新者可通过互补性资产战略(市场购买、联盟或者并购)来增强其创新获利能力。互补性资产很难通过市场机制获得,因为它们经常需要与新技术一起专业化,专业化创造了资产的专有性,使得把这些资产处于企业控制之下非常重要。企业对互补性资产的控制使其他企业从市场上购买这些资产时面临谈判问题。如果互补性资产是一般性或者通用的,可以通过市场机制获取;如果互补性资产是专业化或共同独占性的,市场购买则有风险,因为双方或一方需要对不可逆的投资承诺资本,如果双方关系结束,这些资产毫无价值。相应地,企业希望自己拥有这些专业化资产或共同独占性资产(双独占互补资产)。因此企业必须通过建立联盟(产权或者非产权)或者并购来获取①。双独占的互补资产获利能力相比于通用资产(一般互补资产)要强②(图6-3)。

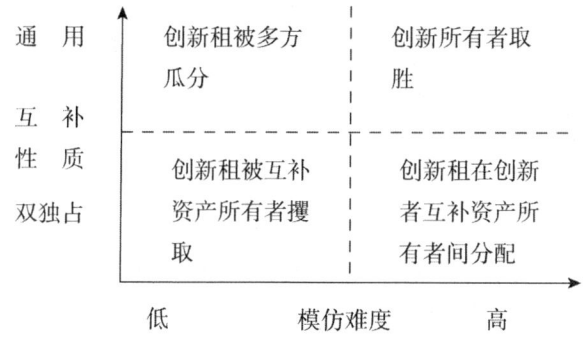

图6-3 独占机制的模仿难度与互补资产性质

(4) 与并购基本等效时,选择联盟更有优势。

在获取使用国外品牌、渠道为基础的市场进入上,原始设备制造等联盟形

---

① 周竺:《创新收益占有文献综述》,《研究与发展管理》2009年第10期。
② Pia Hurmelinna, Kalevi Kyläheiko, Tiina Jauhiainen, "The Janus face of the Appropriability Regime in the Protection of Innovations: Theoretical re-appraisal and empirical analysis", Technovation, vol. 27, No. 3, 2007.

式与并购几乎没有差异时,应选择联盟方式。一是联盟可以突破贸易壁垒,华为正是通过给摩托罗拉做原始设备制造方式突破通信设备进入美国市场的限制;因而,这种方式适合"华为们"跨国经营中获取相应资源要求。二是联盟更为灵活。环境的不确定性、较为分散的知识分布、有限的资源储备以及非持久的协同效应等因素,都要求企业保持高度战略灵活性;在战略灵活性要求满足的同时,企业视控制权要求,选择产权或者非产权联盟形式。三是联盟可以接近需要的资产,而无需为拥有不需要的资产承担成本。四是联盟改变了以消灭竞争对手为目的、对抗性极强的竞争方式,更易为对方接受。联盟双方取长补短,可以防御性地分配相关市场,也可以攻击性地开辟新市场。

（四）案例结论

我们认为,与反垄断"标本"和"华为们"悲情相对应,本案中华为、诺西与摩托罗拉并购博弈的本质在于为了获取相应的市场地位、技术资产以提升企业绩效时,企业应尽力保持独占机制的有效性,并选择合适的并购边界。因此,有必要探讨法律机制有效性条件,联盟中战略机制运用以及跨国并购边界如何确定三个问题。

与蒂斯与饶·PM.有关独占机制获利框架研究结论不同,我们认为,法律机制的外生性在于相应国家/地区法律制度体系以及司法体系完备性,而内生性在于企业运用知识产权战略进行创新独占的能力和努力。华为通过知识产权制度上价值观确立、标准专利战略实施以及付诸具体实践行为三个方面体现了其进行创新独占的能力与努力。

联盟解体的副作用是极易漏掉有价值资产。我们认为,战略机制中技术本质具有外生性,而有关人力资源管理（沟通、流动性）、实际操作（密码、商业秘密以及接近限制）、领先时间（市场进入、连续发展）等变量则是内生的。战略机制有效性直接影响原始设备制造等联盟方式解体时包括知识产权在内的有价值资产外泄损失程度;基于少漏掉核心资产目标,我们结合华为知识管理实践,提出了在组织知识审计基础上建立内部规范、工资薪酬制度、分散化工作设计,以及保密制度与人员调配四个方面运用战略机制措施。

"华为们"悲情在于跨国并购边界如何确定问题。我们认为,一方面,华为国际化经营实践中更多地选择联盟方式获取互补资产,选择并购方式多因贸易壁垒等原因落败;另一方面,由于并购优于联盟需要满足一定条件,跨国并购整合成功与否受制多种因素,在获取双独占互补资产上并购与联盟并无明显差异,以及并购、联盟等效时,选择联盟有更多优势等原因存在,决定了华为竞购摩托罗拉失败后,退而求其次,追求继续维持原始设备制造合作,能够作为国内企业在跨国经营中一个行之有效的战略选择模式。

三、创新与企业绩效关系

作为进一步探讨,创新与企业绩效关系需要进一步检验。结合库克与克利夫顿(Cooke & Clifton)[1]、罗·Y.与帕克(Park)[2]、李·C.等(Lee. C., et al)[3] 等人的研究,和经合组织的创新调查委员会(CIS)所用的指标,我们采用6个题项来测量企业绩效:(1)公司近两年新产品销售额占公司总销售额的平均比重;(2)公司近两年新产品平均利润率;(3)公司近两年新产品利润占公司利润的比率;(4)公司近两年总资产税前平均利润率;(5)公司近两年产品的总体市场竞争力;(6)公司近两年的销售增长幅度。前3个题项测量新产品绩效,后3个题项测量企业整体财务绩效。6个题项采用5级李克特度量方法,每个题项从1到5分别表示程度从低到高变化[4]。

(一)测量模型评价

在进行假设验证之前,通过对测量模型的内部一致性信度(Reliability)、内敛效度(Convergent validity)和判别效度(Discriminant validity)的检验,确保每个多重量表测量特定概念的充分和适当性。表6-7给出了所有变量探索式因子分析的结果:

表6-7 探索性因子分析结果

变　　量	F1	F2	F3	F4	F5	F6	F7
F1 潜在吸收能力							
(1)获取竞争对手知识	0.69						
(2)内部应用技术方法	0.68						
(3)专人补充、完善和解释	0.78						

---

[1] Cooke, P. and Clifton, N., "Social capital, and small and medium enterprise performance in the United Kingdom, Entrepreneuship in the modern space - economy: Evolutionary and policy perspectives", *Tinbergen Institute*, *Keizersgracht* 482, *Amsterdam*, 2002.

[2] Luo, Y., "Partner selection and venturing success: the case of joint ventures with firms in the People's Republic of China", *Organization Science*, vol. 8, No. 6, 1997, p. 648 - 662.

[3] Lee. c., Lee. k., et., "Internal capabilities. external networks. and performance: A study on technology - based ventures", *Strategic Management Journal*, 22, 2001, p. 615 - 640.

[4] 于成永、施建军:《外部学习、技术创新与企业绩效:机制和路径——基于苏浙沪制造业企业的实证研究》,《经济管理》2009年第1期,第117-125页。

续表

变量	F1	F2	F3	F4	F5	F6	F7
（4）借鉴部门或企业外知识	0.69						
（5）新知识价值评估并过滤	0.76						
（6）保存与筛选知识	0.78						
F2 现实吸收能力							
（1）创造工作环境示范学习		0.88					
（2）员工交流不同思想和观念		0.86					
（3）交流思考问题、描述概念		0.90					
（4）积极传播新概念和思想		0.83					
（5）在整个组织中分享成果		0.77					
（6）沟通分享组织愿景和价值		0.82					
F3 边界一体化水平							
（1）外部模式的灵活性			0.81				
（2）建立外部模式成本与时间			0.87				
（3）企业对外部研发活动控制			0.86				
（4）外部模式的存续期长短			0.90				
（5）外部模式影响程度			0.83				
F4 产品创新							
（1）提高了产品质量				0.73			
（2）增加了产品品种				0.74			
（3）增加了产品适应性				0.90			
F5 工艺创新							
（1）增加了产品生产能力					0.76		
（2）降低单位产成品人工成本					0.91		
（3）降低单位产品原料和能耗					0.92		
F6 新产品绩效							
（1）新产品销售占销售总额比						0.84	
（2）新产品平均利润率						0.81	
（3）新产品利润占总利润比						0.92	
F7 企业整体财务绩效							
（1）总资产税前平均利润率							0.74

续表

变　　量	F1	F2	F3	F4	F5	F6	F7
（2）产品的总体市场竞争力							0.76
（3）销售增长幅度							0.81
克伦巴赫阿法系数	0.87	0.94	0.93	0.83	0.90	0.89	0.81
特征值	10.55	4.25	2.48	1.90	1.28	1.02	0.92
累积解释的总变异量（%）	36.30	51.01	59.58	66.18	70.59	74.11	77.30

29个问题项代表了7个因子，共解释了总变异量的77.30%，各变量的克伦巴赫阿法系数都大于有关研究建议的可接受水平0.70。其中潜在吸收能力0.87、现实吸收能力0.94、边界一体化0.93、产品创新0.83、工艺创新0.90，新产品绩效0.89，企业整体财务绩效0.81，显示了很好的内部一致性信度。验证性因子分析的结果表明本研究的测量模型具有较好的拟合度（Chi – square（377）= 1489.33，$p < 0.000$；CFI = 0.74，RMSEA = 0.13，RMR = 0.32，GFI = 0.63，IFI = 0.74）。所有题项都对应于假设的因子结构，而且标准化的因子负荷明显高于有关研究所建议的最低临界水平0.60，而且都具有较强的统计显著性（$p < 0.001$），充分显示了极强的内敛效度。最后，哈曼（Harman）单因子模型与本研究的7因子测量模型卡方检验的结果具有显著的差异性（△Chi – square（1）= 1227.9，$p < 0.0001$），这充分表明各变量表现出很高的判别效度。

（二）结构模型与假设验证

整体模型拟合度指标是用来检验整体模式与观察数据的拟合程度，一般将适合度衡量标准分为三种类型：绝对拟合指数；相对拟合指数；简约拟合指数。模型拟合指数如表6-8所示，综合各项指标的判断，所有假设构成的理论模型的整体模型拟合度较好，可以用以检验相应理论假设。

表6-8　吸收能力模型拟合指数

	拟合指标	模型估计	解释
绝对拟合指标	卡方值	16.823	
	拟合优度指数	0.974	很好，大于0.90
	调整拟合优度指数	0.935	很好，大于0.90
	残差均方根	0.049	非常好，小于0.05
	近似误差均方根	0.055	很好，小于0.08

续表

	拟合指标	模型估计	解释
相对拟合指标	比较拟合指数	0.975	非常好,大于0.9接近1
	增值拟合指数	0.976	非常好,大于0.9接近1
	规范拟合指数	0.933	非常好,大于0.9接近1
	相对拟合指数	0.872	大于0.8,可以接受
	非规范拟合指数	0.952	非常好,大于0.9接近1
简约拟合指标	赤池信息准则理论模式值	50.823	理论模式赤池信息准则值小于饱和模式和独立模式。
	赤池信息准则饱和模式值	56.000	
	赤池信息准则独立模式值	265.566	
	简效规范拟合指数	0.489	一般,要求大于0.5
	简效比较拟合指数	0.511	很好,要求大于0.5
	卡方值与自由度比值	1.530	在1-3之间

理论模式的路径系数和假设检验结果如表6-9所示:除了边界一体化水平对工艺创新、工艺创新对企业整体财务绩效没有得到验证外,潜在吸收能力对产品创新、工艺创新、新产品绩效以及企业整体财务绩效的影响得到了经验支持;现实吸收能力对边界一体化、一体化对产品创新、产品创新对新产品绩效以及新产品绩效对企业整体财务绩效影响的假设都得到了很好的验证(见表6-9)。

表6-9 吸收能力理论模式的路径系数与假设验证

变量间关系	路径系数	P值	对应假设	检验结果
潜在能力——→产品创新	0.501***	0.000	正向	支持
潜在能力——→工艺创新	0.187*	0.011	正向	支持
现实能力——→一体化	0.235**	0.001	正向	支持
一体化——→产品创新	0.203**	0.001	正向	支持
一体化——→工艺创新	0.004	0.959	正向	不支持
产品创新——→新产品绩效	0.379***	0.000	正向	支持
新产品绩效——→整体财务绩效	0.461***	0.000	正向	支持
工艺创新——→整体财务绩效	0.106	0.073	正向	不支持
潜在能力——→整体财务绩效	0.252***	0.000	正向	支持
潜在能力——→新产品绩效	0.239**	0.001	正向	支持

注:路径系数为标准化值,***表示P<0.000,**表示P<0.01,*表示P<0.05。

(三) 实证结果分析

在理论模型构建基础上,选择江苏、浙江以及上海等省的制造业企业(表4-2)作为实证研究对象,运用结构模型研究了外部学习、技术创新与企业绩效之间的关系。我们发现,技术并购边界、技术创新在外部学习对企业绩效影响中起中介作用。得出如下结论。(1) 在外部学习与技术创新之间,技术并购边界起着中介作用。然而,我们看到,潜在吸收能力与现实吸收能力作用途径是不一样的。现实吸收能力必须依据中间组织环境才能对创新发挥作用。(2) 在外部学习与企业绩效之间,技术创新起着中介作用。这表明,外部学习能够有助于形成企业技术竞争能力,从而改善企业绩效。(3) 在技术创新与企业整体财务绩效之间,新产品绩效起着中介作用。产品创新带来了新产品绩效,从而导致企业绩效改善。(4) 潜在吸收能力能够正向影响工艺创新,但是工艺创新对企业绩效提升作用并没有在统计意义上得到证实。

第三节 理论与实践价值

一、理论启示

与现有文献相比较,本书至少在以下方面对组织学习理论、创新理论与企业并购理论进行了发展:

1. 不同于潜在吸收能力的直接作用,现实吸收能力间接影响创新绩效

按照现有文献研究,基于对组织间关系的强调,吸收能力在本质上是嵌入于特定背景(specific context embedded)之中的。吸收能力一旦脱离组织间合作网络,就会退化为企业内部的能力,或者将不复存在。吸收能力是一种基于组织间关系的跨组织能力。范丹波士等[1]强调了环境的影响作用,指出企业必须根据不同的知识环境来采取相应的组织整合方式,并建议将在吸收能力的反馈循环(吸收能力——学习——新的吸收能力)中加入环境这个中介变量。这些研究表明,吸收能力对创新绩效影响中,可能存在中介变量。

---

[1] Van den Bosch, F. A. J., Volberda, H. W., & De Boer, M., "Coevolution of firm absorptive capacity and knowledge environment: Organizational forms and combinative capabilities", *Organization Science*, 10, 1999, p. 551-568.

本书基于佐拉等的 2002 年研究对吸收能力的分类，实证研究发现潜在的吸收能力（potential capacity）与现实的吸收能力（realized capacity）表现并不相同。潜在吸收能力能够直接对创新绩效产生正向影响，而现实吸收能力对创新绩效影响必须以技术并购边界为中介。这说明，潜在吸收能力侧重于容纳能力，基于企业整体层面，强调一种包容外部知识、利用外部知识的能力。现实吸收能力是一种边缘性（periphery）能力，关注企业之间的合作关系与合作情景，是一种情景嵌入性能力，是存在于合作关系中的跨组织能力。

通过创新与企业绩效关系讨论，本书理论论证与实证检验了潜在与现实吸收能力对技术创新的影响机制和作用路径。证据表明，潜在吸收能力能够直接对产品创新和工艺创新产生正向影响，而现实吸收能力间接地对产品创新构成影响。这一结论表明，跨组织性、情境性仅是现实吸收能力的特征；在现实吸收能力对技术创新影响中，技术并购边界起中介作用。

2. 独占机制与吸收能力互为调节作用

现有独占机制对创新绩效影响的文献基本观点有二：一是独占机制与创新绩效之间是直接影响关系；二是吸收能力对创新绩效影响时，独占机制起调节作用。

本书一方面找到了独占机制与创新绩效之间是直接影响关系以及独占机制在吸收能力对创新绩效影响中起调节作用的证据；另一方面也找到了独占机制对创新绩效影响中，吸收能力也起调节作用的证据。这一发现为"努力学习与努力保护"的悖论提供了理论和经验注解。

3. 技术并购边界的选择实质在于组织间关系类型、性质以及治理方式的选择

本书不仅找到了内部研发与外部研发互补的理论依据，而且发现了这种互补性改进的方向。

首先，技术并购边界选择中外部研发具有交易与学习两种性质。从交易性质上看，自主研发中的外部研发模式是获取外部知识手段，随着外部知识与内部核心知识互补性提高、外部知识意会性、语境依赖性增加，作为获取外部知识的手段的外部研发模式一体化程度也应提升；从学习性质上看，自主研发中外部研发模式是组织间学习的场所，学习效率有赖于知识管理和组织间关系的管理。

其次，组织间学习中，需要利用法律、战略（含技术特性）保护机制对存量知识进行保护；需要利用吸收能力进行组织间知识获取活动与学习活动。

最后，外部研发模式体现了组织间关系、知识边界及其治理机制的选择。

组织之间关系包含市场关系与伙伴关系，它们的特征存在差异，这种差异一方面反映了两种关系中知识边界的不同，从而导致治理机制的差异；另一方面反映在治理机构上差异，体现在组织模式上的不同。由于伙伴关系中知识边界复杂性提升，组织间学习成分较市场关系明显提高，从而使得正式、非正式治理机制结合以达到创新效率的要求；伙伴间关系也明显拉近组织间距离，从而导致一体化提升。

在这些理论认识基础上，本书找到了内部研发与外部研发互补的经验证据，以及这种互补性改进的方向。整体上看，本书在现有研发模式互补性文献基础上①②，理论论证与实证检验了技术并购边界一体化水平与创新绩效关系，不仅找到了互补性理论依据，也找到了互补性深层次含义。针对研发模式选择互补性理论支撑不足③，本书在知识创造理论基础上，通过交易成本、组织理论以及社会逻辑观推演出技术并购边界多样性在于一体化水平差异，而技术并购边界一体化提升会带来创新和企业绩效改善这一理论架构，并进行了实证检验。

4. 破解开放悖论在于吸收能力与独占机制互补性，以及外部研发模式一体化提升

知识创造以牺牲知识独占为代价的悖论在仅强调对外部知识获取和自身知识保护而没有组织间知识创造条件下比较突出；而一体化与反一体化的组织悖论在仅存在内部研发的条件下张力比较大。由于吸收能力与独占机制互为调节且地位相等，因而两者呈现交互作用。本书找到了现实吸收能力与战略独占机制互补证据，即当它们作为综合变量时，通过技术并购边界，对创新绩效产生正向影响。这一证据表明，弱战略独占机制下，为了达到预定绩效，需要更强的现实吸收能力，反之则相反；因而，现实吸收能力比潜在吸收能力重要。这一证据也表明，在存在内部研发的同时，外部研发模式一体化提升有利于绩效改进；因而，企业私人绩效改进需要对企业外部网络化要求，而企业间绩效改进则需要应对外部网络化过程对其带来的负面影响，即外部模式一体化需要提高。

---

① Abel Lucena, "The production of complementarities among R&D activities and external collaboration: a knowledge - based view", *Academy Winter 2005 PhD Conference*, Aalborg University.

② Cassiman B. And Veugelers R, "In search of complementarity in the innovation strategy: internal r&d and external knowledge acquisition", *Management Science*, 52, 2006, p. 68 - 82.

③ Chesbrough, H. W, "Why companies should have open business models", *Mit Sloan Management Review*, vol. 48, No. 2, 2007, p. 22 - 28.

当然，潜在吸收能力与现实吸收能力培育缺一不可。从数值上看（表 6 - 9），潜在吸收能力正向直接影响产品创新、工艺创新，其系数值分别是 0.501、0.187；而现实吸收能力对产品创新是通过技术并购边界进行间接的正向影响，其系数分别为 0.235 与 0.203。这表明，潜在吸收能力对进行自主研发的企业是很重要的；现实吸收能力有利于选择一体化程度高的技术并购边界，进而促进技术创新和企业绩效提升。

二、实践意义

本书研究对实践的指导意义至少有三点。

1. 在山寨产业转型中，企业应着重培养现实吸收能力

山寨企业潜在吸收能力强而现实吸收能力弱。"山寨"产品不是假货，但是一种仿制品，所谓的"创新"是外观的设计和功能的堆砌，从技术上来说没有创新。一方面，应该看到，历史经验表明，山寨行为是许多国家经济转型之路，日本等许多创新大国都是从模仿起步。另一方面，日本虽然曾有和国内当下相似的"山寨"转型期，但是其企业能够在山寨过程中迅速提升知识转化与创造能力。例如，20 世纪 50 年代以后，日本对美国电脑等产品的机械装置进行大量的拆解，并进行反向工程，迅速学习和追赶美国先进技术便是有力的例证。

时下国内产业升级中，可以对"山寨企业"实行分类监管，鼓励有实力的"山寨企业"加入"正规军团"。在手机领域，天语是山寨成功转型代表。重视和坚持研发设计，天语为自己赢得了转型所需的硬实力。曾经的"手机山寨王"，天语手机走在转型队伍的前列，不仅建立了研发中心，进军第三代移动通信技术（The 3rd Generation Telecommunication，3G）高端手机领域，还得到华平、高通和微软等业界顶级企业认可。

在经历了模仿的初级阶段后，"山寨企业"要实现长远发展，必须要勇于突破，朝着全面、自主的创新之路前进，走自主研发之路，创立自己的品牌，发展壮大自己，实现华丽转身，否则难逃被市场淘汰的命运。

2. 在创新困境突破中，政府应创造有利于企业自主研发的环境

在自主研发中，选择什么样外部研发方式对创新绩效是有影响的；因此，自主研发道路选择应该谨慎。一方面，如果有相应的吸收能力和独占能力，企业应该从事自主研发。本书证据表明，"盲目自新"式独立研发要不得，应提倡开放式自主研发。单靠一己之力，"盲目自新"式独立研发，从理论上看，无法有效杠杆外部源知识，影响创新效率；从实践上看，割裂企业与创新网络的联接，这种封闭式创新（Closed Innovation）远跟不上开放式创新时企业创新和绩

效水平①。

另一方面，企业"不创新等死"道理自明，而"创新找死"则指出了企业从事技术创新的风险性。本书发现，随着独占强度、吸收能力提升，企业创新绩效越好；现实吸收能力越强，技术并购边界一体化水平越高，创新绩效越好；独占性越强，技术并购边界一体化水平越高，创新绩效越好。因此，如果没有相应的吸收能力和独占能力，企业可能不得已选择单靠一己之力创新，甚至不从事创新。显然，政府有必要积极营造有利于企业从事创新的外部环境。

3. 在经营者集中监管上，应结合传统申报标准与独占机制通盘考虑垄断势力

本书有关独占机制的研究有助于经营者集中的反垄断监管。传统上，有关经营者集中申报有资产总额、销售额、并购交易额、市场份额等多个标准；我国现行反垄断法规定采用销售额标准。

本书在研究诺西并购摩托罗拉无线设备部门案例中揭示，诺西、摩托罗拉、华为围绕独占机制展开并购博弈，诺西最终以华为保全与摩托罗拉原有合作业务以及缴纳专利特许使用费为代价，取得中国商务部经营者集中审核通过，获准完成并购。事实上，在技术并购中，获取技术专利等核心资产往往是购并双方引发社会关注的焦点，谷歌并购摩托罗拉移动部门，获取后者17000余项专利是重要的交易目的，显然，专利是维持安卓系统生态健康，抵御苹果、微软阵营竞争的重要屏障。

因此，本书研究对反垄断监管的启示是应将增强独占强度有关的专利、商业秘密、销售渠道等纳入经营者集中申报，并在审核中予以谨慎考虑。

第四节 局限性与未来研究方向

一、局限性

一项研究总是研究者在一定的地点和时间所进行和完成，这些条件对从理

---

① Chesbrough, H. W, "Why companies should have open business models", *Mit Sloan Management Review*, vol. 48, No. 2, 2007, p. 22 – 28.

论模型中所得出的命题设置了限制①。在强调本书研究创新性,并对相关理论进行了发展和对实践的指导意义同时,应该注意到,研究过程中仍然存在一些局限性。

1. 同源方差问题

尽管本书在事后做了单因素检验、修改和精减问卷项目等处理,但单一数据源会产生的共同方法变异(Common Method Variance)问题依旧存在。每个问卷填写者填写了所有的问卷项目,而不是各个变量的测量项目由同一企业中的不同人填写。受访者自报(self-report)数据往往存在许多问题。正如普德萨科福等②所指出,单一数据源所引致的缺陷,大概会使所有变量的测量以相同的风格和方向被影响,这种问题不会被效度检测所解决,并且会使我们错误地推测实质性(substantive)关系。此外,受访人的一致性动机(consistency motives)、社会期许(social desirability)都会对所收集的数据产生影响。

2. 横截面问题

吸收能力、独占机制、技术并购边界与创新绩效的影响过程是有一定的作用时间的,原则上应该在不同的时间段测量这些变量。我们调查问卷虽然考虑到这些时间段,然而,同一时期内完成填答的问卷可能存在变量测量数据横截面问题,使得创新绩效的滞后性把握不足。

3. 样本问题

研究过程中,项目组虽然花费了大量的精力进行问卷调查,但尚未获得真正意义上的"大样本"。这在分组的子样本容量上显得有所不足,从而可能影响结果的稳定性。此外,由于数据采样局限于苏浙沪的企业,研究可能受到样本地域特征影响。

二、未来研究方向

1. 尽可能多渠道收集变量数据,以避免同源方差问题

可以考虑,通过政府科技统计或者一些研究数据库来搜集数据,针对上市公司还可以进一步搜集其公开的数据。针对同一主题,还可以采用不同研究方法,比如采用回归方程等通常做法,进行辅助检测,以检验结论稳定性。

---

① Whetten DA., "What Constitutes a Theoretical Contribution?" *Academy of Management Review*, vol.14, No.4, 1989, p.490-495.

② Podsakoff P M., & Organ, D. W., "Self-reports in organizational research: Problems and prospects", *Journal of Management*, 4, 1986, p.531-544.

2. 采用个案研究或者较长期纵向研究，这有助于研究吸收能力、独占机制、技术并购边界对创新绩效的累积影响

个案研究虽然在外部有效性上存在不足，然而，其深入细致地对问题解剖能力是截面研究所不及的。以制造业某一产业具有代表性的企业，从较长期角度深入解剖吸收能力、独占机制对创新绩效影响和技术并购边界选择的作用能够弥补本书横截面问题。

3. 尝试在更大的地域内进行调研以检验本书的模型

可以考虑的方案，一是进一步拓展国内样本地域覆盖面，加大上海、广东与浙江等研发支出排名在全国前列的三个地域样本数量以进一步提高样本代表性；二是对国外相关研究进行整合研究，通过相关文献元分析，以检验本书结论的普适性。

参考文献

一、英文部分

[1] Abel Lucena, The production of complementarities among R&D activities and external collaboration: a knowledge – based view, *Academy Winter* 2005 *PhD Conference*, *Aalborg University*.

[2] Ahuja, G. & Katila, R., Technological acquisitions and the innovation performance of acquiring firms: A longitudinal study. *Strategic Management Journal*, 2001, 22: 197 – 220

[3] Alavi, M., &Leidner, D. Knowledge Management and Knowledge Management Systems: Conceptual Foundations and Research Issues, *Mis Quarterly*, 2001, 25 (1): 107 – 136.

[4] Andersen Consulting, Collaboration and Knowledge Management, *New York Press*, 2000.

[5] Andersen, A., The Knowledge Management Assessment Tool (KMAT). London: *Arthur Andersen Kmat Study*, 1996.

[6] Andrews, structural F. M., Construct validity and error components of survey measures: A modeling approach, *Public Opinion Quarterly*, 1984, 48, 409 – 442.

[7] Argote, L., Organizational Learning: Creating, Retaining, and Transferring Knowledge, Norwell, MA: *Kluwer Academic*, 1999.

[8] Ashby, W. R. An Introduction to Cybernetics, London: *Chapman & Hall*, 1956.

[9] Atuahene – Gima, K., Inward technology licensing as an alternative to internal R&D in new product development: a conceptual framework. *Journal of Product Innovation Management*, 1992, 9 (2): 156 – 167.

[10] Balachandra, R. & Friar, J. H. Factors for success in R&D projects and new product innovation: A context framework. *IEEE Transaction on Engineering Management*, 1997 (44): 276–287.

[11] Baldwin, J. R. &Sabourin D, Advanced technology use and firm performance in Canadian manufacturing in the 1990s, *Industrial and Corporate Change*, 2002, 11: 761–775.

[12] Barney, J. B., Firm resources and sustained competitive advantage. *Journal of Management*, 1991, 17 (1): 99–120.

[13] Bassen, J. and Maskin, E., Sequential Innovation, Patents, and Imitation, *MIT Department of Economics Working Paper*, 2000, No. 00–01.

[14] Becker, B. And Gassmann, O., Gaining Leverage Effects From Knowledge Modes With Corporate Incubators. *R&D Management*, 2006, 36, 1: 1–16.

[15] Becker, W., Peters, J., Technological opportunities, absorptive capacities and innovation, *The Eighth International Joseph A. Schumpeter Society Conference Centre for Research in Innovation and Competition (CRIC), University Manchester, Manchester*, 2000, 28 June – 1 July 2000.

[16] Benedetto, C. A. D., Identifying the key success factors in new product launch. *Product Innovation management*, 1999 (16): 530–544.

[17] Bergen, S. A., The R&D Production Interface: United Kingdom & West Germany Practices and Achievements in the Scientific Instrument Industry, *R&D Management*, 1982, 12, 1: 21–25.

[18] Bonner, J. And Walker, O., Selecting Influential Business – To – Business Customers In New Product Development: Relational Embeddedness And Knowledge Heterogeneity Considerations. *Journal Of Product Innovation Management*, 2004, 21: 155–169.

[19] Brockhoff, K., Customers' Perspectives Of Involvement In New Product Development. *International Journal Of Technology Management*, 2003, 26, 5/6: 464–481.

[20] Brouwer, E. and Kleinknecht, A., Innovative output. and a firm's propensity to patents: An exploration of CIS micro data. *Research Policy*, 1999, 28, 615–624

[21] Brouwer, E. and Kleinknecht, A., Innovative output. and a firm's propensity to patents: An exploration of CIS micro data. *Research Policy*, 1999, 28, 615–

[22] Brown, S. L., Eisenhardt, K M. The art of continuous change: linking complexity theory and time paced evolution in relentlessly shifting organization. *Administrative Science Quarterly*, 1997, 42: 1 – 34.

[23] Carl F., Definine Knowledge Management, *Comnuter World*, 1998, No. 3218.

[24] Chesbrough, H. W, Why companies should have open business models. *Mit Sloan Management Review*, 2007, 48, 2: 22 – 28.

[25] Chesbrough, H. W, The Era Of Open Innovation. *MIT Sloan Management Review*, 2003, 44, 3: 35 – 41.

[26] Churchill, G., A paradigm for developing better measures of marketing constructs. *Journal of Marketing Research*, 1979, 16, 1, 64 – 73.

[27] Coase, R. H., The Nature of the Firm. *Economics*, 1937. 4: 386 – 405.

[28] Coase, R. H., The problem of social cost. *Journal of Law and Economics*, 1960. 3: 1 – 44.

[29] Cockburn, I., Henderson, R., Absorptive capacity, coauthoring behavior, and the organization of research in drug discovery. *The Journal of Industrial Economics*, 1998, 46 (12), 157 – 181.

[30] Cohen, W., Nelson, R., Walsh, J., Protecting their Intellectual Assets: Appropriability Conditions and why US Manufacturing Firms Patent or not. Discussion Paper 7552, *NBER*, 2000.

[31] Cooke, P. and Clifton, N., Social capital, and small and medium enterprise performance in the United Kingdom, Entrepreneuship in the modern space – economy: Evolutionary and policy perspectives, Tinbergen Institute, Keizersgracht 482, *Amsterdam*, 2002.

[32] Coombs R, Metcalfe J. S., Organizing for innovation : co – coordinating distributed Innovation capabilities. In: Foss N, Mahnke V. ed. Competence, Governance, andEntrepreneurship. *Oxford University Press*, 2002, 209 – 231.

[33] Cooper, R. G., The strategy – performance link in product innovation. *R&D Management*, 1984, 84: 247 – 259.

[34] Cooper, R. G., Project New Prod. The components of risk in new product development . *R&D Management*, 1981, 11 (2): 47 – 54

[35] Cordero, Rene, The Measurement of Innovation Performance in the Firm: an Overview, *Research Policy*, 1990, 19, 2: 185–193.

[36] Croisier, B. The governance of external research: empirical test of some transaction–cost related factors. *R&D Mangement*, 1998, 28 (4): 289–298

[37] Dae–Hyun Cho, et al, Influential factors in the choice of technology acquisition mode: an empirical analysis of small and medium size firms in the Korean telecommunication industry. *Technovation*, 2000, 20: 691–704.

[38] Dahan, E. And Hauser, J. R., The Virtual Customer. *Journal Of Product Innovation Management*, 2002, 19, 5: 332–353.

[39] Darroch, J., Developing A Measure of Knowledge Management Behaviors and Practices, *Journal of Knowledge Management*, 2003, 7 (5): 41–54.

[40] Das T K&Teng B., A risk perception model of alliance structuring. *Journal of International Management*, 2001, 7: 1–19.

[41] Dasgupta P. and Stiglitz, J. E., Industrial Structure and the nature of Innovative activity, *Economic Journal*, 1981, 90: 266–293

[42] Davenport, T. H., Laurence P., Working Knowledge: How Organizations Manage What They Know, *Harvard Business School Press*, 1997.

[43] Davenport, T., et al, Successful Knowledge Management Projects. *Slolan Management Review*, 1998 (3): 43–57.

[44] Deeds, D. L. & Hill, C. W. L. Strategic alliances and the rate of new product development: an empirical study of entrepreneurial biotechnology firms. *Journal of Business Venturing*, 1996, 11: 41–55.

[45] Dell, C., A Current Review of Knowledge Management Best Practice, Conference on Knowledge Management and The Transfer of Best Practices, Business Intelligence, London, 1996.

[46] Devinney, T. M. Letters, How well do patents measure new product activity? *Economic*, 1993, 41: 447–450.

[47] Dodgson, M., Technological collaboration in industry: strategy, policy and internationalization in innovation. *London: Routledge*, 1993.

[48] Dorthy, Leonard–Barton, Wellsprings of Knowledge: Building and Sustaining The Sources of Innovation. Boston: *Harvard Business School Press*, 1995.

[49] Downs, G, Mohr, L. Conceptual issues in the study of innova-

tion. *Administrative . Science Quarterly*, 1976 (21): 700 – 714.

[50] Dunn, S. C., Seaker, R. F., et al, Latent variable in business logistics research: Scale development and validation, *Journal of Business Logistics*, 1994, 15, 2, 145 – 172.

[51] Dutta, S., and A. M. Weiss, The relationship between a firm's level of technological innovativeness and its pattern of partnership agreements, *Management Science*, 1997, 43 (3): 343 – 356.

[52] Dyer, J. H. And Singh, H., The Relational View: Cooperative Strategy And Sources Of Interorganizational Competitive Advantage. *Academy Of Management Review*, 1998, 23, 4: 660 – 679.

[53] Eisenhardt, Kathleen M., Galunic, D. Charles. Coevolving. *Harvard Business Review*, Jan/Feb 2000, 78, 1: 91.

[54] Fowler, F. J., Survey research methods, *Newbury Park, CA, Sage*, 1988.

[55] Freeman J and L . Soete., Unemployment and technological innovation, *Westprot.*, 1991.

[56] Fritsch, M., Lukas, R., Who Cooperates On R&D? *Research Policy*, 2000, 30: 297 – 312.

[57] Gallini, Nancy, Patent Policy and Costly Imitation, *Rand Journal of Economics*, 1992, 23, 52 – 63.

[58] Gans, Joshua S., Hus, David H. and Stern, Scott, When Does Start – Up Innovation Spur the Gale of Creative Destruction? *NBER Working Paper*, 2000, No. 7851, National Bureau of Economic Research.

[59] Gassmann, O. And Von Zedtwitz, M., Organizing Virtual R&D Teams: Towards A Contingency Approach. *R&D Management*, 2003, 33, 3: 243 – 262.

[60] Gilbert, R. and Shapiro, C., Optimal Patent Length and Breadth, *Rand Journal of Economics*, 1990, 21: 106 – 112.

[61] Gima, K. A., An exploratory analysis of the impact of market orientation on new product performce: a contingency approach. *Journal of Product Innovation Management*, 1995, 12: 275 – 293.

[62] Hagedoom, J. &Schakenraad, J., The effect of strategic technology alliances on company performance. *Strategic Mangement Journal*, 1994, 15: 291 – 309.

[63] Hagedoorn, J. and Cloodt, M., Measuring innovative performance: Is there an advantage in using multiple indicators? *Research Policy*, 2003, 32, 1365 – 1379。

[64] Harabi, N., Channels of R&D Spillovers: an Empirical Investigation. *Institute of Economics at the University of Zurich*, Working paper no. 37, 1995.

[65] Helfat C. E, Raubitschek R. S., Product sequencing: co – evolution of knowledge, capabilities and product. *Strategic Management Journal*, 2000, 21 (10 – 11): 961 – 979.

[66] Hernan, Roberto; Marın, Pedro L.; and Siotis, George, An Empirical Evaluation of the Determinants of Research Joint Venture Formation. *The Journal of Industrial Economics*, 2003, 51, 75 – 90.

[67] Holsapple, C. & Joshi, K., Knowledge Management: A Three – Fold Framework, Initiative for Knowledge Management. *Paper*, July 1997, No. 104.

[68] Horton, F. W, Information Resources Management: Concept and Cases, Ohio: *Association For Systems Management Press*, 1979.

[69] Ikujiro Nonaka, SECI Ba and Leadership, A Unified Model of Dynanic Knowledge Creation, *London Long Range Planning* 2000, (2).

[70] Ikujiro Nonaka, The Concept of Ba: Building a Foundation for Knowledge Creation. *Berkeley*, *California Managament Review*, 1998, (Spring).

[71] Ittner, C. D. & Larcker, D. F. Product development cycle time and organizational performance. *Journal of Marketing Research*, 1997, 34: 13 – 23.

[72] James H. Love, Stephen Roper, Internal Versus External R&D: A study of R&D choice with sample selection. *Int. J. of the Economics of Business*, 2002, 2 (9): 239 – 255.

[73] Janszen, EH. A., Dynamic business modeling as a management tool that supports the development and testing of innovation strategies. *IEMC '98 Proceedings. International Conference.* 1998, 10, 11 – 13: 408 – 412.

[74] Jaworski, B. J., & Kohli, A. K. Market orientation: antecedent and consequences. *Journal of Marketing*, 1993, 57, (7): 53 – 71.

[75] Jeffrey H Dyer, and Harbir Singh. The relational view: Cooperative strategy and sources of inter – organization competitive advantage. *Academy of Management Journal*, 1998, 23 (4): 660 – 679.

[76] Jeffrey H Dyer, and Kentaro Nobeoka. Creating and managing a high –

performance knowledge – sharing network. *Strategic Management Journal*, 2000, 21 (3): 345 –367.

[77] Ji Li, Kevin Lam & Yong – Qing Fang. Manufacturing firms'performance and technology commitment – the case of the eletronics industry in china, *Integrated Manufacturing Systems*, 2000, 11: 385 –402.

[78] Jones, G. K, Lanctot, A. &Teegen, H. J. Determinants and performance impacts of external technology acquisition. *Journal of Business Venturing*, 2000, 16: 255 –283.

[79] Kaufman, A. , Wood, C. H. And Theyel, G. 2000. Collaboration And Technology Linkages: A Strategic Supplier Typology. *Strategic Management Journal*, 21, 6: 649 –663.

[80] Kenta Nakamura and Hiroyuki Odagiri, R&D boundaries of the firm: an estimation of the double – hurdle model on commissioned R&D, joint R&D, and licensing in Japan. *Economics of Innovation & New Technology*, 2005, 14 (7): 583 –615.

[81] Khanna T, Gulati R, Nohria N, The dynamics of learning alliances: Competition, cooperation, and relative scope. *Strategic Management Journal*, 1998, 19: 193 –210.

[82] Kiyotaa, K. , et al, Foreign technology acquisition policy and firm performance inJapan, 1957 – 1970: micro – aspects of industrial policy. *International Journal of Industrial Organization* , 2005, 23: 563 –586.

[83] Klein, B. & Leffler, K. , The Role of Market Forces in Assuring Contractual Performance. *Journal of Political Economy*, 1981, 89: 615 –632.

[84] Klemperer, P. , How Broad Should the Scope of Patent Protection Be? *RAND Journal of Economic*, 1990, 21 : 113 –130.

[85] Klevorick, A. K. , Levin, R. C. , Nelson, R. R. , Winter, S. G. , On the sources and significance of interindustry differences in technological opportunities. *Research Policy* , 1995, 24, 185 –205.

[86] Koza, M. P. , Lewin, A. Y. , The coevolution of strategic alliances. *Organization Science*, 1998, 9 (3): 255 –264.

[87] Kumar, R. , Nti, K. O. , Differential learning and interaction in alliance dynamics: a process and outcome discrepancy model. *Organization Science*, 1998, 9

(3): 356-367.

[88] Lane, P. J., Lubatkin, M., Relative absorptive capacity and interorganizational learning. *Strategic Management Journal*, 1998, 19, 461-477.

[89] Laursen, K. & Salter, A. Open innovation: The role of openness in explaining innovation performance among UKmanufacturing firms. Denmark: *DRUID summer Conference*, 2004, Junne.

[90] Lee and Wilde, Market Structure and Innovation: A Reformulation. *Quarterly Journal of Economics*, 1980, 94, Pp429-436.

[91] Lee, K., & Lim, C., Technological regimes, catching-up and leapfrogging: findings from Korean industries. *Research Policy*, 2001 (30): 459-483.

[92] Lee, Mushin, Om, Kiyong, A conceptual framework of technological innovation management. *Technovation*, A Feb msterdam, 1994, 2 (1): 7-16.

[93] Lee. c., Lee. k., et al, Internal capabilities. external networks. and performance: A study on technology-based ventures. *Strategic Management Journal*, 2001, 22: 615-640.

[94] Leonard-Barton D., Core capabilities and core rigidities: a paradox in managing new product development. *Strategic Management Journal*, Summer Special Issue, 1992, 13: 111-126.

[95] Levinthal D A and March J G., The myopia of learning. *Strategic Mangement Journal*, 1993, 14: 95-113.

[96] Levinthal D A and March J G., The myopia of learning. *Strategic Mangement Journal*, 1993, 14: 95-113.

[97] Liebowitz, J. &Beckman, T., Knowledge Organizations: What Every Manager Should Know. *Boca Raton, St. Lucie/CRC Press*, 1998.

[98] Liebowitz, J., Building Organizational Intelligence: A Knowledge Management Primer. *Boca Raton, CRC Press*, 2000.

[99] Lichtenthaler, U. Absorpt ive Capacity, Environmental Turbulence, and the Complement arity of Organizational Learning Processes. *Academy of Management Journal*, 2009, 52 (4): 822-846.

[100] Loury, G. L., Market Structure and innovation. *Quarterly Journal of Economics*, 1979, 93: 395-410.

[101] Lowe, J., et al, R&D and technology purchase through license agree-

ments: complementary strategies and complementary assets. *R&D Management*, 1998, 28 (4): 263 – 278.

[102] Luo, Y., Partner selection and venturing success: the case of joint ventures with firms in the People's Republic of China. *Organization Science*, 1997, 8 (6): 648 – 662.

[103] Lynn, G S., Abel, K., Valentine, W. S. & Wright, R. C., Key Factors in Increasing Speed to market and Improving New Product Success Rates. *Industrial Marketing Management*, 2000, 28 (4): 319 – 326.

[104] Madhok, A. Cost, value and foreign market entry mode: the transaction and the firm. *Strategic Mangement Journal*, 1997, 18: 39 – 61.

[105] Malhotra, Y, Knowledge Management in Inquiring Organizations, Http://www.brint.com/km/km.htm.

[106] Marquardt, M., Building The Learning Organization: A Systems Approach To Quantum Improvement and Global Success. *Mcgraw – Hill, New York*, 1996.

[107] Merges, R. and Nelson, R., On the complex economics of Patent Scope. *Columbia Law Review* , 1991, 90, 4 : 839 – 916.

[108] Mowery, D. C., Oxley, J. E., Silverman, B. S., Strategic alliances and interfirm knowledge transfer. *Strategic Management Journal* , 1996., 17: 77 – 91.

[109] Nicholls – Nixon C., Absorptive capacity and technological sourcing: implications for the responsiveness of established firms. *PhD Unpublished, Purdue University*. 1993.

[110] Nonaka L, A Dynamic Theory of Organizational Knowledge Creation. *Organization Science*, 1994, 5 (1): 14 – 37.

[111] Nonaka, I., The Knowledge – Creating Company. *Harvard Business Review*, 1991, Nov – Dec: 96 – 104.

[112] Nonaka, I. &Konno, N., The Concept of "Ba": Building A Foundation for Knowledge Creation. *California Management Review*, 1998, 40 (3): 1 – 15.

[113] Nordhaus, W. D., Invention, Growth, and Welfare : A Theoretical Treatment of Technological Change. *MIT Press.* , 1969 .

[114] Numagami, T., T. Ohta and I. Nonaka. Self – renewal of Corporate Orga-

nizatios: Equilibrium, Self – sustaining, and Self – renewing Models. Working Paper, *University of California at Berkeley*. No. OBIR, 1989: 43.

[115] Oliver Gassmann., Opening Up The Innovation Process: Towards An Agenda, *R&D Management*, 2006, 36, 3: 223 – 228.

[116] Olson, E. And Bakke, G., Implementing The Lead User Method In A High Technology Firm: A Longitudinal Study Of Intentions Versus Actions. *Journal Of Product Innovation Management*, 2001, 18, 2: 388 – 395.

[117] Peter J. Lane, et al, the reification of absorptive capacity: a critical review and rejuvenation of the construct. *Academy of Management Review*, 2006, 31 (4): 833 – 863.

[118] Pisano, Gary P., The R&D Boundaries Of The Firm: An Empirical Analysis. *Administrative Science Quarterly*, 1990, 35: 153 – 176.

[119] Podsakof, PM, Organ DW., Self – reports in organizational research: problems and prospects. *Journal of Management*, 1986, 12 (4): 531 – 544.

[120] Porter, M. E. And Stern, S., Innovation: Location Matters. *Sloan Management Review*, 2001, 42, 4: 28 – 43.

[121] Porter. M. E., Competitive strategy. New York: *Free Press*, 1980.

[122] Quitas, P & Ray, T., Managing Knowledge: An Essential Reader. London, *Sage Publication*, 2002.

[123] Rajneesh Narula., Choosing Between Internal And Non – Internal R&D Activities: Some Technological And Economic Factors. *Technology Analysis & Strategic Management*, 2001, 13, 3: 365 – 387

[124] Ranjay Gulati, Nitin Nohria, and Akbar Zaheer., Strategic networks. *Strategic Management Journal*, 2000, 21 (3): 203 – 215

[125] Ranjay Gulati., Network location and learning: The influence of network resources and firm capabilities on alliance formation. *Strategic Management Journal*, 1999, 20 (5): 397 – 420.

[126] Rigby, D. And C. Zook., 2002. Open – Market Innovation. *Harvard Business Review*, October 2002, 80 – 89.

[127] Robert G. Cooper and Elko J. Kleinschmidt., Determinants of timeliness in product development. *Journal of Product Innovation Management*, 1994, 11, 5,: 381 – 396

[128] Robertson, T. S., et al, Technology development mode: a transaction cost conceptualization. *Strategic Management Journal*, 1998, 19: 515–531.

[129] Ruggles, R., Knowledge Management Tools, Oxford, *Butterworth – Heinemann*, 1997.

[130] Sakakibara, M., Heterogeneity of firm capabilities and cooperative research and development: An empirical examination of motives. *Strategic Management Journal*, 1997, 18 (Summer Special Issue): 143–64.

[131] Scherer, F. M., Nordhaus'Theory of Optimal Patent : a Geometric reinterpretation. *American Economic Review*, 1972, 62 : 422 –427

[132] Scherer, F. M., Firm, size, market structure, opportunity, and the output of patented inventions. *American Economic Review*, 1965, 55: 1097–1125.

[133] Scotchmer, S., Standing on the Shoulders of Giants : Cumulative Research and Patent Law. *Journal of Economic Perspectives*, 1991, 5 : 29 –41.

[134] Scotchmer, S., Protecting early Innovators : Should Second 2 generation Products be Patentable. *RAND Journal of Economics*, 1996, 27 : 322 –331.

[135] Shenkar, O., Li, J., Knowledge search in international cooperative ventures. *Organization Science*, 1999, 10 (2): 134–143.

[136] Sobrero, M. And Roberts, E. B., Strategic Management Of Supplier – Manufacturer Relations In New Product Development. *Research Policy*, 2002, 31, 1: 159–182.

[137] Song, X. M., et al, Challenges of managing the development of breakthrough products in Japan. *Jouenal of Operations Management*, 1999, 17: 669–682.

[138] Stacey, R. D., The Science of Complexity: An Alternative Perspective for Strategic Change Processes, *Strategic Management Journal*, Sept. 1995, 16, 6: 477–495.

[139] Steier, D., Huffman, B., & Kalish, D., Beyond Full Text Search: AI Technology to Support the Knowledge Cycle, AAAI Spring Symposium on AI in Knowledge Management. *Menlo Park, Calif, AAAI*, 1997.

[140] Sveiby, K., The New Organizational Wealth, San Francisco: *Berrett – Koehler*, 1997.

[141] Szulanski, G., Exploring internal stickiness: impediments to the transfer of best practice within the firm. *Strategic Management Journal*, Winter, special issue,

1996, 17, 27 – 43.

[142] Takeishi, A., Bridging Inter – And Intra – Firm Boundaries: Management Of Supplier Involvement In Automobile Product Development. *Strategic Management Journal*, 2001, 22, 5: 403 – 433.

[143] Teece J, Gary P. Dynamic capabilities and strategic management. *Academy of Management Review*, 1998, 23 (Issue 4): 660 – 679.

[144] Teece, D. J., G. Pisano, A. S. Dynamic capabilities and strategic management. *Strategic Management Journal*, 1997, 18: 509 – 533.

[145] Tushman, M., &Anderson, P., Technological discontinuities and organizational environments. *Administrative Science Quarterly*, 1986, 31: 439 – 465.

[146] Van Der Spek, R. & Spijkervet, A., Knowledge Management Dealing Intelligently With Knowledge, in Knowledge Management and Its Integrative Elements, Edited By J. Liebowitz & L. C. Wilcox, *Crc Press, Boca Raton*, 1997: 31 – 59.

[147] Vanhaverbeke, W., et al, External technology sourcing through alliances or acquisitions: An analysis of the Application Specific Integrated Circus Idustry. *Organization Science*, 2002, 13: 714 – 733.

[148] Waterson, M., The Economics of Product Patents. *American Economic Review*, 1990, 80, 4: 860 – 869

[149] Whetten DA., What Constitutes a Theoretical Contribution? *Academy of Management Review*, 1989, 14 (4): 490 – 495.

[150] Wiig, K., The Role of Knowledge Based Systems in Knowledge Management. *Workshop on Knowledge Management and AI U. S. Dept. of Labor, Washington, DC*, October, 1998.

[151] Wiig, K. M., Knowledge Management Foundations: Thinking about Thinking – How People and Organizations Create, Represent, and Use Knowledge, Arlington, TX: *Schema Press*, 1993.

[152] Williamson, O. E., Transaction cost economics: the governance of contractual relations. *Journal of law and Economics*, 1979, 22: 233 – 261.

[153] Williamson, O. E., The Economic Institutions of Capitalism, New York: *The Free Press*, 1985.

[154] Winter, S., The satisfy principle in capability learning, *Strategic Management Journal*, 2000, 21: 981 – 996.

[155] Wong, P. K. , Technology acquisition pattern of manufacturing firms in Singgapore. *Singapore Management Review*, 2001: 43-64

[156] Zahra, S. A. , Technology strategy and financial performance: examining the moderating role of a firm's competitive environment. *Journal of Business Venturing*, 1996, 11: 189-219.

[157] Zollo, M, Winter, S, G. , Deliberate learning and the evolution of dynamic capabilities. *Organization Science*, 2002, 13: 339-351.

二、中文部分

[1] 陈国权，人的知识来源模型以及获取和传递知识过程的管理，中国管理科学，2003，6: 86-94.

[2] 陈晓晟，华为北美市场取得突破，国际化战略仍面临挑战，通信信息报，2008年第12期.

[3] 党兴华，王育晓，刘泽双，网络环境下企业创新绩效评价研究，中国管理科学，2004，6: 130-136.

[4] 高展军，李恒，企业吸收能力研究阐述，科学管理研究，2005，12: 67-68.

[5] 郭斌等，组织技术能力概念框架研究，科学学研究，1996，2: 44-51.

[6] 官建成，史晓敏，创新能力和创新绩效关系研究，中国机械工程，2000，6: 1000-1004.

[7] 官建成，刘顺忠，区域创新机构对创新绩效影响的研究，科学学研究，2003，4: 210-214.

[8] 胡恩华，单红梅，企业创新绩效的综合模糊评价及其应用，科学学与科学技术管理，2002，5: 13-15.

[9] 韩维贺，知识管理过程IT平台与企业绩效关系研究，大连理工大学博士论文，2006，3.

[10] 罗炜. 企业合作创新理论研究，复旦大学出版社，2002，12.

[11] 刘常勇，谢洪明，企业知识吸收能力的主要影响因素，科学学研究，2003（6）: 307-310.

[12] 刘满凤，民营科技企业创新绩效分析与评价，科技和产业，2005，1: 1-6.

[13] 贾生华，疏礼兵，基于知识循环过程的知识管理绩效指数，研究与发

展管理，2004，16（5）：40－45.

［14］马宁，官建成，影响我国工业企业创新绩效的关键因素，科学学与科学技术管理，2000，3：16－20.

［15］马庆国，管理统计－数据获取、统计原理、SPSS 工具与应用研究，北京科学出版社，2002.

［16］沈必扬，知识吸纳能力与企业创新绩效，南京大学博士论文，2007.5.

［17］Verna Allee 著，刘民慧等译，知识的进化，广东：珠海出版社，1998.

［18］吴添祖，民营科技型企业的创新特征与创新绩效研究，中国软科学，2002，8：86－90.

［19］吴辉凡，许治，从创新中获利：国外创新独占性问题经验研究述评，管理学报，2010，8：1197－1201.

［20］吴伯翔，阎海峰，吸纳能力概念框架及其在研究中的应用，2005，3：54－60.

［21］温忠麟，侯杰泰，张雷，调节效应与中介效应的比较和应用，心理学报，2005，37（2）：268－274.

［22］王雎，罗珉，知识共同体的构建：基于规则与结构的探讨，中国工业经济，2007，4：54－62

［23］熊彼特，经济发展理论，商务印书馆，1990.

［24］希尔．，G.E. 琼斯，战略管理，中国市场出版社，2005，10.

［25］许小虎，项保华，社会网络中的企业知识吸收能力分析，经济问题探索，2005，10：18－22.

［26］杨阳腾，华为技术有限公司：用知识产权制度保护和促进技术创新，经济日报，2010 年 12 月 29 日第五版.

［27］于成永，施建军，产业振兴下外部学习、技术并购边界与创新，国际贸易问题，2011，6：128－141.

［28］于成永，施建军，外部学习、技术创新与企业绩效：机制和路径——基于苏浙沪制造业企业的实证研究，经济管理，2009，1：117－125.

［29］于成永，施建军，独占机制、跨国并购边界与企业绩效——基于诺西并购摩托罗拉案例研究，国际贸易问题，2012，2：101－112.

［30］袁娟，郑小静，华为的知识资产管理能力建设，人力资源管理，

2010, 10: 66 - 70.

[31] 周国红, 陆立军, 科技型中小企业创新绩效的行为因素研究, 数量经济技术经济研究, 2001, 9: 84 - 89.

[32] 周竺, 创新收益占有文献综述, 研究与发展管理, 2009, 10: 65 - 72.

[33] 张钢, 企业组织网络化发展, 浙江大学出版社, 2005, 10.

[34] 张建东, 企业动态能力与跨期绩效关系研究, 复旦大学博士论文, 2005.3.

[35] 张秋生, 并购学, 中国经济出版社, 2010, 第一版.

[36] 竹内弘高, 野中郁次郎, 知识创造的螺旋, 知识产权出版社, 2006, 6.

附 录

一、调查问卷

在此仅列出本书研究的量表题项。

1. 如果 2004—2006 年间研发活动除了内部研发外，存在产权联盟、非产权联盟等外部组织形式，请您就其特点及其对企业影响进行估计，程度或时间由 1——低、短、少向 5——高、长、多过渡，0——没有外部组织形式。请在适当数字下打√：

题项	0	1	2	3	4	5
（1）外部模式的灵活性，也就是外部模式的特征能够被改变的程度						
（2）企业建立外部模式所需的成本与时间多少						
（3）企业对外部研发活动的控制，包括对人、研发活动、组织以及信息流等方面的控制程度						
（4）外部模式的存续期长短						
（5）外部模式对企业人力资源、组织结构与资产的影响程度						

2. 创新活动的结果可能对您的企业有不同的影响。请指出您的企业在 2004 年以来，特别是 2004—2005 年承担的创新活动在 2006 年底的影响度。请在合适数字下打√

影响度（5——高，1——低；0——不相关）	1	2	3	4	5	0
（1）提高了产品质量						
（2）增加了产品品种						
（3）增加了产品的适应性						
（4）增加了产品生产能力						
（5）降低了单位产成品的人工成本						
（6）降低了单位产成品的原料和能耗						

3. 在 2004—2006 年间，您的企业，或企业集团，利用了其他一些方法来保护您的企业的创新了吗？

由重要性1——低向5——高过渡，0表示没有	0	1	2	3	4	5
（1）注册设计样品						
（2）注册商标						
（3）版权						
（4）保密措施						

4. 请对您的企业主要产品与工艺的特征进行评价，采用 5 级打分，1~5 按不赞同到赞同过渡。

请您斟酌后在合适数字下打√	1	2	3	4	5
（1）构成产品的关键技术间的相互依存度高					
（2）构成产品或者工艺的技术复杂程度高					
（3）产品规格标准化度高					

5. 您的企业在创新活动中做了以下一些事项吗？请您进行适当的评价

采用5级打分，1~5按不赞同到赞同过渡，请您斟酌后在合适数字下打√	1	2	3	4	5
（1）企业主动与客户、供应商、伙伴企业、政府等进行沟通，以获取必要的市场信息、经验和知识；并定期或不定期地获取竞争对手的经验和知识					
（2）企业内部应用了外部网、专家系统、企业"黄页"等技术方法，以方便员工找到组织外部的知识或联系相关专家					
（3）企业有专门的人员对获取的知识进行补充、完善和适当的解释，使其更利于员工的理解和符合员工需求					
（4）企业鼓励员工借鉴部门以外或企业以外的知识					
（5）企业中有专门的人员对组织中的新知识的价值进行评估并过滤					
（6）企业中采用了数据库等技术来保存组织中研究报告、营销资料等显性知识，定期剔除没有价值的、过时的和重复的知识					
（7）创造了一个工作环境，适合员工通过示范等方法来学习、理解专家经验和技能					
（8）企业鼓励员工经常交流不同的思想和观念					
（9）企业鼓励员工在交流中使用归纳、演绎等方法来思考问题，使用比喻、类比等方法来形象化描述新产生的概念					
（10）企业在员工中积极传播新产生的概念和思想					
（11）企业采用团队模式来实施各种项目，并在整个组织中分享成果					
（12）企业鼓励员工通过不断沟通来理解并分享组织愿景和企业价值					

6. 请对您的企业及其创新环境进行评价

采用5级打分，1~5按不赞同到赞同过渡，请您斟酌后在合适数字下打√	1	2	3	4	5
（1）企业业务领域内的技术变化速度快					
（2）技术变化给企业的业务发展提供的机会多					
（3）能预测什么样的技术将成为五年以后企业现有业务领域的主导技术					
（4）在企业的业务领域，一系列的新业务有可能出现					
（5）许多新的顾客正对企业的产品形成需求					
（6）企业新顾客的出现主要来源于企业产品和服务的改善					
（7）企业的资源配置主要倾向于满足已有顾客的需求					

二、部分重点调研企业名录

merck co.（china）	恒顺醋业
采埃孚转向泵	红旗电缆
常林股份	宏宝五金
常铝铝业	华芳纺织
常州华钛化学股份有限公司	淮水矿业
诚泰电子	江淮动力
大全集团有限公司	江南高纤
大亚科技	江山股份
德普达电子	江苏AB集团有限公司
东源电器	江苏澳洋
东正马佐里纺机有限公司	江苏澳洋顺昌金属材料股份有限公司
高新张铜	江苏宝利沥青股份有限公司
广东科达机电	江苏长电
航天晨光	江苏常发制冷股份有限公司
黑牡丹	江苏澄星
恒宝股份	江苏春兰制冷
恒瑞医药	江苏大港股份

续表

江苏恩华药业股份有限公司	江苏吴中实业
江苏法尔胜	江苏新广联科技股份有限公司
江苏方舟化工有限公司	江苏新民科技
江苏飞达工具股份有限公司	江苏亚太轻合金科技股份有限公司
江苏高淳陶瓷	江苏阳光
江苏海四达电源股份有限公司	江苏银河电子
江苏亨通	江苏永鼎
江苏红豆	江苏鱼跃医疗设备有限公司
南京化纤	江苏悦达
南京普天通讯	江苏中达
南京全信传输科技股份有限公司	江苏中天
南京夏普电子	江苏综艺
南京熊猫电子	金陵石化
南京医药	凯诺科技
南京云海股份	乐百氏
南京造币厂	林海股份
南京中科	罗莱家纺股份有限公司
南通富士通微	南大尚诚
南通科技	南京多伦科技有限公司
南通南辉电子材料股份有限公司	南京钢铁
宁波正大农业	南京钢铁股份有限公司
启东亚太化工厂有限公司	南京红宝
上海宽频科技	南京宏光空降
苏州固锝	南京华东科技
苏州海陆重工有限公司	苏州禾盛新型材料股份有限公司
江苏宏图高科	苏州新海宜
江苏江南实业集团有限公司	铜陵有色金属
江苏九鼎新材料股份有限公司	微微股份
江苏康缘	无锡华光
江苏蓝丰生物	无锡双象超纤材料股份有限公司
江苏狼山钢绳股份有限公司	无锡太极
江苏连环药业股份有限公司	西门子数控
江苏联环药业	霞客环保
江苏三方巷	小天鹅
江苏三友	熊猫电子
江苏申利实业股份有限公司	徐州锻压机床厂
江苏申龙	亚星客车
江苏神通阀门股份有限公司	盐城东港药业发展有限公司
江苏双登	远东控股集团有限公司
江苏双良空调	张家港正航实业有限公司
江苏四环	中利科技集团股份有限公司
江苏天容	中石化催化南京
江苏通润	

后 记

本书历经数年写成，它凝聚了多人汗水，在此一一言谢：

首先，感谢我的导师原对外经济贸易大学校长施建军教授。作为弟子，我得到了施老师在学习和为人处世上的谆谆教诲。他虽然行政事务繁忙，但是从不耽搁指导我们；他爱护自己的学生，关心学生的生活，鼓励学生进步，乐于学生进步。多年来，我从他身上学到了许多做人、做学问的道理。老师的谦和、宽容、睿智、学识以及极具感染力的人格是学生我终生学习的榜样！

其次，感谢在南京大学学习期间和做博士后研究期间给予我深刻教诲与热情帮助的各位老师和同学。他们是刘志彪教授、陈传明教授、茅宁教授、杨雄胜教授、王跃堂教授、李心合教授、于津平教授、王永贵教授、刘春林教授、贾良定教授、吴福象教授等；其中，特别是博士后合作导师刘志彪教授的指导让我终生受益；与王玉峰、孙俊华、钱峰、廖飞、候赞慧等同学学术讨论，与于爱荣、鲁翔、刘浩良、杨修福、周源等同学的团队学习对学业进步与学术研究也提供了有益帮助。

书中样本数据收集是在施老师直接关心与协助下完成的，严俊、张思磊、季飞鹏师弟、赵柳燕师妹、严伯进师兄、张琳师姐及其弟子做了大量的工作，同时得到了相应企业大力支持。项目组理论研究阶段的例会，得到了刘春林教授、李虎博士的指导；这些无疑对本书构思具有积极影响。

最后，能够出版这本著作，应该特别感谢专家评委的评审，感谢我的妻子给我的巨大支持，感谢我的可爱儿子的陪伴。

于成永